海派文化新论

人民本位
价值追求

开放引领
融合优势

创新发展
动力机制

包容共生
活力源泉

经世济用
实践路径

徐锦江　郑崇选　等著

上海人民出版社　　上海远东出版社

图书在版编目(CIP)数据

海派文化新论 / 徐锦江等著. —上海：上海远
东出版社,2021
ISBN 978 - 7 - 5476 - 1757 - 1

Ⅰ.①海… Ⅱ.①徐… Ⅲ.①海派文化－研究 Ⅳ.
①G127.51

中国版本图书馆 CIP 数据核字(2021)第 198162 号

责任编辑 曹　建　王智丽

封面设计 徐羽情

海派文化新论

徐锦江　郑崇选　等著

出　　版 **上海遠東出版社**
　　　　　（201101　上海市闵行区号景路 159 弄 C 座）
发　　行　上海人民出版社发行中心
印　　刷　上海中华印刷有限公司
开　　本　635×965　　1/16
印　　张　21.75
插　　页　4
字　　数　257,000
版　　次　2021 年 10 月第 1 版
印　　次　2021 年 10 月第 1 次印刷
ISBN 978 - 7 - 5476 - 1757 - 1/G·1119
定　　价　89.00 元

总 序

《毛诗序》中最早出现"城市"二字:"文公徙居楚丘,始建城市而营宫室。得其时制,百姓说之,国家殷富焉。"《共产党宣言》说:"资产阶级使农村屈服于城市的统治。它创立了巨大的城市,使城市人口比农村人口大大增加起来,因而使很大一部分居民脱离了农村生活的愚昧状态。"城市社会学家亨利·列斐伏尔说:"离开了城市生活和城市社会的实现,人类社会的进步,将不可想象。"城市规划理论家刘易斯·芒福德说:"这城市,象征地看,就是整个世界。这个世界,从许多实际内容来看,已变为一座城市。"

今天,全世界已有超过一半人口生活在城市。在中国,城镇化率也已在 2020 年达到了 63.89%,尽管城市起源仍然众说纷纭,尽管中国一些原始城邑遗址仍被含混地称为"文化城",但这并不妨碍我们进行深入的城市研究。作为解开这个世界和我们自身之谜的一个途径,为了让城市更美好,为了实现人的全面发展,城市文化研究已然成为拥有智慧的人类必须承担的使命。

创建于 1979 年的上海社会科学院文学研究所(以下简称"文学所")一直以文学研究为己任,但随着社会发展和学科发展,以及所属的上海社会科学院在 2015 年成为首批国家高端智库试点单位,文化研究也逐渐成为文学所的重要科研方向,并形成了学者辈出的研究团队。而身处全球超大城市上海的区位优势,也自然而然地使城市文化研究成为历任文学所决策层的心之所属,成为文化研究的一个重要方向。2005年,文学所确认"城市文化研究"为重点学科,以此为基础,将城市文化理论研究、城市文化应用研究、文化产业研究、国际文化比较研究互相结合,互通有无,互相促进,使其既具有基础学科的厚实,又具有现实关怀的敏锐,学科建设得以较全面地发展。2006年,在上海社会科学院新一轮重点学科建设中,文学所的"城市文化研究"名列其中,并确立了城市文化理论研究、城市文化现实问题研究、城市文化史研究、城市文化国际比较研究四个研究方向。为了更好地整合研究力量,在文学所中国文学、科技人文、公共文化、城市文化、文化产业、国际文化交流和比较文学、民俗和非遗保护开发七个研究室科研成果的基础上,在国家对外文化交流研究基地、上海文化研究中心等派生机构的先导下,2020年文学所自主增设二级学科"城市文化"申报成功,2021年3月,经上海社会科学院党政联席会议批准,以文学所作为运行主体,正式成立了院属城市文化创新研究院,旨在将文学所多年来积累的包括城市文学、城市科技人文、城市公共文化、城市文化创意产业、国际城市文化交流、城市民俗等学科领域在内的研究力量进一步聚焦整合。用志不分,乃凝于神,持之以恒,期有所成。

城市文化研究在世界范围内的展开历史虽然不是很长,但在西方学界已具备了基本的学术规范和学科体系,并出现了格奥尔格·齐美尔、瓦尔特·本雅明、刘易斯·芒福德、亨利·列斐伏尔、曼纽尔·卡斯特尔、大卫·哈维、简·雅各布斯、莎伦·佐金等一批学界先驱。时至今日,随着中国城镇化和以超大城市为中心的都市圈的高歌猛进,丰富而生动的中国城市创新实践必然呼唤中国特色的城市文化理论。借 2021 年世界城市文化论坛举办之际推出的《海派文化新论》、"城市软实力研究系列"、"海外亚洲汉学中的上海文学研究系列",以及"文学所青年学者研究丛书",体现了近年来文学所和新成立的城市文化创新研究院在城市文化方面的初步研究成果,与历年出版的《上海文化发展蓝皮书》《上海文化》(文化研究版)一起成为所院学术成果的展示平台。在此请益行家里手,并接受社会各界检验,恳请不吝指教,批评匡正。

　　衷心祈愿城市让生活更美好。

上海社会科学院文学研究所所长、研究员

上海社会科学院城市文化创新研究院院长

2021 年 8 月 1 日于砥石斋

目 录

绪论　新时代海派文化的时代特质和价值取向

　　海派文化是一种发端于上海，但并不局限于上海区域的现代性城市文化类型，是中国近现代社会城市化、工业化、现代化转型过程中的产物。海派文化以近代上海开埠以后的城市发展为时代背景，在江南文化深厚积淀的基础上，逐步确立主体性的文化发展立场，积极吸收和融合各种中西新的文化滋养而形成。关于海派文化的内涵和价值，在不同时代、不同领域甚至不同语境下，各有不同的理解，不断损益、代谢、嬗变、拓展和深化，大致经历了一个发轫、争议、沉寂、新生、倡扬的发展脉络。改革开放特别是浦东开发开放以来，海派文化早已内化为上海城市精神和城市品格的重要体现，原有的争议和贬损随着上海改革开放的伟大实践，基本失去了生存的历史语境。置于百年未有之大变局，海派文化以其与时俱进的开放性品格，与红色文化、江南文化交相辉映，在世界文化交融激荡中绽放独特光彩，为上海全面建成社会主义国际大都市提供了强大的文化支撑和精神动力。

　　本书谓之"新论"，一方面是因为书中各个章节关于海派文化某个领域的专门论述都有新的深化和拓展，表现在论述的史料文献、研究视角、论述过程、研究结论等各个方面。对于新意迭出，虽心向往之，我们清醒地认识到这是一个不可能达到的目标，但是我们努力尝试站在既有丰富的研究基础上，能够在海派文化某些具体研究方向上有一些新的判断和新的理解，尤其是在当代社会文化语境之下，以本书的出版引起对海派文化研究和实践的再出发。新论之新更为重要的考虑是我们研究的是新时代语境之下的海派文化，在概念的选择上与近代的海派文化有比较明晰的区分。新时代的时间跨度，宽泛一点可以指改革开放以来，核心一点的范围重点在侧重党的十八大以来，与新时代中国特色社会主义相吻合。之所以要特别关注新时代的海派文化，是因为在新时代的语境之中，海派文化存续和发展的定位与方向都发生了很大的变化，从 2017 年首次以上海市委、市政府文件提出"红色文化、海派文化、江南文化"三种形态区分之后，海派文化就被赋予了全新的时代担当。因此，本书尽管依旧采取原有海派文化的形态划分，但在每一种具体文化形态的研究中，我们都融进了新时代视角的重新审视，在传承城市文脉和文化基因的基础上努力提炼新时代海派文化的精神特质，这可能是新论之新更为看重的一个方面。

理解新时代海派文化之于上海的价值与意义，我们需要建立综合立体的时空维度。

一是历史的维度。新时代的海派文化在城市文脉的传承上有很多近代海派文化的文化基因，比如近代上海开埠以来形成的上海城市空间、文艺形态、文化设施、名人名作等都为新时代海派文化积淀了丰厚的文化内涵。新时代的海派文化不是历史虚无的文化断裂，而是在新的时代语境中的创造性转化和创新性发展。与近代海派文化有本质不同的是，新时代海派文化是中国特色社会主义文化的重要组成部分，无论是革命文化、传统文化，还是先进文化，新时代的海派文化都有丰富而具体的呈现，"创新、协调、绿色、开放、共享"的新发展理念为新时代海派文化提供了最为鲜活的思想力量。对于新时代海派文化与近代海派文化的解读和阐释，一个基本的出发点就是对上海在不同历史阶段城市定位的根本性不同，也就是中国特色社会主义国际大都市和半殖民地半封建社会远东大都市的根本区分。新时代海派文化的本质性内涵主要来源于改革开放之后上海经济社会的创新实践，来源于浦东开发开放以来所形成的新的上海现代城市格局，更来源于党的十八大以来上海排头兵的姿态和先行者的担当。

二是空间的维度。对于新时代海派文化当下实践与未来发展的研判，要放在世界、中国、长三角和上海四重空间所构成的整体格局之中，上海在这四重空间中的方位和方向决定了新时代海派文化的样态和趋势。当前全球发展趋势充满不稳定性和不确定性，逆全球化的力量和意识形态的矛盾不断形成新的文明冲突。中国特色社会主义文化道路扛起构建人类命运共同体的大旗，以中国优秀传统文化的现代价值和中西文化的吸纳与贯通为全球文明的延续和发展提供独特的中国经验。新时代海派文化具有开放性的品格和包容性的胸怀，鼓励多样性文化的繁荣共生，与人类命运共同体精神旨归一脉相承，坚守和弘扬了人类共同价值。文化是城市发展的本质性资源。面向 2035 年，上海提出要建设卓越的全球城市，建成令人向往的创新之城、人文之城、生态之城，不仅要构建具有全球影响力的城市功能，同时更要具备鲜明特质的城市文化，而海派文化就是体现上海全球城市卓越性的文化特质。全球城市是所在国家文明与文化发展程度的重要代表和象征，上海作为中国的全球城市，要为中国式现代化和人类文明新形态提供上海探索和上海样板。海派文化立体展示着中国特色现代全球城市的独特文化魅力，新时代的海派文化将对中西不同的文化形态进行充分的吸纳、聚集、融合，创新发展成为社会主义先进文化的重要组成部分，助力社会主义文化强国的全面建成。改革开放以来，海派文化从江南文化的土壤中汲取了丰富的营养，完成了从承继江南文化到熔铸江南文化，再到引领江南文化的历程，从而推动了上海文化在整个江南文化格局中心地位的确立。在长三角一体化成为重要国家战略的背景之下，新时代的海派文化将引领江南文化的现代转化，构建长三角文化共同体，为高水平打造长三角世界级城市群提供强大的文化动力。从城市文化意象构建和城市文化形象传播的角度来看，海派文化已经成为上海城市文化特质的核心表达，不同于红色文化和江南文化覆盖区域的不确定与不唯一，海派文化与上海之间则形成指向明确的想象路径。如何丰富新时代海派文化的内涵和影响，打造具有时代魅力和世界影响的新时代海派文化高地，对于上海城市软实力的提升具有至关重要的意义。

新时代海派文化是海派文化的现代表述，指在对历史概念海派文化扬弃焕新的基础上，以上海为核心承载区并形成明确想象路径，在改革开放以来上海伟大的创新实践中孕育生成，具有鲜明时代特征和面向未来发展的一种文化类型。习近平总书记将上海城市精神提炼为"海纳百川、追求卓越、开明睿智、大气谦和"，同时又提出新时代的上海具有"开放、创新、包容的城市品格"，不仅传承了历史的积淀，且体现了海派文化与时俱进、充满活力的基本特征，具有我们今天所要倡导的新时代海派文化的时代特质。关于新时代海派文化时代特质和价值取向的当下阐释，本书以上海城市精神和城市品格为基本遵循与主要指引，提出了具有内在联系且互为支撑的五个层面的特质和取向，**包括人民本位的价值追求、开放引领的融合优势、创新发展的动力机制、包**

容共生的活力源泉和经世济用的实践路径，为海派文化建设的当下与未来提供了基本的价值遵循。

人民本位。上海是党的诞生地和初心始发地，人民本位的价值追求和发展理念贯穿上海革命和建设的每一个历史时段。人民城市为人民、人民城市人民建，习近平总书记在上海率先提出的人民城市发展理念为海派文化人民性的发展向度指明了价值上的建设要求。对于上海来说，人民性是社会主义国际大都市区别于资本主义国际大都市的本质性特点。为满足广大人民群众对美好生活的需要，上海把最好的资源留给人民——杨浦滨江从"工业锈带"转变为"生活秀带"的全国样本；一江一河岸线贯通，彻底还江与民；一处处老建筑、老街区成为网红打卡地，无数个城市空间被赋予浓浓的烟火之气。人民本位既是对近代海派文化市民性的价值超越，更是新时代海派文化的核心要义，充分体现了海派文化与中国特色社会主义思想的高度契合。当今上海，不是西方超大城市发展之路的再版和翻版，而是在中国共产党领导下的人民城市的新版。

开放引领。应开放而生、因开放而兴的上海，在中华人民共和国成立特别是改革开放后，一直领全国开放风气之先。在海派文化生成、演化并不断发展的各个历史阶段，开放都是其生成和发展的内在动力。自近代以来，上海就一直是中国观察和了解世界的窗口，中西文化最先在这里相遇、碰撞，许多新的思想和文化从这里孕育，然后再向全国传播。历经改革开放40余年，上海不仅形成了与社会主义国际大都市相适应的思想观念和文化氛围，更为重要的是在多元融合的基础上逐步形成了丰硕的城市文明成果。改革开放把上海推向"距离世界最近的地方"，中国同世界共享机遇、共谋发展的阳光大道。1990年4月18日，开发开放的春雷唤醒了浦东大地和浦江两岸，"走开放路"铸就了海派文化的博大胸怀。如今，浦东正以高水平改革开放为目标，努力打造社会主义现代化建设引领区，更深层次、更宽领域、更大力度推进全方位高水平开放，更好地向世界展示中国理念、中国精神和中国道路。"上海在过去历史上能够扮演新兴文化总代表的角色，很大程度上得益于它的全面开放；今后也只有加强这一态势，方足以发挥它的胜长。"①

创新发展。文化的生命力在创新。对于城市发展而言，文化是城市创新之魂，无论是在知识方法层面，还是在制度安排以及物化成果的转化方面，追求创新的文化精神和文化生命表达，都是城市创新的内在动因。上海是一座有着光荣革命传统的城市，在中国近现代史特别是我们党的历史上具有重要地位，其根本原因就在于上海用自己的改革探索和创新实践不断给全国以启示，以至于成为全世界看中国的一个窗口、一面旗帜。先行者和排头兵之称一直是对上海在全国发展格局中重要性的强调，翻开新世纪的篇章，创新发展的探索实践使上海成为"一直被模仿，但从未被超越"的先锋城市。在这里，有"城市，让生活更美好"的世博会、吞吐能力世界领先的洋山深水港、打造"离世界最近的地方"的自贸区、与全球分享中国机会的进博会、成为一体化发展试验田的长三角示范区等等，上海是一座光荣的城市，是一个不断见证奇迹、创造奇迹的地方。20 世纪 90 年代以来，上海及浦东的历史变迁，充分彰显了中国共产党领导的显著优势，生动诠释了中国特色社会主义的优越性和生命力。

包容共生。作为一种超越地域限制的文化类型，对多样性文

---

① 陈伯海：《陈伯海文集》（第四卷），上海社会科学院出版社，2015 年，第 243 页。

化的包容心态、包容能力、包容空间和包容制度的健全使海派文化能够永葆活力并独具特色。正是因为具备了这种充分包容性的文化基质，海派文化才能够形成中西、雅俗、古今等多元文化和谐共生的良好生态，进而凝聚为广大市民所认同的城市精神和城市品格。近代上海五方杂处的社会格局，多种社会管理体制的并存以及丧失国家权力的租界制度，客观形成一个包容各种文化形态的社会场域，在多元文化共生的基础之后融合成为近代意义上的海派文化。优越的地理位置和独特的历史进程积淀了海纳百川的胸怀和气质。改革开放以来，海派文化包容性则有了中国特色社会主义的全面保障，体现了充分的中华文化主体性，同时，社会主义核心价值观则为多元文化形态的繁荣共生提供了价值观层面的根本取向，彰显了新时代海派文化的制度优势。未来的上海要建设卓越的全球城市和社会主义国际文化大都市，在当前逆全球化思潮甚嚣尘上的国际形势下，海派文化包容共生的价值取向必将为上海高水平的改革开放注入更多的文化动力。

经世济用。文化是一种整体的生活方式。在上海波澜壮阔的改革开放创新实践中，新时代海派文化的经世济用主要有两个指向，表现在对国家责任的自觉担当和对日常生活世界精致卓越的孜孜以求。近代概念的海派文化因为市场意识的高度自觉和市民行为的高度务实，表现出很强的专业性和实用性。改革开放以来，海派文化的市场和市民意识不断转型和升华，实用性之中的消极因素得以弱化和超越，呈现为与主流核心价值同频共振的正向价值。新时代要有新使命、新作为，上海要贯彻继续当好全国改革开放排头兵、创新发展先行者的要求，在新时代坐标中坚定追求卓越的发展取向。上海的使命并不只是体现在自身发展的水平上，更重要的是服务全国大局，集聚和配置全球要素资源，代表国家参与全球合作竞争。要抓住"四个中心"核心功能，全面提升整体水平，打造体现国际高端水平的新功能。要辐射带动区域经济发展，在长三角一体化发展中发挥积极作用，促进长三角区域整体竞争力提升，为全国经济发展增添强劲动力。海派文化中的精细和卓越在上海近年来的城市治理中有生动而具体的表现，上海提出要像绣花一样管理城市，努力解决好精细化管理超大城市的世界级难题。政务服务"一网通办"、城市运行"一网统管"双管齐下，提升管理效率，增强人民幸福感，成为上海城市治理的名片。两张网建设，不仅有智慧，更有温度，为善治城市打下了坚实的基础。上海希冀不断寻找超大城市的治理新路，成为现代城市治理的示范样板、城市治理能力和治理成效的全球典范，真正让上海成为在者舒心、来者倾心、未来者动心的魅力之城。

文化的存续不能脱离特定区域经济社会的发展阶段，海派文化的生成和嬗变过程见证了近代以来上海在中国和世界局势中的命运变迁。作为历史概念的近代海派文化曾经为上海的发展提供了鲜明的城市标识，同时也成为某种无形的制约因素，一定程度上带来一些负面的影响。在新时代的语境之下，历史概念的海派文化经过改革开放之后的转型与创新，在价值取向和精神内涵上都产生了本质性的变化。当前，我们来重新审视海派文化的内在特质和价值取向，归根结底要思考的是上海的当下和未来如何带给中国和世界一个独特的文化上海，在经济社会发展达到现代化的基础上，同步实现文化层面的现代发展，从而为中国特色社会主义的现代化建设提供上海示范和样板。

第一章　海派文化的历史流变
与时代建构

　　1917 年"海派"这个词首次出现在大众视野里，至今已有百年。我们常说海派文化是中国传统文化与西方现代文化相碰撞的产物，但传统儒家文化也好，开启西方现代文明的启蒙运动也好，它们都是由知识分子抑或是社会精英阶层自上而下推行开来的，海派文化在生成模式上则完全不同，它并不是由某一阶层或群体先提出"海派"的口号才得以普及的文化形态，相反，它是在无自觉无领袖的状态下自然生发的，市民阶层比文化精英们更早地接受并参与创造了海派文化，之后才引发学者们研究的兴趣，可以说，对于海派文化的研究始终处于一种"文化追认"的状态中，海派文化的概念、起源、特质的认定，在不同的历史时期也承载了不同的内容与责任，逐渐从模糊走向清晰。

一、海派文化研究的成果梳理

　　海派文化的研究自 20 世纪 90 年代兴起，之后借着 2010 年上海世博会的东风，蔚然而成显学，取得较为丰富的研究成果。

（一）对海派文化进行整体研究的学术性论文与专著

　　20 世纪八九十年代有不少以"海派文化"作为论述对象的文

章，比如盛丰的《论"海派"文化的"边缘文化"特征及其历史作用》、陈旭麓的《说"海派"》、花建的《"海派"的历史特征》、沈渭滨的《海派文化散论》等文章，大多站在改革开放后重新审视上海文化传统的角度，分析海派文化的源头与成因，并剖析其文化特征。

之后出现了一些专门讨论海派文化的专著或者是论文集，但数量并不多，较早的有《海派文化概览》（张颖主编，上海人民出版社 2008 年版），从"上海人"的定义溯源，并将海派文化延伸至上海人生活的方方面面，剖析开埠以来上海的经济、方言、民族产业、建筑、文艺、出版业、教育、民俗等多方面的嬗变，但是全书并未对"何为海派文化"下定论。苏秉公主编的《新视角下的海派文化》（上海大学出版社 2019 年版）以"什么是海派文化"为起点，从经济基础、契约精神、教育比较、建筑形态、文学艺术、城市生活和哲学视角等七个方面着重探讨了海派文化的内容与表现。法国学者白吉尔的《上海史——走向现代之路》（上海社会科学院出版社 2014 年版）以异国视角观察上海一个半世纪的城市演变历程，并剖析这种持续演变的背后对于现代性的不懈追求。论文集方面，稍早的有马逢洋主编的《上海：记忆与想象》（文汇出版社 1996 年版），21 世纪以后比较有代表性的是《海派文化精选集》（上海大学出版社 2017 年版），甄选 73 位学者的代表性海派文化研究文章。

在对海派文化的整体研究中，最新也是最为全面深入的，当属郭骥的《近代上海的海派文化》（上海人民出版社 2020 年版），全文共五章，第一章谈"海派"这一概念与相关评价，以及与"海派文化"的关系，第二、第三章是论海派文化从 19 世纪下半叶至 20 世纪上半叶的发展史，第四章探讨海派文化的特征及其在转型过程中出现的矛盾与调和，最后一章从大众文化与文化转型两个角度重新审视海派文化的意义，也对海派文化未来的走向作出了展望。

（二）围绕海派文化书写的叙述性专著

这一类著作相对而言比较多，譬如《海派文化的十大经典流变》（钱乃荣著，上海书店出版社 2007 年版）以文学、流行歌曲、沪剧、滑稽戏、公众娱乐、连环画、越剧、电影、糖纸头、上海话这十个受到海派文化影响较大的文化领域为对象，着重叙述海派文化在这十个方面的变化过程，抒情色彩浓重，体例近似杂文而非学术论文。

上海大学海派文化研究中心自 2008 年起推出《海派文化丛书》系列，从书画、文学、建筑、戏曲、民俗、电影等受到海派文化深度浸润的几个方面出发，重点突出这些领域中所展露的海派文化特色。

2002 年同济大学海外华文文学研究所创办了《海派文化报》，2019 年特别征集名家稿件，出版了《海浪花开：〈海派文化〉报精粹》（上海科学技术文献出版社 2019 年版）一种，分为海上风情、史料钩沉、文学艺术、人物、戏曲五个部分。

此外还有管志华的《转型与反思：徜徉海派文化》（上海大学出版社 2014 年版）、谢柏梁的《海派文化与传播》（中国戏剧出版社 2005 年版），谢柏梁、詹仁左的《海派文化与传播》第二辑（上海古籍出版社 2008 年版），陈子善、张伟的《海派》（上海大学出版社 2021 年版）等书，都是从上海名人、历史故事、生活习俗等角度对海派文化进行观察。

以上这几种著述大多局限于对海派文化的具体描述，并未进行学术层面的深入研究，其价值主要在于文献的收集与整理。

（三）针对海派文化的细分研究

除了上述专著与论文之外，还有一些研究虽然并不是围绕海派文化展开，但是或多或少涉及海派文化，或者是针对海派文化的一个分支或某一表现形式进行的研究，这一类研究占了海派文化研究成果的大多数。

较早的有《海派商业文化论文集》（华东理工大学出版社1995年版），其中李天纲《简论近代上海商业文化》，周锡樵《简论海派文化和海派商业文化》，余兴发《论海派商业文化的几个问题》，花建《海派经商与闲暇产业》，郑伯俊、郑素侠《试论海派商业文化》等文章均聚焦于海派文化与上海商业文化之间的联系。此外还有朱英《商业革命中的文化变迁——近代上海商人与"海派"文化》（华中理工大学出版社1996年版）将目光聚焦于近代商人对于海派文化的领导力与影响力。谈到近代商业自然不得不谈到近代广告学与传播学，《海派文化视域下的中国早期广告版式设计》（河南美术出版社2016年版）、龚建培《摩登佳丽——月份牌与海派文化》（上海人民美术出版社2015年版）两种均是对海派商业广告文化进行研究的专著。

海派文学也是海派文化研究分支中颇引人注意的一支，有林雪飞《世界潮流中的海派文化与海派小说》（上海文化出版社2012年版）、陈绪石《海派文学与中国传统文化》（浙江大学出版社2012年版）、李今《海派小说与现代都市文化》（安徽教育出版社2000年版）等等。

海派艺术方面则既包括海派戏剧，也包含海派电影研究，如褚伯承《沪剧与海派文化》（江苏人民出版社2019年版）、邢军《"海派电影文化"与中国早期电影》（吉林大学出版社2015年版）、盘剑《选择、互动与整合：海派文化语境中的电影及其与文学的关系》（浙江大学出版社 2006 年版）等。

（四）海派文化的交叉研究

除了整体研究和分支研究外，由于海派文化本身涵盖着极广泛的内容，其外延也与其他各类文化体系多有交点，尤其是近代的口岸开放后现代文明的进入，与海派文化的生发是息息相关的。因此从传统本土文化和新兴都市文化的角度来探讨海派文化起源的研究成果比较多，如张乃清《海派乡土文化》（中西书局 2018 年版），张童心《海派文化与春申文化探析》（《文汇报》2010 年 4 月 23 日），孙逊《"海派文化"：近代中国都市文化的先行者》（《江西社会科学》2010 年第 10 期），张仲礼《"海派"与近代市民文化》（收录于张仲礼主编《近代上海城市研究 1840—1949 年》，上海人民出版社 2014 年版），沈渭滨《从口岸文化到海派文化》（收录于沈渭滨《困厄中的近代化》，上海远东出版社 2001 年版），这些研究都聚焦于现代文明与传统文化的碰撞之中如何诞生出海派文化的这一过程及其社会历史背景。

另外，海派文化也经常被拿来和其他地域文化作比较，首先是"海派"与"京派"的比较，如杨义的《京派与海派比较研究》（太白文艺出版社 1994 年版）从京剧流派之争谈起，剖析京派与海派在文学上的不同表征及其思想源流，还有杨东平的《城市季风：北京和上海的文化精神》（东方出版社 1994 年版）则跟随中国现代化与城市化的脚步，对比 20 世纪初至 20 世纪 90 年代这近百年中京海两地的城市文化氛围、市民特质、城市地位的沉浮等等。周仁政《论二十世纪四十年代的京派与海派》（《文学评论》2004 年 02 期）则从美学理论相左的角度切入 20 世纪 40 年代的京派文学与海派文学，并由此推及两地的文学和文化生态，形成鲜明的对照。

二、海派文化的生成演化和研究脉络

（一）"京海之争"与海派文化的发轫

"海派文化"这个概念并非伴随上海开埠而诞生，上海自19世纪下半叶起开始了文化上的转型，这种转型并非由传统精神文化代言人——即知识分子自上而下倡导而产生的，相反，海派文化的生发是自舶来器物、感官刺激、生活方式再过渡到社会结构、文化生态这样一种自下而上的转型过程，是从市民阶层上溯到精英分子的一种文化演变，所以最初并没人主动去为这种产生于日常生活的新文化命名。直到20世纪初，上海在部分艺术领域体现了自己的独特风貌，才被当时的艺术批评家们注意到，并且被当成某一种流派群体化了，最有代表性的是戏剧、书画、文学等领域。

辛亥革命之前，京师是士大夫文人的风云际会之所，也是引领一切艺术风尚的文化中心。1911年后，大批士人离开京师，其中转而寓居上海者为数甚多，其艺术旨趣与生活作风也随之进入上海，与近代上海的商业氛围、市民气息、租界文化等相交融，逐渐产生了新的艺术表现特征与审美倾向，并与京师的艺术圈形成对照，由此引发了当时评论家的关注。

首先是戏剧，早在1917年，《清稗类钞》的"戏剧类"下就有"海派"一条云："京伶呼外省之剧曰海派。"[1] 但又补充说："海者，泛滥无范围之谓，非专指上海也。"[2]《清稗类钞》的编著

---

① 徐珂：《清稗类钞》第十一册，中华书局，1984年，第5027页。
② 同上。

者徐珂是近代知名文人，诗词俱工，可见海派作为一种与京师戏剧相对的表述此时已进入了文人雅士的视野。次年《申报》一篇题为《东篱轩谈剧》的文章评一戏子曰："博而不纯，且时有其讨厌之腔调，盖其在沪旧矣，故沾染海派恶习深。"① 20 世纪 20 年代民国报刊文章中，涉及"海派"二字的论述，几乎全与戏剧相关，而且都是作为"京派"的对立面出现，如 1924 年的《海派新剧观》、1928 年《京派新戏和海派新戏的分析》等。

绘画中的"海派"最初是"海上画派"的简称，指是寓居上海且有结社活动的一群书画家。俞剑华 1937 年在《中国绘画史》中在谈论晚清山水画时首次提到绘画中的"海派"曰："同治、光绪之间，时局益坏，画风日漓。画家多蛰居上海，卖画自给，以生计所迫，不得不稍投时好，以博润资，画品遂不免流于俗浊，或柔媚华丽，或剑拔弩张，渐有'海派'之目。"② 这里将寓居沪上的画家视为一派，评价也略有贬义，但不难看出与文学、戏剧两大艺术领域中的"海派"有相似之处，就是重视艺术品的购买方，因而艺术创作带有商业化色彩。

其后，20 世纪 30 年代在文坛也出现了"京派"与"海派"的对立，通常认为这场文坛"京海之争"的起始标志是沈从文自 1933 年起连续发表的数篇文章，包括《文学者的态度》《论"海派"》《关于"海派"》，沈从文在《论"海派"》中这样总结海派文学：

"名士才情"与"商业竞卖"相结合，便成立了吾人今日对于海派这个名词的概念。③

---

① 柳遗：《东篱轩谈剧》，《申报》，1918 年 11 月 6 日。
② 俞剑华：《中国绘画史》，商务印书馆，1937 年，第 196 页。
③ 沈从文：《论"海派"》，《大公报（天津）·文艺副刊》1934 年 1 月 10 日。

之后鲁迅的《"京派"和"海派"》则将矛头直指京派，尤其是针对周作人进行了毫不留情的批评，看似是对京派文人群体的回击，但是需要注意的是，鲁迅所站的"海派"并非沈从文笔下讨伐的那个"海派"，沈从文所谓的"名士才情"与"商业竞卖"更多是指"礼拜六派"这批通俗文学作家，而鲁迅维护的"海派"则是在上海的左联作家群体。不难看出，对于"海派"到底是什么、谁是海派文学家，论战双方并未达成共识。

可见在近代海派文化生成过程中，在戏剧、文学、绘画这几个海派文化最突出的艺术表现领域里最早产生了对于这个新兴文化形态的某种自觉认知，其原因在于这几种艺术形式是最能同时接触到精英知识分子群体与普通市民大众的，成了精英们审视这种自下而上的新兴文化的最佳途径，但是此时"海派"还只是某一种艺术流派的代称，"海派文化"作为特定文化形态的概念还未出现。

（二）20 世纪八九十年代的"海派文化热"：由沉寂而光大

1949 年后，针对"海派"的讨论暂告一段落，20 世纪五六十年代"海派"更成为"崇洋媚外""轻浮萎靡"的代名词，无人敢提。不过，到了 20 世纪八九十年代，"海派"重新走进学者的视野，成为讨论的焦点。这二十年中有几次大型研讨会，都是围绕海派文化展开：1985 年的"'海派'文化特征学术讨论会"，魏承思《"海派"文化特征学术讨论会综述》（《社会科学》1986 年 01 期）与杨娟《"海派"文化学术讨论会简述》（《上海大学学报》1986 年 02 期）两篇文章都对这次研讨会进行了记录。1991 年举行的"城市研究与上海研究国际学术讨论会"，可参考张济顺、朱弘的《城市研究与上海研究国际学术讨论会综述》（《历史研究》1992 年第 3 期）。1995 年举行的"95 商业文化研讨会——海派商业文化研讨会"，出版了论文集《海派商业文化论文集》（华东理工大学出版社 1995 年版）。1998 年召开的"上海文化·都市文化·海派文化学术研讨会"是 20 世纪 90 年代里最大规模的海派文化研讨会，张剑、陆文雪《"上海文化·都市文化·海派文化学术研讨会"综述》（《学术月刊》1998 年第 8 期）对本次研讨会进行了记录。显而易见，20 世纪八九十年代是海派文化研究作为一种重要的文化类型被真正树立起来的重要时期，在这一时期，对于"海派文化"的研究聚焦在以下几个方面：

1. 重新定义"海派"

《上海戏剧》自 1986 年 1 月起发表系列文章，如陈文华《为海派艺术正名》与许思言《海派京剧应予足够重视》明确提出要为海派戏曲"平反"，指出海派与京派在虽然在艺术上各有千秋，但并无高低雅俗的区别。还有李大椿《从海派艺术看中国戏剧革新之路》、王祖鸿《海派京剧"戏好懂，腔好学"》、徐希博《海派京剧的核心是革新》等文着重分析总结海派戏曲敢于创新之长处，把海派戏曲在商业上的成功经验归结为重视观众心理、引用西洋机关布景技术、故事情节跌宕曲折、唱词念白通俗易懂等。如果说 20 世纪三四十年代的"海派"二字是作为"京派"的对立面、批判对象而诞生的话，20 世纪八九十年代的上海则在重新审视后真正接纳了它，"我们本来就是上海人，何以要轻蔑'海派'京剧，甚至自惭形秽呢？"[1] 正是因为有了这种心态的指导，学者们进而将"海派"从某一个艺术领域中解放出来，提出："'海

---

① 　王祖鸿：《海派戏曲"戏好懂，腔好学"》，《上海戏剧》1986 年 01 期。

派'，并不限于戏剧艺术，而是遍及上海整个文化事业的问题。"①

　　同一时期，在 1985 年的"'海派'文化特征学术讨论会"也首次使用了"海派文化"这一名称，学者们不仅注意到了海派文化这一典型的文化形态，还针对"海派文化"的概念、特征、评价与前途四个方面发表了各自不同的看法，其焦点放在剖析海派文化的特点与历史地位，盛丰的《论"海派"文化的"边缘文化"特征及其历史作用》② 将京派文化视为内核文化，海派文化则是边缘文化，前者是古老而单一的辐射性文化，而后者是年轻且复合的受容文化。陈旭麓的《说"海派"》将海派文化的特征总结为二："一是开新，开风气之先，它敢于延纳新事物来变革传统文化。""第二个特征则是灵活、多样。灵活是说它不呆滞，多样是说它不拘一格。灵活和多样密不可分，灵活带来多样，多样体现灵活。这是海派文化呈现的缤纷色彩。"③

　　总而言之，20 世纪 80 年代的海派研究重在发掘其优点，从正面积极的角度评价海派文化中的商业化、市场化、通俗化等特质，陈旭麓说："看来海派与市场结缘，文化与商品交流，并不一定全是邪恶，其中也有积极的东西。"④ 值得注意的是，对于海派的评价在这一时期还未完全摆脱与其他地域文化，尤其是与"京派"的比较，直到 1990 年仍有学者在剖析海派文化时说："作为观念形态的文化，各个不同的区域文化之间没有优劣之分，只有各自不同的特点，需要取长补短。"⑤

---

　　①　汪培：《海派精神是什么?》，《上海戏剧》1986 年 02 期。
　　②　盛丰：《论"海派"文化的"边缘文化"特征及其历史作用》，《社会科学》1986 年 01 期。
　　③　陈旭麓：《说"海派"》，《解放日报》1986 年 3 月 5 日。
　　④　同上。
　　⑤　沈渭滨：《海派文化散论》，《文汇报》1990 年 7 月 25 日。

2. 海派文化与都市文化

到了 20 世纪 90 年代，随着国际大都市地位的凸显，海派文化研究也不再局限于洗刷污名或是比较优劣，其重心转向城市史与都市文化的交叉研究。20 世纪 90 年代初有研究者指出："目前学术发展的动态，被认为是'城市意识的萌发'，亦即许多研究者的重点开始从历史的总结转向城市本身，力图把上海研究的各个课题同这个上海城市的发展联系起来。"① 具体到海派文化的研究上，许多学者此时已经注意到了"近代上海城市社会的生活方式及其影响"②，开始有意识地将海派文化与上海的近代化联系在一起，其中又包含两条研究路径：

一是考察上海近代商业腾飞与海派文化之间的关系，重新正视海派文化既源于 20 世纪八九十年代思想上的解放，更重要的是改革开放后的上海在经济上已是中国的领头羊，因此从经济上回溯海派文化是必然的，该类研究以 1995 年举行的"95 商业文化研讨会——海派商业文化研讨会"为中心，会议论文中有不少都聚焦于海派文化与上海商业文化之间的联系，将海派文化的历史渊源归结于近代上海奇特的政治经济结构，上海商人兼容并包、创新开拓、精益求精的经营哲学恰好营造了海派文化所需的氛围，有学者总结：

> 这一时期的上海，是一个以商人为主角的商业化社会，生活在这种商业化社会环境下的上海人，即使并未经商，也时时刻刻受到商业气息的熏陶。经过长期的耳濡目染，其思想观念、行为方式也势必会出现变化，而这种变化又必然是朝着适应商业化社会的趋向发展。于是，人们的思想和行为

---

① 朱弘：《城市研究与上海研究的新实践》，《近代史研究》1992 年 02 期。
② 同上。

都带有某种商业化的色彩，又进一步使得整个上海的文化发展变异，由此产生一种在许多方面与中国传统文化所不同的新型文化，这就是所谓的海派文化。①

第二条研究路径是将海派文化与近代都市文化、市民文化相连。1991年的"城市研究与上海研究国际学术讨论会"肯定了海派文化研究之于上海城市史研究的重大意义，学者沈渭滨在会上通过比较京海两派提出其观点："海派文化是传统文化在近代商业都市的改铸和延续，海派文化既具有自由商业精神，又未丢弃传统文化的固有素质。京、海两派是两种不同的价值观在发生作用，在某种意义上京派更接近于农业社会，海派更接近于都市文明。"② 1995年的"上海文化·都市文化·海派文化学术研讨会"上也有类似观点："海派文化是典型的都市文化，与近代上海的都市化进程是并进的，都市文化的许多特征在海派文化中都可以找到，包括城市设施、人口构成、消费观念等，海派文化是集大成者。"③ 还有学者认为海派文化是都市文化之一阶段。因为："都市文化的本质是个人生活方式之变迁，其发展方向是社会的趋势，即走向世界、与世界相联系。"④

需要强调的是，在将海派文化与都市文化相关联的过程中，上海作为承载这两种文化的具体区域，在其中扮演了什么样的角色，引发了学者更深的思考。

---

① 朱英:《近代上海商业的兴盛与海派文化的形成及发展》,《三峡大学学报（人文社会科学版）》,2001年04期。

② 张济顺,朱弘:《城市研究与上海研究国际学术讨论会综述》,《历史研究》1992年03期。

③ 张剑,陆文雪:《"上海文化·都市文化·海派文化学术研讨会"综述》,《学术月刊》1998年08期。

④ 同上。

3. 是海派文化？还是上海文化？

梳理海派文化的形成过程，总离不开以下几个因素：一是开放的环境下，西方现代都市文明的大规模输入并改造近代上海的城市基础建设，"硬件"的改变潜移默化地影响了"软件"，为海派文化的诞生提供了基础条件；二是经济的快速发展与资本的高度集中在近代上海引发激烈的商业竞争，带来奢靡的风气与流行的娱乐文化，这是海派审美滋生的土壤；三是移民社会，各种文化汇集于近代上海，移民群体身上大胆接纳并创造新事物的特质是海派文化的精神源头。"上海文化·都市文化·海派文化学术研讨会"的与会学者一致认为："上海作为近代中国的通商口岸之一具有形成在中国近代化过程中占主导和主流地位文化的得天独厚的社会历史条件。"①

但是上海文化是否就是海派文化，研究者则多持保留态度，比如刘学照认为："当代上海已没有什么海派文化，严格意义的近代海派文化已不存在。海派文化是近代上海文化的一个部分，但还不能成为一个文化派别。"② 也有学者认为提到海派大家脑海中的印象还是京剧、绘画等艺术风格，而艺术不能完全代表文化，尤其不能代表新时代的上海文化，朱维铮、熊月之等学者都持这种观点。

进而有研究者提出海派文化是依附于近代特殊的社会环境而存在的，新的历史条件下形成的上海文化，应当与旧的海派文化区分开来，比如李天纲提到："在旧海派中萌生但远未正常发育的现代城市文化因素应在'超海派'、'新海派'的旗帜下更好地生

---

① 张剑，陆文雪：《"上海文化·都市文化·海派文化学术研讨会"综述》，《学术月刊》1998 年 08 期。

② 同上。

长。"① 就使用了"旧海派"与"新海派"的概念，高惠珠也以"新海派文化"来指代新时期的上海地区文化。这种措辞并非出于对海派文化的否定，而更多是一种对上海地区传统文化的借鉴姿态：

> 　　上海文化传统的特点之一就是这种"万物并育而不相害，道并行而不相悖"的雅量和宽容，而也正是这种雅量和宽容，造成了它曾经有过的文化繁荣。这是在重新塑造上海的文化形象和文化性格时可以借助的传统资源。这样形成的上海文化绝不仅仅是所谓"海派文化"，而是多元的全球文化的一部分，它既是地方的，又是世界的。②

　　将海派文化与上海文化相区分，是为了更好地提炼海派文化的精粹，取舍之后赋予其新生，这是 20 世纪 90 年代大部分研究者的共识，也是为未来的上海文化建设打下了坚实的理论基础。

（三）21 世纪以来海派文化研究的深入与系统化

　　21 世纪以来，关于海派文化的研究更为活跃，如果说 20 世纪八九十年代的海派文化研究是层层推进的话，那么新世纪后的研究则称得上遍地开花。例如上海大学 2002 年成立的海派文化研究中心，从 2002 年至 2019 年共举办了十八届海派文化学术研讨会，并有《海派文化学术研讨会论文集》共十四辑，成果丰硕。这一阶段的研究成果凸显以下几个特点：

---

① 李天纲：《海派文化和都市文化》，《上海文化艺术报》1995 年 10 月 20 日。
② 张汝伦：《上海的文化命运》，《上海文化》1994 年第 1 期。

1. 海派文化的细分研究

由于 20 世纪八九十年代已经对海派文化进行过整体性宏观性的充分讨论，21 世纪以后的研究更多地将目光投射于海派之下的各个文化分支，从艺术流派、文化观念、生活方式或行为方式等几个维度展开。有些是在已有研究的基础上进一步深入，比如海派文学、海派戏剧与海派绘画等海派艺术研究。除此之外，更多研究者开始关注"海派"与社会生活之间的联系，比如"海派教育""海派旅游""海派建筑""海派饮食文化""海派广告""海派电影"等等，这些研究大多关注某一行业在近代上海的动态发展过程与重要转折节点，尤其是儒家价值观与资本逐利本性、传统审美与新兴市民趣味相抵牾时带来的行业新气象，比如李本友《由近代上海看"海派教育"的特色及形成》探讨近代上海教育实践时，把海派教育体制的成功原因归结为传统的基础教育与面向现代社会结构的职业教育二者的结合。江礼旸《海派饮食及其发展》将海派饮食文化归纳为文化人引导饮食趣味与商业经营优胜劣汰共同合力的结果。除了这种针对某一行业的海派文化研究外，还有部分研究深入具体的社会现象，比如近代上海的民间信仰、家庭关系、方言传播等等，这些研究其实都是继承了上一阶段海派文化与市民文化、都市文化的研究并在此基础上拓展开来，这是海派文化研究成为"显学"之后的必然结果，也是学科研究发展的自然规律。

2. 海派文化的现代性

虽然涌现出许多海派文化的分支研究、交叉研究，但是这一时期海派文化研究中隐藏着一个共同的主线，那便是现代性。20世纪 90 年代的研究虽然涉及了西方文明和都市文化在海派文化塑造过程中的重要作用，但极少有学者涉及现代性的问题，这对于海派文化研究来说是一片全新的领域,这一时期产生了大量从不同角度观照海派文化现代性的文章。尤其是在海派艺术领域,研究者从海派文学、电影、戏剧等领域的先锋性这一角度切入,挖掘海派文化的现代属性,比如海派文学中体察都市脉息、勾勒现代伦理情感、新奇大胆的叙述结构等艺术特征,都带有现代性的烙印。

这些研究达成一个共识,即:"海派文化的中心——上海,无疑最能显现出中国的现代性进程。"① 海派文化的两大基本特征,创新与包容,恰好就体现了这种现代性。白吉尔在《上海史——走向现代之路》一书中从城市的硬件建设、摩登女郎、对西洋文化的开放态度、消费主义、市民娱乐活动、艺术创作等多个角度阐释海派文化中的现代理念,是对于海派文化的现代性分析最深入系统的研究成果之一。同时,敏锐的研究者也指出这种现代性对于当下以及未来新海派文化建设与发展的重要性,即通过发扬海派文化的现代性,为上海的文化建设打造全球视野,匹配这一时期上海的全球城市定位。

3. 海派文化与城市软实力

以 2010 年上海世博会为契机,海派文化研究也掀起了新的高潮,这届世博会的主题是"城市,让生活更美好",围绕这一主题,"如何借助海派文化提升城市竞争力"成为学者讨论的重点,相关研究大多聚焦于两个问题,一是"如何借助世博会的东风,推广并发扬海派文化?"研究者已经意识到文化已成为评价城市综合实力的重要标准,而海派文化的特殊功能使得它有助于打造上海的文化品牌形象,推动上海城市软实力的建设,有学者指出:"海派文化作为一种与现代西方文化有着天生渊源的东方文化,是

---

① 杨巧:《现代性视阈中的海派文化》,《海派文化精选集》,上海大学出版社,2017 年,第 159 页。

中华文化在保护自身核心不受损害的情况下接受现代文明的一个
成功范例，也是西方文化了解并接受中华文化的一个重要途径和
窗口。"① 而且海派文化经历过时间的洗礼和历史的检验，应该有
更强大的辐射力和影响力，走出上海，走向全球。二是"在炽盛
的全球化浪潮下应当如何保全地方文化特色，塑造独一无二的上
海城市形象?"之前学者重在论述海派文化的形成如何深受西方现
代文化的影响，但在这一时期，更多研究指出："海派文化的真正
根基在于来自内部的历史文化记忆，这些记忆是海派文化的个性
所在，也是海派文化之源。"② 不少学者提出保护海派文化中的历
史文化艺术遗产，比如石库门建筑、沪剧、滑稽戏、豫园灯会、
金山农民画甚至本地方言等等，通过这些文化遗产来展现海派文
化的独特魅力，扩大上海在全球的文化影响力。

（四）海派文化研究的述评及反思

首先，现有研究对"海派文化"的定义进行了充分讨论，但
无明确定义，李天纲对这个问题看得十分透彻：

> 当初和目前的许多学者谈论"海派"的时候都多多少少
> 地把这词抽象化、形而上化。他们的目的似乎不是先理解这
> 个词，通过这个词的理解再去理解中国的其他社会现象，而
> 是勾勒出一个形而上的、意念化的"模式"，再用此"模式"
> 去强制社会内容的形式。③

---

① 王蔚、孙频捷：《海派文化的发展与中国软实力的提升》，《海派文化与国际影
响力》，上海大学出版社，2006 年，第 20 页。

② 费琼琼：《全球化浪潮下的地方文化遗产保护》，《海派文化的兴盛与特色——
第六届海派文化学生研讨会论文集》，文汇出版社，2008 年，第 281 页。

③ 李天纲：《"海派"——近代市民文化之滥觞》，张仲礼主编：《近代上海城市
研究》，上海人民出版社，1990 年，第 1140 页。

这里谈的虽然是 1985 年讨论上海文化发展战略时的缺憾，但也适用于当下的海派文化研究，海派文化需要从时间和空间、价值与现象、思想与审美等多元角度进行审视。研究中对于近代上海文化风气的研究较多，但对于新海派文化应如何定义，如何规划，讨论较少也不够具体，尚待开拓。

其次，对于海派文化的研究范畴已经延伸得较为全面，但不够深入，缺乏理论深度。观察上述研究活动与成果，我们会发现，海派文化的优缺点、表现特征及其历史渊源都在宏观层面上得到了较充分的讨论，但所运用的理论较为局限，多以城市发展史与现代性为主要研究角度，但这些理论适用于剖析海派文化中的西方元素，但并不适合用来探索海派文化的传统文化根基，中国传统哲学的儒、道、佛其实均与海派文化的渊源相关。另一方面，海派文化的研究日益细化，涉及的交叉学科愈来愈多，研究方法上可以多向其他学科借鉴。

第三，多强调海派文化的先行性与现代性，但对于其之于传统文化的继承讨论尚不充分也不系统，海派文化是"海纳百川"的多源文化，西方文明只是其中的一源，传统思维方式的意象性、非实证性也对海派文化有巨大影响。海派文化的现代性不仅体现在西方现代文明的输入，而是"东方与西方、传统与现代的二元要素，完全融合在一起，获得了一种中国的现代性"。[①] 如同熊月之所说，是"中国文化自身滋长出来的现代性"。[②] 尤其上海本土文化传统的研究领域，虽然对于松江文化、徐家汇源文化、青浦文化等均有涉及，但整体来说缺乏系统性与整体观照，几乎还是一片空白，而且上海的本土文化并非孤立静止的存在，明清时期上海是松江府属

---

① 许纪霖，罗岗，等：《城市的记忆：上海文化的多元历史传统》，上海书店出版社，2011 年，第 4 页。

② 熊月之：《江南文化、海派文化的特点及其与红色文化的关联》，《"上海党的诞生地"系列人物·思想与中共建党》，上海教育出版社，2019 年，第 8 页。

一县，浸润于环太湖区域的江南文化之中，开埠以后上海的移民社会结构中大部分也来自江南地区，可以说江南文化与海派文化有着直接的地缘联系。另一方面，海派文化并非江南文化的简单合并，而是经由上海这座大都市熔炼筛选，重新诠释之后再被展现出来的，但是目前对于这种地缘交流传承、改造升华的挖掘也尚浅。

第四，在海派文学中的上海左派文学及其背后的红色文化，也还没有全面细致的研究，事实上，红色文化是海派文化走到顶峰的一个重要产物，中国共产党的诞生与壮大都与上海这座城市有关，"上海红色文化形成于上海，与江南文化、海派文化的关系，一如树木之于土壤。"① 熊月之先生在《光明的摇篮》中概括说，中国共产党诞生在上海有六大支撑因素：先进思想文化的传播系统、工人阶级与先进知识分子的社会基础、发达的水陆交通系统、便捷的邮政通信系统、可供依托的社会组织系统、可资利用的租界安全缝隙。六大因素相互支撑，构成上海的独特性，使得中国共产党在上海应运而生，诞生了"开天辟地的大事变"。红色文化也是新海派文化的主流价值取向。上海城市中的红色建筑与红色精神已经引发关注，但是对于红色基因在海派文化中的传承路径与发展缺乏完整的梳理与深入的思考，如何调查、研究、保护红色革命历史也有待更多研究者关注，红色海派研究的未来之路还十分漫长。

第五，海派文化资源是打造上海城市软实力的重要武器，虽然从 20 世纪 90 年代开始就有学者呼吁对于海派文化要存其精华去其糟粕，以海派文化为底色打造上海的文化标签，但具体到文化资源如何被激活，成为切实可用的文化资本，这当中的实践还缺乏进一步研究与讨论，对于过去几十年海派文化资源利用过程

---

① 熊月之：《江南文化、海派文化的特点及其与红色文化的关联》，《"上海党的诞生地"系列人物·思想与中共建党》，上海教育出版社，2019 年，第 1 页。

中的经验教训也尚待总结与反思。

三、海派文化内涵的多重视角

海派文化是一种源于上海,而并不局限于上海区域的现代性城市文化类型,是中国近现代社会城市化、工业化、现代化转型过程中的产物。海派文化以近代上海开埠以后的城市发展为时代背景,在江南文化深厚积淀的基础上,积极吸收和融合世界各种新的文化成果而形成。作为亚洲乃至国际性大都市,上海具备现代性都市特质,同时,江南文化、本地文化等传统文脉依旧对其有所影响,作为党的诞生地和初心始发地,红色文化在此迸发强劲的生命力。"它经历了激烈的和对立的历史插曲和片断:被迫开埠、太平天国起义、资本主义突飞猛进,以及革命运动、国民党统治、日本占领,最后过渡到社会主义,以及进入改革开放的飞速发展。然而,从远处观察,在异地遥望,这部剧烈动荡的历史似乎由一种定式操纵着,一种超越一切的寻觅,即对现代性坚持不懈的追求。"[①] 归根结底,海派文化的内涵要义在于多种文化交融与互动,共同构成"雅俗共赏的都市文化现象"[②]。

(一)作为文化类型的海派文化

"没有巴黎、柏林、伦敦、布拉格和纽约,就不可能有现代主义的作品产生。那么中国有哪个城市可以和这些现代大都市相比拟?最明显的答案当然是上海。"[③] 海派文化作为"中国文化近代

---

① 白吉尔:《上海史:通向现代之路·序》,上海:上海社会科学院出版社,2005年,第3页。
② 高惠珠:《海派:源流与特征》,《上海师范大学学报》,1995年第2期。
③ 李欧梵:《上海摩登:一种新都市文化在中国》,北京大学出版社,2001年,第3页。

转型的标杆"①，成为一种文化类型，它不局限于区域，而是呈现传统与现代文化的有机结合。

1. 从艺术流派到社会风气

"海派"概念，在不同时段，所受到的评价不同，且内涵也在发生变化。总体而言，随着社会发展，这一词汇褒贬有所转变。在内涵上，从地域流派、文艺风格转为包含社会风气、民俗日常等内容，成为广泛的整体性文化范畴，并与海派文化概念相合。

首先，"海派"最初是作为艺术领域的词汇，指海上画派、海派绘画或海派戏曲。"海派"的社会语境在绘画和戏曲领域有所不同。作为绘画中的"海派"概念，有两种理解，一是海上画派，二是海派绘画。这两个概念有所差异。前者的"海"，更偏重地方性，指上海，《海上墨林》将几百位画家都纳入海上画派的范畴，正基于此。后者偏重于艺术风格，而海派绘画的艺术风格展示为流派纷呈，兼收并蓄，海纳百川，呈现"海派无派"的特质。郑重等学者就认为并无海派绘画这一艺术流派②，而王琪森等则持相反观念。③ 目前学界对海派绘画的成员和风格依旧有所争论。因此，从"海派"内涵而言，海派绘画作为起源有其争议。④

---

①　郭骥:《近代上海的海派文化》，上海人民出版社，2020年，第149页。

②　郑重:《"海派"和"海上画派"》，《文汇报》2009年9月27日。

③　王琪森:《对"海派书画"概念的史认和群体的评述——兼与郑重先生商榷》，《文汇报》2010年2月7日。

④　俞剑华《中国绘画史》称:"同治光绪之间，时局益坏，画风日漓。画家多蛰居上海，卖画自给，以生计所迫，不得不稍投时好，以博润资，画品遂不免日流于俗浊，或柔媚华丽，或剑拔弩张，渐有海派之目。"(俞剑华:《中国绘画史》(下)，商务印书馆，1937年，第196页。)该条论述，多为学者提出证明海派绘画存在的最早出处，但也是将上海作为"海派"的限定，是对海上画派的描述，而后所谓"海派之目"，所批判的艺术风格可作为海派绘画的一个证据，但也类似于社会风气的论述，因而无法做出判定。据戴伊璇老师发现，潘天寿在1926年版的《中国美术史》中未提及海派绘画的概念，而在1983年版本中加以追溯，由此作为海派绘画是一个追溯概念的辅证。

如果说海派作为"海上画派"的简称（《辞海》中对"海派"的定义，亦将其与海上画派作为同一个概念。①），其时间可上溯至开埠后。王伯敏称："'海派'一词，据姜丹书说，较先提出的是沙馥，大概是在光绪末年，其时任颐已去世。'海派'二字的含义，指当时在上海市，能立新创格、有本领的中国画家。"② 包含任伯年、吴昌硕、赵之谦等。成员早期由吴派"娄东四王"余绪领衔。1920 年出版的《海上墨林·叙》中提及："道光己亥，虞山蒋霞竹隐君宝龄来沪消暑，集诸名士於小蓬莱，宾客列坐，操翰无虚日，此殆为书画会之嚆矢。其后，吾乡吴冠云孝廉，后举萍花社画会于沪城江浙名流，一时并集，至同、光之际，预园之得月楼、飞丹阁，俱为书画家休憩之所。"另外，清代张鸣珂言："道光、咸丰间，吾乡尚有书画家囊笔来游，与诸老苍揽环结佩，照耀一时。自海禁一开，贸易之盛，无过上海一隅。而以砚田为生者，亦皆于于而来，侨居卖画。"③ 从上述材料中不难发现，"海派"自开埠以来，较早形成于绘画领域，由周边画家聚集上海而成。期间，因为生活需求，书画不再是曲高和寡的艺术品，而成为一种谋生工具，具有市场化特质。

早期"海派"的另一种界定，是作为戏曲界的概念，指有别于传统戏曲的新型艺术风格。在《清稗类钞》中，对海派的特质界定为："京伶谓外省之剧曰海派。海者，泛滥无范围之谓，非专指上海也。……海派以唱做力投时好，节外生枝，度越规矩，为

---

① "海上画派，亦称'上海画派''海派'，清代中国画流派之一。鸦片战争后上海辟为商埠，各地画人麇集，形成绘画中心，遂有'海派'之称。其特点是笔墨明快，色彩亮丽，寓意吉祥，意境清新，雅俗共赏。代表画家有赵之谦、蒲华、虚谷、任伯年、吴昌硕。"《辞海》（第七版），https://www.cihai.com.cn/。

② 王伯敏：《近代画史分期的一个焦点——评海派绘画》，《西北美术》，2014 年第 3 期。

③ 张鸣珂：《寒松阁谈艺琐录》卷六，文明书局，民国十二年（1923）。

京派所非笑。京派即以善于剪裁、干净老当自命，此诚京派之优点，然往往勘破太过，流弊亦多。"① 该论述中，认为北京之外的戏剧（主要是京剧）都属于海派，并非局限于上海区域。"海派"戏曲打破"场面台步，各有定名定式"的传统曲艺规范，吸取西方舞台剧布景、表演等方式，"进一步地强调了艺术的真实性，强调了艺术与现实生活之间的联系，呈现出一定的写实主义的倾向；它注重舞台的视觉直观性，灯彩戏和机关布景戏的盛行改变了中国传统戏曲以演员的表演独占舞台的局面，而对于做工的重视则又改变了传统戏曲的表演艺术以演员的演唱为主导的局面；它力图大众化、通俗化，注重戏剧情节性因素，大大地发展了连台本戏，表演风格热烈、火炽；它适应上海市民心理，广征博取，在京剧艺术的各个方面都进行了大胆的创新；它比较重视剧情，重视刻画人物性格，舞台演出的整体性比传统戏曲有所提高"②。"形成了重视反映现实生活、贴近时政、地域色彩鲜明、求新变异、突出的商业性与娱乐性、融合多种艺术为一体的特点。"③

简言之，"海派"初始含义不脱当时的文艺流派，并与市场化、交融贯通的艺术风格密切相关。从这个角度而论，"海派"是中性意涵。

其次，被众人所熟知的"京派"与"海派"之争，这里的"海派"特指与"京派"相对的概念，其中蕴含褒贬，特指帮闲、重利等不良社会风气。

"海派"早期，最重要的特色是市场化、商业化，并延伸为一

---

① 徐珂：《清稗类钞》，中华书局，1986年，第5027页。
② 钱久元：《海派京剧初探》，上海戏剧学院2005年博士论文，指导教师：宋光祖、陈多，第3页。
③ 《论新剧对海派京剧特点形成的影响——基于民国年间上海戏剧报刊的考查》，《戏剧》2017年第6期。

种社会风气，它与"京派"这一代表官僚士大夫的文化风气相对照。鲁迅有《京派与海派》一文，面对二派之争，得出结论，京派是官本位，海派是商本位："北京是明清的帝都，上海乃各国之租界，帝都多官，租界多商，所以文人之在京者近官，没海者近商，近官者在使官得名，近商者在使商获利，而自己也赖以糊口。要而言之，不过'京派'是官的帮闲，'海派'则是商的帮忙而已。"① 不久，"'海派'在'京派'的眼中跌落"的关系，转为两派的融合，"京海杂烩"。而其中的代表事件，则是"新出的刊物，真正老京派打头，真正小海派煞尾"，从而造成"京海两派中的一路，做成一碗了"。同时，鲁迅先生亦讽刺海派②，不但批判注重利益，以赚钱为目的的文学生产方式，更是驳斥这种不良的，带有大兴、势利、恶俗、帮闲性质的社会风气、生活方式和做派。当然，陈旭麓先生认为，与京派对称的海派产生的社会条件已经消失，上述内容的"海派"是一个历史词语。

总之，"海派"在其命名之初，主要是指艺术形式，如海上画派以及海派戏曲。之后延伸到社会风气层面，其以商业性特色为重，评价较为负面。

2. 从传统走向现代

上海文化是指上海地域文化，从传统文化延续而来的，包括松江文化、青浦文化，前者与江南文化密切相关，后者代表早期海洋文明，同时与上古的人类早期文化亦有关系。1843 开埠以前，是上海文化的漫长积累与酝酿时期，"这一时期的上海还处在吴越文化圈内，是江南地区文化的一个组成部分，并没有形成自

---

① 鲁迅：《京派与海派》，《鲁迅全集·花边文学》，第五卷，北京：人民文学出版社，1980 年，第 453 页。

② 详见鲁迅《京派与海派》一文中将海派文人比作黛绮丝之论。

已独特的文化格局"。① 从 1843—1949 年，海派文化开始形成，并随之发展兴盛，上海成为全国文化中心之一，同时也成为中西文化交流中心之一。1978 年以后，上海文化再次复兴发展。20 世纪 80 年代以来，重新梳理海派文化脉络，提出"振兴海派文化""重塑上海文化形象"等概念，对于海派文化的理解，从贬义转为中性，并且其内涵得以外扩，海派文化成了现代上海文化的代称。

3. 多元文化因素的融会贯通

海派文化最重要的特质之一是新旧生活方式的融合。作为上海地区独特的精神生活表征，"以其丰富多彩的姿容，展现着这一新兴都市生态环境里人们复杂的心理感受与行为方式，便也从一个侧面勾画出中国在东西方世界碰撞与交汇下走向现代化变革的历史轨迹，预示着它的文明发展的前景"。② 包括传统戏曲与曲艺、新型娱乐活动（电影、博彩、歌舞）、饮食习惯中传统与现代的结合，既有中式糕点、地域菜系，又有咖啡、西餐等多元融合。特别是现代化的生活观念，不再拘泥于家族伦理观念以及宗法制度，而是在国家制度之下，讲求契约精神和合作精神，注重商业化与市场化，以及强调现代化城市治理，并通过公共文化政策的制定与实施，促成区域文明的发展。

最为突出的是出版业的发展，通过西方文明的介入，极大改变了文化的生成与传播。刊印技术在这一时期得以发展。19 世纪初，英国传教士马礼逊引入铅活字印刷方式，这一技术在 19 世纪中叶于上海风行，王韬言当时看到"以活字版机器印书"，十分新奇。此外，如石印、胶印、珂罗版等先进印刷技术不断传入，并

---

① 陈伯海：《思考上海文化的历史与未来》，《上海社会科学院学术季刊》1999 年第 3 期。

② 同上。

在上海得以推广。大量书籍和报纸刊行，极大促动出版行业的发展。据统计，上海当时的各类印刷单位有 150 家以上。[①] 当时颇有声名的出版机构包括：商务印书馆、开明书店、新智社、点石斋书局、会文学社、有正书局、文明书局、小说林、广智书局、东亚公司新书店、鸿文书局、新世界小说社等。不但大量的通俗文学作品，如鸳鸯蝴蝶派的小说，而且严肃文学，包括左翼文学家的各类作品，刊印发行；与此同时，由于大量海外移民的涌入，外文报纸也不断涌现。并在此基础上，形成专门的产业体系，上海书业公所、上海书业商会、上海书业商民协会和上海新书业公会等组织应运而生，并对出版行业加以有效监督与调节。有学者认为，现代出版业的兴起与发展，是海派文化的最重要特质。新兴出版业极大地丰富了文学的种类，并带动作品传播，为文化发展提供强大动力。

"海派文化"，范畴十分广泛，上述"海派"内容皆属于此，海派文学、海派生活方式等亦包含其中。同时，它又不仅仅是一个地域文化的概念，而且是一种文化类型。"它是中西文化冲突和融合中，在传统文化艺术与现代化都市的经济文化相结合的过程中，在传统文化艺术与现代化都市的经济文化相结合的过程中，在文学、绘画、音乐、戏曲、建筑、时尚以及各类文化生活艺术等领域中相继产生的一种综合性文化形态。"[②]

（二）海派文化对传统的继承与新创

1. 海派文化对江南文化的因袭与发展

首先是对海派文化与吴越文化关系的梳理。上海古时隶属于

① 范幕韩：《中国印刷近代史》，北京：印刷工业出版社，1995 年，第 288 页。
② 贾植芳：《穆时英小说全编·序》，学林出版社，1997 年，第 1 页。

江苏，其文化也是以吴越文化为基础，既包含吴文化中追求精致生活的一面，又有越文化中开拓进取的一面。开埠以来，大量苏州、无锡等地文人、艺术家涌入上海，"娄东四王"后辈对地域艺术发展颇有影响。随后赵之谦等人引入浙派艺术风格，海上传统艺术发展依旧体现江南文化风貌。这与明清以来的江南文化遥相呼应。

同时，早在明清时期，作为江南文化组成部分的上海文化便显示出了与众不同的个性，将其中务实致用、开放包容、博采众长的特色表现得非常鲜明。到了近代，上海作为中西文化的汇融之地，进一步将江南文化中这部分有价值的基因发挥得淋漓尽致，因此，与吴越文化脉络相承的江南文化率先迈入现代文明，也正是在来源多元、样式多样的异质文化的相激相荡、相辅相成中，海派文化逐渐发展并不断蜕变。海派文化对江南文化的集聚、创新，使得无论是海派文化还是江南文化都变得更加具有现代性。由此，上海成为中国现代化运动的中心之一，而江南也仍是中国最充满魅力和活力的地区之一。

2. 海派文化于上海本土文化的呼应

海派文化与上海本土文化亦有关联。袁进先生认为："上海本地原有的特点和文化氛围也是上海文化的萌芽和发展的重要因素。"[①]"上海本土文化的传统根植于上海历史上的江南乡绅文化传统。"[②] 上海本地文化，除江南文化之外，还有立足于海洋贸易的青龙镇文化和远古流传而来的崧泽文化。

青龙镇文化是传统海洋贸易文化，这是上海区域早期重商观

---

① 张剑、陆文雪：《"上海文化·都市文化·海派文化学术研讨会"综述》，《学术月刊》1998 年第 8 期。

② 陈思和：《谈谈上海文化、海派文化和上海文学、海派文学：答〈上海文化〉问》，《上海文化》2021 年第 2 期。

念形成和发展的基石。北宋梅尧臣《青龙杂志》（已佚）流传下来的只言片语，较早记载青龙镇发展情况，提及该镇建制规模大于一般市镇，有"三亭、七塔、十三寺、二十二桥、三十六坊"，有"小杭州"之誉，是"东南巨镇"①。《绍熙云间志》中称青龙镇为"海商辐凑之所"。按《宋会要辑稿》记载的北宋熙宁十年（1077）的东南税收情况，青龙镇居于两浙路首位。熙宁七年（1074），此地设有"市舶提举司和榷货场"②，管理进出口贸易。作为海上贸易的重要港口，此地商业氛围浓厚，与开埠后上海开放的市场贸易状态，遥相呼应。应熙《青龙赋》称："市廛杂夷夏之人，宝货当东南之物。"另一方面，米芾曾在此处为镇长，梅尧臣更是多次驻足，不但有地志记载，亦创作《青龙海上观潮》诗，描摹观潮盛况。地方文学活动十分兴盛，"惟此人杰而地灵，诚非他方之可及"③。曹伟明从古镇、古港口出发，指出青龙镇文化与海派文化的密切关系。④

此外，从考古学意义上说，上海最初的文明开端，包括马家浜文化、崧泽文化、良渚文化、广富林文化和马桥文化。特别是广富林文化，它由黄河流域文明迁徙而来，同时融合本地长江流域的良渚文化遗绪，成为多元文化共生的形态，这也是上海兼容并包特质最早的源头。⑤

---

① 转引自上海博物馆《千年古港：上海青龙镇遗址考古精粹》，上海：上海书画出版社，2017年，第21页。

② 转引自仲富兰《上海六千年：远古文明》，上海：上海人民出版社，2018年，第190页。

③ 应熙《青龙赋》，转引自傅宗文《宋代草市镇研究》，福州：福建人民出版社，1989年，第161—162页。

④ 曹伟明：《上海的历史文化从青龙镇出发——兼论上海海派文化的发展》，《探索与争鸣》2005年第12期。

⑤ 该段论述部分参考陈杰《横塘纵浦 水乡泽国：考古学视野下的古代上海》一文，《文明》2015年第1期。

　　进言之，南渡后大批北方文人来到江南地区，逐渐发展出早期资本主义萌芽，江南文化一定程度上具有工商文化和现代文明的基因，因此更易接纳西方的思想。尤其是云间画派和传统戏曲，以及利玛窦等外国传教士和徐光启等人的联袂译介出版工作等，都为海派文化的形成提供了重要基础。这些早期文化源头与海派文化有着或深或浅的关系，对地域文化包括重商、兼容并包等特质的形成有重要意义。

（三）海派文化与红色文化的离合

　　海派文化和红色文化，前者以商业属性为重，后者由中国共产党、先进知识分子和人民群众共同书写，体现革命精神与深厚的历史文化内涵。二者属性虽然不同，但在海派文化存续期间，有过争论，亦有交集。红色文化之所以在上海灿烂呈现，与海派文化中爱国开放的文化特征和创新务实的产业特点相关。

1. 艺术与现实孰重：海派文学与左翼文学的论争

　　海派文学和左翼文学，或者说红色文学，理念有所不同。红色文化中的左翼文学与海派文学中的"新感觉派"，针对电影的审美和现实意义等问题有所争论。1933—1935 年，左翼文学批评家夏衍、唐纳等人与"自由人"黄嘉谟、刘呐鸥等，在电影界有"软性电影"和"硬性电影"之争，讨论电影的艺术和社会价值问题。前者追求电影的社会现实表现意义，后者追求电影的艺术性与娱乐性。刘呐鸥在《电影周报》上发表的《影片艺术论》以及在其创办的《现代电影》杂志上有《中国电影描写的深度问题》和《关于作者的态度》等文章，其中认为，电影的物质与形式特征及其表现手法，也就是艺术特质，是其最重要的特色。与之相似，穆时英于《电影批评的基础问题》《当今电影批评检讨》等文章中，提倡"艺术快感论"，认为电影的艺术价值高于社会价值。艺术形式与内容二者孰轻孰重，新感觉派和左翼电影界持论相异。

2. 反映都市现代面貌：海派文化与红色文化的共生发展

但另一方面，在表现内容上，海派文学和左翼文学亦有相通之处。穆时英作品被左翼批评为"非常浓重的流氓无产阶级的意识"①"十足的中国式的流氓意识"②，同时，《南北极》中的主人翁形象及语言表述受到阿英等人的称赞，他描述了"一条反叛上层社会的英雄好汉"③，或者说是上海底层民众形象，"作者表现的力量是够的"，"文字技术方面，作者是已经有了很好的基础，不仅从旧的小说中探求了新的比较大众化的简洁、明快、有力的形式，也熟悉了无产者大众的独特的为一般智识分子所不熟悉的习语"④。在技法上，"他能以掘发这类人物的内心，用一种能适应的艺术的手法强烈的从阶级对比的描写上，把他们活生生地烘托出来"⑤。因内容上贴近现实，表现普罗大众的艰辛与反抗，穆时英被称为"普罗小说之白眉"⑥。施蛰存认为《咱们的世界》一文，"整篇小说都用地道的工人口吻叙述工人的生活和思想，这种作品在当时的左翼刊物如《拓荒者》《奔流》等也没见过""几乎被推为无产阶级文学的优秀作品""仿佛左翼作品中出了尖子"⑦。穆时英小说的语言是通俗的，运用大量民间口语、上海方言，特

---

① 钱杏邨（阿英）：《一九三一年中国文坛的回顾》，《阿英全集》第 1 卷，安徽大学出版社，2003 年，第 588 页。

② 寒生（阳翰生）：《南北极》，《北斗》1931 年创刊号，严家炎、李今编：《穆时英全集》第 3 卷，北京十月文艺出版社，2005 年，第 364 页。

③ 《一九三一年中国文坛的回顾》，《阿英全集》第 1 卷，安徽大学出版社，2003 年，第 588 页。

④ 同上。

⑤ 同上。

⑥ 转引自《穆时英小说全编·导言》一文，学林出版社，1997 年，第 2 页。

⑦ 施蛰存《我们经营过三个书店》，转引自《穆时英小说全编·导言》，学林出版社，1997 年，第 2 页。

别是"无产者大众的独特的语汇"，作品针对社会最底层贫苦民众的生活，描写他们的苦难及抗争，"在内容和形式两方面都较成功地实践了左翼文坛的创作主张"。

　　海派文学中的"新感觉派"于 20 世纪 30 年代前后开始创作，这与左翼文学创作的高峰时间段相契合。以客观诞生环境而言，红色文化与海派文化共同诞生于上海这一多元格局的城市。作为中国现代化工业和工人阶级的摇篮，上海为中国共产党的诞生提供了阶级基础。另一方面，新思潮、新文化，西方文明较早涌入上海，并借助上海的"文化生产能力、文化组织能力、文化表达能力、文化融汇能力和文化传播能力"，向全国各地延伸，这为红色文化的传播和壮大，提供支撑。二者处于同一时空范畴，必然会相互作用，特别是针对上海当时的社会现状，从不同角度发声，试图抗争资本主义的入侵和压迫。在表达都市社会之于人民的负面影响以及底层民众的反抗这一主题时，二者站在同一阵营。

（四）海派文化与现代都市文化

　　海派文化的主要诞生背景是上海开埠后的中西文化交融，与其他城市的"华洋分居"不同，上海因为太平天国战争带来的大量外来移民和老城厢小刀会起义的老城厢大户迁居，形成了"华洋杂居"的局面。这时的上海，存在两个世界。一边是传统中国的生活场景，人们在茶馆、青楼中听京剧；另一边是欧洲式的场面，在西式剧院中上演歌剧。① 现代都市文化是海派文化最重要的特征之一。随着西方文化的涌入，娱乐生活极大丰富。歌舞厅的开设，大舞台的建设，西方戏剧、歌舞剧的引入，都为上海现

---

　　①　王维江，吕澍：《另眼相看：晚清德语文献中的上海》，上海辞书出版社，2009 年，第 240—245 页。

代化生活方式提供条件；同时，代表现代文明的电影也进入上海，电影产业在这一时期得以发展壮大。

（五）码头文化与弄堂文化

海派文化的"一体两面"，又可以分为以新移民为主的"码头文化"和以老居民为主的"弄堂文化"。作为兼具"码头"特色和"弄堂"特色的"海派文化"，不能忽略其内在的两重性、内部的冲突性和一定条件下的转化性。

1."码头文化"：多元文化的共生与交融

"码头文化"，或者说移民文化，是海派文化得以生成的源头之一。上海历来欢迎外地移民，无论是在南宋、元末等古代时期，还是在开埠以后迎来全国各地的众多移民。"海派文化其实就是移民文化的一个分支，或者说，是发生在上海这个地域的移民文化。"①

"清代上海商业的繁荣最初归功于那些'客商'，他们中既有从上海周边地区来的，也有来自遥远的省市。这些客商，尤其是广东人和福建人，对开埠前的上海影响很大。显然，由客商而形成的繁荣，导致上海人重商和较易接纳外来者和外来影响的倾向。……正是这种非正统的价值观，使上海从巨大的保守主义的地平线上升起，成为一座伟大的现代城市。"② "上海文明的最大心理品性是建筑在个体自由基础上的宽容并存。"③

随着各地人群涌入上海，区域文化发生重大变化。文化的共

---

① 陈思和：《谈谈上海文化、海派文化和上海文学、海派文学：答〈上海文化〉问》，《上海文化》2021 年第 2 期。

② 卢汉超：《霓虹灯外：二十世纪初日常生活中的上海》，上海古籍出版社，2004 年，第 29 页。

③ 余秋雨《文化的碎片》，转引自卢汉超《霓虹灯外：二十世纪初日常生活中的上海》，上海古籍出版社，2004 年，第 30 页。

生、流动与包容，成为这一时期海派文化的重要特质。除此之外，大量外国移民也纷纷涌入上海。上海成为名副其实的"远东第一大都市"。它是一座"为人们提供梦想和逃避之所的城市"，"到上海去是西方人的一种经典的冒险，对那些在自己家乡混得不甚得意的人来说也是解决困境的方法之一"。据统计，民国时期，在上海生活的外国人来自包括美洲、欧洲大部分国家，亚洲的日本、印度、越南、马来西亚和韩国，以及中东、南美地区，还有大量的无国籍人士。洋房和公寓，主要是由欧美人居住，而棚户区则是由各类外来移民杂居。移民文化带来各地区文化，在此融合。外国移民带来新的生活方式，特别体现在饮食、建筑、娱乐上。饮食方面，西餐、咖啡等食物的引入，成为上海饮食的重要组成部分，这也是海派文化中的一部分。法式菜、美式菜、印度菜、俄式菜、德国菜、意大利菜，在当时的大上海都风行过。更别说一直延续到现在的咖啡，成为大多上海人的每日必备。建筑上，沪上"玻璃散彩"的"夷房"多有可观，最为代表的万国博览会，各国风格齐聚，成为靓丽风景线。这也是"摩登"上海最重要的来源与表现之一。

2. "弄堂文化"：精致和使用的结合

同时，本地居民的弄堂文化，也是海派文化中不可或缺的一部分。明代祝允明《前闻记》中称："今人呼屋下小巷为弄。……俗又呼弄唐，唐亦路。"弄堂指屋前小路，弄堂文化则是指上海市民日常生活文化。最具上海特色的石库门文化，就是弄堂文化中的一部分。

上海文化中确有以"石库门文化"为代表的小市民的一面。其往往表现出克制、节俭、规矩等特征。"小市民"们在所谓的"半殖民"管理规训下，形成了鲜明的群体文化特征：他们在日常生活中遵纪守法、敬业奉献、尊重他人隐私，讲究契约、文明；但另一方面，他们精明利己，较少对他人施以援手，也偶尔给人以冷漠感。

现代海派文学书写中包含弄堂文化，最为代表性的有《繁花》和《长恨歌》。王安忆《长恨歌》获得第五届茅盾文学奖的评语中，特别提及《长恨歌》对上海市民生活和"弄堂文化"的反映：小说"体现人间情怀，以委婉有致、从容细腻的笔调，深入上海市民文化的一方天地；从一段易于忽略、被人遗忘的历史出发，涉足东方都市缓缓流淌的生活长河。""包含着对于由历史和传统所形成的上海—弄堂文化的思考与开掘。"作者在撰写《长恨歌》时，有意识写出"城市的思想和精神"；并且，她所描写的上海都市，非繁华景象，而是以弄堂文化为中心。正是从暗处和"琐处"出发，才能彰显现代化城市风貌。同样的，上海文学代表作之一《繁花》，在文本中表现弄堂中的烟火气，"老虎窗""层层叠叠屋顶""窗口挂的小衣裳"，"普通中式老弄堂，适合小红灯笼挂鸟笼，吹一管竹笛，运一手胡琴"，展现弥足珍贵的老上海记忆。

弄堂是 20 世纪 30 年代以来，上海四大居住形式之一（其他三种为花园洋房、公寓住宅、棚户）。居住空间本身也反映居民的身份和权力。弄堂居民多是土生土长的上海本地普通市民。石库门文化最能体现出上海市民精致、实用相结合的生活和文化习惯。"从石库门单体布局看，仍保留着以大家族为单位那种封闭独立式住宅特点，长幼有序，尊卑之别分明，但从其多种的社会功能中，不难看出它所具有的潜在优势。首先，它既实用，又舒适。虽然摆不开昔日笙歌盈庭、宾客满座的场面，也不复再现凿池叠石、赏花折柳的雅趣，对于选择租界寓居的华人来说，前人那种温文尔雅、规矩行步的生活节奏客观上已不复存在了。而石库门对于他们将尝试、适应的新的生活却大有用武之地：楼下的客堂间拆去落地长窗，可供聚会、喜庆宴请之用；东西厢房各约50—60平方米，可作业务洽谈、来料加工、堆放物件等多种经营之需。这种融家庭生活与经营活动为一处、可灵活变动使用的住宅，对使用人的财力、人力、时间、空间利用都是经济而舒适的。"①

弄堂不仅仅是客观的居住样式，而且代表了上海本地居民的生存环境。这里造就了上海市民的特有精神品质，是上海文化的重要代称，也是了解上海文化的一扇门。在这里，沪上市民日常生活鲜活地开展，并建构自我精神理念与价值。这里展现多元而和谐的世俗生活。"这种市民文化由于居民文化素质的多样性与复杂性同处一个空间，以及相互作用，既难以涣散、堕落，也难以形成高雅的文化氛围，弄堂文化自然成为一种世俗的然而却又和谐的市民文化。"②

首先，弄堂环境相对逼仄，"螺蛳壳里做道场"。这带来两个结果，一是有大量的半公共和公共空间，居民之间的交往较为频繁；二是在狭小的空间内，每个组成部分都有多种用途。在文化上的表征则体现为市民关系亲密，但同时有家长里短的争论，且民众也相对会更实际，懂变通，精打细算甚而带有斤斤计较，计算公共空间以及房屋空间的最大化利用。

与此同时，居民在这样的环境中，也更加仔细与坚韧，擅长处理内外问题。他们谨小慎微，善于处理各方复杂关系，游刃有余。再次，生活习惯得以延续。从开埠到现在，社会政治发生巨大变迁，但居民的生活习惯并无过多变化。他们讲求日积月累下

① 罗苏文：《石库门：寻常人家》，转引自陈惠芬《全球化背景下的地域性知识重建——从小说〈长恨歌〉和上海石库门"新天地"谈起》，《江苏行政学院学报》2003年第1期。

② 罗小未，伍江：《上海弄堂》，上海人民美术出版社，1997年，第142页。

来的规矩，在日常、平静的生活中，按部就班地做事。他们更关注个体情况，而对外界相对宽容。"上海人足以自傲于国人的，不是权势，也不是金钱，而是他们那一整套全然不同于农村文明的内心规范、行为方式和生活秩序，即可以称之为'上海文明'亦即'城市文明'的东西。"① 这里所提到的生活方式、规范以及秩序便与弄堂文化息息相关。

进言之，正是因为有现代性、资本主义精神、市民精神等包含了外来和本地多重互动的文化，才能够使上海这座城市在中西交汇中具备了多样性、丰富性和异质性，成为充满魅力的魔都和国际大都市，成为最现代化的城市，并在今天成为卓越的全球城市。

总之，海派文化溯源至江南文化为主的传统文化，而现代化都市的形成，亦受到西方近代文化传入的影响，西方工业文明、文化生活方式成为海派文化发展的重要源头。海派文化作为新型文化形态其重要特质是商业性与文化发展的充分交融。"海派文化发展的初期，商业化发挥了巨大作用，并且创造了新型的文化传播和营销模式，以及规模可观的文化消费市场。"② "新与旧、通俗与高雅、保守和前卫、精英和主流文化、政治和商业文化、软性与硬性以及革命、政治、娱乐的兼容"③ 成为海派文化最直观的特色。

四、新时代海派文化与城市软实力提升

城市精神与品格是软实力的组成部分，也是城市综合实力的

① 易中天:《读城记》，上海文艺出版社，2018 年，第 58 页。
② 郭骥:《近代上海的海派文化》，上海人民出版社，2020 年，第 194 页。
③ 盘剑:《选择、互动与整合：海派文化语境中的电影及其与文学的关系》，浙江大学出版社，2006 年，第 69 页。

重要标志。海派文化的重新梳理及其应用，有益于上海的整体城市规划。在对海派文化的利用中，引导民众的参与与互动，加强社会主义核心价值观的构筑，全面提升市民文明素质和城市文明，彰显城市精神品格。

关于海派文化的核心特征和外在体现，至今仍没有形成高度的共识，直接影响了海派文化的广泛传播和价值认同。当务之急，应该尽快厘清海派文化的准确内涵和合理外延，以习近平总书记关于上海品格的阐释为基本阐释方向，深入挖掘海派文化与新发展理念和城市精神的内在契合，从改革开放以来的上海伟大实践和新时代的辉煌成就中升华提炼海派文化的时代特质，在既有海派文化优秀传统中更多融入新时代的文化基因。

（一）追源溯流，深挖新时代海派文化特质

上海是先进文化的策源地，文化名人的聚集地，资源丰富。海派文化作为其核心元素之一，展现现代大都市的文化魅力。了解海派文化特质，考订源流，有利于发挥传统文脉的现实意义。海派文化强力表现都市生活风尚。比如新感觉派文学作品中突出对上海繁华都市生活的描写，又如海派文化包容传统与现代交融的生活方式，雅俗共赏、政治与娱乐共生、市场化等多元文化气息，成为重要的文化类型和历史叙事。这是讲好中国故事的重要资源。

首先，"海派文化"作为上海标志性的文化形态，保护和传续它，就是传承上海的城市文脉。无论是物质化的特色建筑，还是非遗、民俗、方言等财富，都应加以保护研究，并将其发扬壮大。《中共上海市委关于厚植城市精神彰显城市品格全面提升上海城市软实力的意见》（以下简称《意见》）中提出："以珍爱之心、尊

崇之心善待历史遗存，加强对历史建筑、风貌街区、革命遗址、工业遗迹的保护利用，探索传统历史文化更富创意的'打开方式'，推动更多'工业锈带'变为'生活秀带''文化秀带'，让人们更好感受'里弄小巷石库门、梧桐树下小洋房'的独特气质。推进城市记忆工程，传承发展戏曲曲艺、民间艺术、手工技艺等非物质文化遗产，留存好古意古韵的水乡古镇，保护好吴侬软语的本土方言，努力使典籍中的上海、文物中的上海、遗迹中的上海在穿越时空中活态呈现。"

其次，讲好上海故事，以树立文化自信。通过海派文化中的上海叙事，建构文化自觉意识，"激活叙事资源的当代价值，彰显上海故事的时代魅力"①。这一话语叙事功能，是提升国际传播能力的有效途径。在建立充分的文化自觉和文化自信的基础上，强化本土叙事力量。通过运用海派文化中所蕴含的历史叙事，诸如新感觉派对都市生活的描绘，以海派文化传统融入上海日常鲜活叙述，强化地域认同感与凝聚力。用自己的话讲自己的故事，"从顶层设计到基层探索，进行以丰富实践和生动创新"②，充分融入城市精神与社会主义核心价值观，强化和丰富本土文化故事内核。

（二）立足本土，吸收外来资源，打造上海文化品牌

立足本土文化资源，根据其不同属性，调整相应方案；并吸收外来文化养分，面向未来，提高文化辨识度和认同感，有效利用上海文化资源。

第一，在城市更新中，合理利用历史风貌区，按照其内在发

---

① 郑崇选：《讲好国际传播中的上海故事，要高度重视话语能力和叙事能力的提升》。

② 同上。

展规律，打造上海文化品牌，加强有辨识度的城市形象传播。

通过文物、文献、文化老人加田野调查的"三文一野"故事打捞法和"逛马路、穿弄堂、进客堂、听故事、有感悟"阅读建筑五步法，欣赏中西不同建筑文化风格，讲好上海故事，并发挥讲述者和阅读者的主观能动性，从 1.0 版扫码阅读到 2.0 版建筑开放到 3.0 版健全服务体系；从始于建筑的 1.0 版，到成于故事的 2.0 版，到归结为培养文明市民的 3.0 版，全面提升"建筑可阅读""街区可漫步"的活动水平。通过富有创造力的打开方式，让不同文化地标绽放各自的精彩。

一是把握具有历史风情的地标式建筑。从外滩核心区、老城厢地区、外滩源地区、陆家嘴地区（与西外滩历史性的"万国建筑博览会"遥遥相对，东外滩堪称"后现代建筑博览会"）、北外滩地区、衡复地区、徐家汇等地区的建筑出发，打造出适合步行的 1.5 公里海派文化阅读区，使之成为走读海派文化的标志。

二是全力打造与红色文化紧密相连的高光场所。将中共一大、二大、四大纪念馆和龙华烈士陵园作为学习和传承红色文化的重要基地，挖掘珍贵史料，加强党史学习和研究。正如《意见》中所论："充分用好用活上海丰富的红色资源，引导人们走进红色旧址遗址和设施场馆，追寻初心之路，感悟理想之光、信仰之力，把红色传统发扬好、红色基因传承好。充分运用改革开放的生动场景特别是浦东开发开放的显著成就，引导人们真切感受发展的变化，深切感悟党的创新理论的实践力量、真理力量，进一步增进对中国特色社会主义的情感认同、价值认同，不断增强奋斗新征程、共筑中国梦的自豪感和责任感。"

三是对具有文化特色的标志性场所和建筑，如新天地、和平饭店、国际饭店、上海邮政总局、上海展览中心、马勒别墅、科学会堂、杨树浦水厂、各高校内的历史建筑群，以及武康大楼、上生新所、黑石公寓等新晋网红地加强开掘，并从文旅融合的角度加以规划利用，开拓文化产业范围与视野。

四是对当下还有开拓想象空间的大世界、百乐门、大光明电影院等建筑，梳理其层叠的历史含义，并加以新的阐释，利用其品牌变身为"最美海派文化空间"，打造以海派青年为受众的文化场所。

五是对改革开放，尤其是浦东开发开放后形成的东方明珠、世博会中国馆、上海中心、金茂大厦、环球金融中心、浦东美术馆等代表新时代海派文化精神的现代和后现代建筑进行审美解读，从中体会海派文化在新时代的突破和张力。

与此同时，充分运用海派文学中对上海都市风貌的描写吸引众多读者。将文本阅读与城市阅读相结合，形成独具特色的上海文化之旅。

另外，通过建构海派文化地标评估指标体系，开展年度十大海派文化地标评选活动，在公认的海派文化区域打造或改造一座具有高标识度、大体量的"新海派文化"展示馆，通过城市景观的细节让人们直观感受到"有梧桐树的地方才叫上海"。

第二，科技改变未来，以城市数字化转型不断赋能海派文化发展动力。

通过整合各领域优质海派文化资源，大力推动海派数字化资源库建设，向全球不断推出可共享、可参与的海派文化场景体验和文化活动。同时，借助"十四五"期间全市范围内城市街区微更新的铺开，在街区社区营造中融入充分的海派文化元素，呈现海派文化智慧化的街区场景，促进新海派文化与城市日常生活肌理的深度融合。

第三，加强文旅融合发展，开发"上海文旅大 IP"，大力促成原创作品的生成。

将文化产业规划和城市规划相系连，强化文化与经济领域的协调合作，促进文化的多元与包容。在精心规划中，让城市更美好。结合对百年海派文化的研究，包括海派电影、建筑、戏剧、美术等，开发具有全球大都市魅力的海派文旅故事。以此提升新时代海派文化的利用率，增强城市文化软实力，丰富市民精神文化生活。

特别是要大力推动原创性新海派精品文旅产品生产创作。加大投入，积极鼓励和培育原创性文化精品的生产。推动"上海文艺再攀高峰工程"。结合时代主题，紧跟时事，在文学、艺术、文化、非遗民俗等领域，产生更多以"上海原创""上海制作""上海出品"为主旨的作品，让文化"爆款"和文化精彩涌现。完善原创机制，鼓励人才不断创新，并通过激励机制，加大对文化"精品、优品、新品"的支持力度。发挥人才的重要意义，组建一支由规划师、建筑师、设计师、艺术家、作家、学者、媒体工作者、在地居民组成的海派文化宣讲团，实现多媒体跨界破圈传播效应和虹吸效应。推出"考现（相对考古）上海，阅读海派"文旅结合的微游项目。包括一江一河海派文化贯通游、武康路、愚园路、思南路、多伦路等上海特色马路游，新场、朱家角、金泽等上海特色小镇游，张江、金桥、临港等上海新区游。

加强原创性文化品牌的生成发展，使红色文化、海派文化、江南文化这三种文化在和谐共生的环境中不断发展，相互促进，有机融合，建设更富独特魅力的人文之城。最终能够提升市民的全面发展，并"培育更多具有世界眼光、家国情怀的名家大师，让更多的人在上海实现艺术梦想"，"让天下英才近悦远来"。"城市成为品质生活的高地、成就梦想的舞台，使在上海者引以为豪、来上海者为之倾心、未到过上海者充满向往。"

（三）构建多重平台，加强文化传习与传播

首先，加强海派文化的宣传，提升市民主体参与意识。海派文化的传承与发扬，事关城市全局和长远规划，需要自上而下和自下而上双线实行。各级领导带头学习，培育和弘扬城市精神与品格；市民人人参与，在日常生活中参与和领悟海派文化精神，引领风气之先，更加包容，形成正面的、有"腔调"的市民形象。全民起而行之，从细处、小处、实处落笔，形成城市文化建设不竭的动力。同时，深入推进精神文明建设，在活动参与中培养市民的自治意识、审美意识，和对城市的文化认同感，让新海派文化精神深入人心。

其次，以海派文化为主题，强化上海的文化主场优势，通过多元对话，让"上海之声"响彻全球，增进他国对上海的理解与认同，构筑全球文化交流体系。通过以海派文化为议题的大型会议、论坛、会展、艺术节、电影节等国际重大活动，让城市形象不断向外推广，让上海文化走向世界。同时，系连长三角一体化发展节奏，通过海派文化、江南文化、红色文化的三文一体，拓展海派文化影响领域，增强国际影响力。

通过有效的宣传方式，将上海文化品牌以及优秀的文化资源播撒于世界各地。此外，加强文化间的交流与碰撞、融合，进一步提升海派文化的文化魅力和影响力、感召力，在全球文化的有机互动与交融中激荡属于上海文化的独特光彩，让中国风、东方韵以及"上海故事"传扬海内外。在传播话语现代转化、传播形式创新、传播内涵重新阐释的基础之上，打造上海故事的新叙事、

新表述、新内涵，更加鲜明地彰显上海故事的思想力量和精神力量，提升国际传播能力和上海城市软实力。

当前世界发展面临百年未有之大变局，城市综合实力的竞争是国家实力的反映，而城市软实力又是城市综合实力的重要组成部分，它为城市发展提供不竭的精神动力，有效促成城市凝聚力和创造力的生成。作为上海城市软实力的重要组成部分，海派文化的不断丰富和创新发展，无疑是增强文化竞争力，提升城市综合实力，乃至建设文化强国的重要动力。作为上海三大文化形态之一，对海派文化的传承创新和创造转化，有利于"塑造注重人情味、体现高颜值、充满亲近感、洋溢文化味的'城市表情'，让城市更有温度、更为雅致、更有韵味"。与此同时，将增强软实力与硬实力相结合，统筹兼顾，从大局出发，推进综合性建设，使两种实力共生、融合、转化、协调发展。"把经济、科技、产业、基础设施等硬实力优势，加快转化为制度、体验、品牌、环境等软实力优势，持续提升人才、治理模式、创新生态等软实力，进一步为硬实力的增强集聚要素、激发潜力、巩固优势"，由此推动上海城市软实力的整体提升。

第二章 从传统到新变：江南文化与海派文化

　　传统，顾名思义，可以流传下来的才是"传"统，能够为现时所接受的才是传统，否则只是化石或者往昔的残余。美国社会学家希尔斯就认为，传统是人类在历史长河中创造性想象的沉淀，是对社会行为具有规范作用和道德感召力的文化力量，一个社会不可能完全破除其传统，一切从头开始，或完全取而代之，而只能在旧传统的基础上对其进行创造性的改造。由此可见，文化的进程其实是一个融合继承与更新、保全与创造于一体的动态的发展运动过程。从江南文化到海派文化的历史，既是传统地域文化精神继承和发展的历史，更是随着中国历史的发展而创新变化的历史。所以著名学者熊月之研究员曾如此阐述，"江南文化是海派文化的根基，海派文化是近代上海对于江南文化的熔铸与升华。"①

一、江南文化的历史与变迁

　　江南是中国一个极为特殊的地区，很早以来就引起众多的关注，但是"江南"这一概念也历经了曲折的变化，相类似的概念

---

　　① 熊月之：《江南文化、海派文化的特点及其与红色文化的关联》，苏智良主编《"上海党的诞生地"系列：人物·思想与中共建党》，上海教育出版社，2019年。

还有"江东""江左""吴地"等。周振鹤先生《释江南》① 一文曾对此有一系统的梳理，此处仅作一简单的归纳。大致而言，"江南"作为空间概念，在不同的历史时段，涵盖范围有所不同。如在秦汉时期，江南主要是指今长江中游以南的地区，即今湖北南部和湖南全部；汉代则包含今天江西及安徽、江苏南部。较确切的江南概念到唐代才最终形成，唐太宗贞观元年分天下为十道，其中江南道的范围包括自湖南西部迤东，直至海滨。北宋时期，镇江以东的江苏南部及浙江全境是名为"两浙路"的一个地方行政区，自此，今天意义上的江南地区核心范围基本形成。

从我们今天的角度，按其包含地域广袤的程度，"江南"大致有以下三重含义，其一，最广义的范围，即是"江南"字面上的意义，泛指长江以南地区及江、淮之间的部分地区。其二，"江南"的基本范围，则指长江下游三角洲地区，即今太湖流域为中心向东、西两侧延绅，不仅包括今江苏的南京、镇江地区，浙江的绍兴、宁波地区及浙东诸州，还包括今安徽的芜湖、徽州等皖南地区，江西的婺源及苏北的扬州、仪征、泰州、南通等地。其三，江南的核心范围，也即狭义的"江南"则是指太湖流域地区，大致包括今江苏的南京、镇江、苏州、无锡、常州，浙江的杭州、嘉兴、湖州及上海地区。此处所讨论的江南，即今天的长三角地区。清两江总督靳辅曾称："江南之苏、松、常、镇，浙江之杭、嘉、湖等府，在汉唐以前不过一泽国尔，自钱镠窃据，南宋偏安，民聚而地僻，遂为财赋之薮。"② 可见江南地区的环境变迁和历史发展经历了一个长期的过程。

---

① 周振鹤：《释江南》，《中华文史论丛》第 49 辑，上海古籍出版社，1992 年。
② 靳辅：《生财裕饷第一疏》，贺长龄等编《皇朝经世文编》卷二六《户政》，《近代中国史料丛刊》正编 731 册，文海出版社，1975 年。

（一）江南文化的曙光

根据考古学家和地理学家的研究，大约距今 7 000—6 000 年前，现代长江三角洲开始发育。距今 6 000 年前后，人类开始在这里大规模地活动。根据考古发现，在夏王朝主导中国之前，太湖流域地区在新石器时代经历了从马家浜文化（约开始于距今 7 000 年前）到崧泽文化（约开始于距今 5 800 年）再到良渚文化（约开始于距今 5 300 年）的持续发展。在良渚文化时期，江南的发展达到一个顶峰。标志是大量精美玉器的出土和大型聚落中心的发现。体型大、数量多、制作精的玉器批量出土，说明当时的社会发展已经达到相当的水准，可以为了宗教祭祀等形而上的需要投入大量的非生产性劳动；聚落中心的形成更有可能意味着当地有了初具规模的城市。然而让人感到不解的是，大约在距今 4 000 年左右的时候，良渚文化突然衰落了。其急剧衰落的原因，学术界至今也没有定论。在诸多观点中，把良渚文化的骤然中断归于自然因素的提法颇引人注目。

今天的大部分学者都认为，约二三千年前，这里经历过海平面再次上升的过程，海水通过河谷再次灌入太湖盆地发育成泻湖。这次海平面的上升，很有可能直接导致了良渚文化的中断，湖底发现良渚文化末期的遗迹也说明了这个不断"长大"的湖泊吞噬了当地的文明。河湖水量增长的最终结果就是洪水泛滥。还有就是主要的农作物——水稻——长期被水淹没，最终减产甚至绝产，原住居民的生命延续面临危机。面对这两个灾难，居民如果不愿意坐以待毙，就只能离开故居、寻找更加适宜的居住地；而离开也就意味着当地既有文明的终结。

当然，这并非意味着江南成了一片死寂之地，只是说这一区域的发展明显放缓。在距今 2 500 年前，今天的杭州市一带淤浅成陆，完全切断了太湖同海洋的联系。在被堵塞、封闭后，太湖泻湖逐步淡化为现代淡水湖泊，此后由于人类活动的增加，流域内开垦越来越频繁，太湖周围入湖泥沙日益淤积，致使长江口的泥沙显著增多，三角洲淤积加快，太湖平原和杭嘉湖平原初具雏形，长江三角洲基本形成。

良渚文化骤衰之后，在大致相同的地域兴起的是得名于上海广富林遗址的"广富林文化"，这一文化实际上是在河南龙山文化的强烈影响下形成的，其分布范围包括今天的皖东及江浙沪，整个环太湖古文明带尽入其中。这表明，良渚文化衰落后，来自中原地区的一支文化进入江浙等地，把新的元素注入当地。广富林文化之后，在太湖流域出现的还有湖熟文化，其遗址中出土的一些陶器"具有明显的中原文化的特征"，而马桥文化中也存在"大批类似于二里头文化的因素"，[①] 这些足以证明殷商时代长江中下游地区同中原地区在文化上的密切交往。

（二）江南文化的初兴

太湖形成后，行洪泄洪问题一度成为该区面临的主要环境问题，以至成为大禹治水的重点之一。《尚书·禹贡》记载："三江既入，震泽底定。"谓大禹开凿三江，震泽（古太湖）洪水始得通畅排入江海，不致泛滥成灾，震泽周边，因之得以安定。所谓三江，一般认为是太湖和海隔绝以后，和海洋之间的娄江、吴淞江和东江等三条通道。这也表明：在此时，太湖流域一带已经被纳入初成的夏代国家体系，得到了一定程度的管辖和治理。正是在与环境的斗争中，这里的人们由被动逐步走向主动。春秋时期的

---

① 宋新潮：《殷商文化区域研究》，陕西人民出版社，1991 年，第 190 页。

"荆蛮""断发文身"的夷狄。也正由于这一原因，在这一时期，"江南"只是个很宽泛、模糊的自然地理概念，一般认为是以楚国为背景的长江中游，今湖南、湖北和江西部分地区的长江南部。张守节《正义》在解释《史记·货殖列传》"江南卑湿，丈夫早夭"之义时，便解释为"大江之南豫章、长沙二郡，南楚之地耳"。而王莽时改夷道县（今湖北宜都）为江南县。而在孙吴立国以后，"江东"这一概念日益清晰，以此来指代长江下游今皖南、苏南地区。之所以称江东，是因为长江在今芜湖至南京间为西南南——东北北走向，这段河道在秦汉三国时期是长江两岸来往的重要通道，因而从中原地区来的人视江为往东。孙吴政权肇迹于今苏州，此处自先秦以后称为吴，太湖流域成为孙吴江东政权的经济中心和稳定后方，并为日后东晋南朝偏安江南奠定了基础。孙权的屯田，从吴郡开始，西至夷陵（宜昌），绵延几千里，而重点就在太湖地区，使得这里的土地得到了较好的开发。

（三）江南文化的形成

西晋末年永嘉之乱和晋室南渡建康（南京）以后，中国历史上出现了一次北民持续南移的过程。其间，由于江东比较平安，而且由于东晋和南朝的一些统治者通过允许北方州、县在江南设置侨署的做法，使得这次人口迁移的流向更加集中于江东和太湖地区。这次中原人口的向南大流动，不仅人数多、时间长，而且其中士族和富豪所占的比例较高，这对本区社会经济发展的影响较以往任何一次人口流动要重大和深远。史载西晋太康元年（280），太湖流域的核心地吴郡有 6 818 户，到刘宋大明八年（464）增加到 12 622 户，前后不到 200 年，人口增长近 2 倍。人口增长，不仅劳动力得到了较大的充实，而且也带来了当时北方的先进生产技术，同时还伴随着一次社会财富的大转移，由此提高了本区社会经济和文化水平，"火耕而水耨"和"多贫无积聚"的状况，变成了"时和年丰，百姓乐业，谷帛殷阜，几乎家给人足"的局面。故胡三省注《通鉴》说："自晋民渡江，三吴最富庶，贡赋商旅，皆出其地"。唐代史学家杜佑《通典》也云："永嘉之后，衣冠违难，多所萃止，艺文儒术，斯之为盛。"

唐以前，黄河流域一直是汉文化的中心，永嘉之乱与晋室南迁之后虽然有了变化，初步形成南北抗衡格局，不过北方仍占文化优势。隋大业六年京杭大运河南段开通，不仅使南方与北方相连通，而且还刺激了运河经过地区的生产专业化和经济发展，长江下游地区受益最为明显。开元中裴耀卿改革漕运及唐代设立江南、淮南转运使更成为中国经济史上重要的一个分水岭，这是江淮税米每岁上供成为定式的标志，也是中国经济重心由北向南转化的重要分界线。不久，安史之乱使黄河中下游残破不堪，继之以藩镇割据，"户版不籍于天府，税赋不入于朝廷"，[①] 江南赋税成为唐在安史之乱后得以维持的关键，所谓"军国费用悉取江淮"。[②] 不仅加速了中国经济中心的南移，而且使整个国家更加依赖于长江三角洲地区。所以韩愈才说："赋出天下，而江南居十之八九。"[③] 自此开始的连续不断的战乱导致人口继续大量南迁，太湖流域以其优越的地理位置和自然条件成为移民南下的首选之地。

五代时，南方各国虽偏安一隅，却政治安定，一心发展经济，故而获得了新的发展机遇，太湖流域优越的自然条件得到充分开

---

①　刘昫：《旧唐书》卷一四一《田承嗣传》，中华书局，1975 年，第 3838 页。

②　《唐宪宗元和 14 年 7 月上尊号赦书》，载李昉等《文苑英华》卷四二二，中华书局，1966 年，第 2139 页。

③　韩愈：《韩昌黎集》卷十九《送陆歙州诗序》，载《韩昌黎文集校注》卷四，上海古籍出版社，1986 年，第 231 页。

发，人类活动在太湖流域的自然环境中逐渐起到支配作用。太湖流域东濒大海，为周围高中间低的碟形盆地，沿海常遭潮灾威胁，沿湖又常遭洪涝灾害。因此，抗洪防涝与防止潮灾自古就是本区发展农业的两大水利工程。唐五代时期，不仅海塘和湖堤得到了很好的建设，而且形成了我国历史上最为完备和有效的塘浦圩田工程，为经济崛起和持续发展发挥了关键性作用，堪称中国历史上发展经济与治理环境积极互动的典范。也正是在这一时期，江南的繁盛富庶开始全国知名，唐人已经用"塞北江南"来描绘宁夏的文化发达，"忆江南""望江南""江南好"，也成为文学中常见的主题，甚至成为词牌名称。

北宋末年的"靖康之难"，促使中原人口又一次大规模南移。南宋最后选定临安（杭州）为都，出现了"四方之民，云集二浙，百倍时常"的局面，人口更加向太湖流域集中。这一地区不但成为全国的经济中心，同时也成为政治与文化中心。两浙西路成为宋代垦田最盛的地区。"膏腴沃衍，无不耕之地"①，成为宋代最大的粮食产地，所谓"苏、常、湖、秀，膏腴千里，国之仓庾也"。②"苏常熟，天下足""苏湖熟，天下足"的俗谚便是证明。与此同时，手工业蓬勃发展，伴随着城市的繁荣，江南还吸引了大量文化人南迁，人文日盛。至此时，这一地区后来居上，以其物质文明、社会文化的繁荣发达，最终孕育形成了既与民族精神相统一、又有鲜明区域特色的江南文化。

较确切的江南概念也在这一时期逐渐形成。唐太宗贞观元年（627）以山川形便原则分天下为十道时，江南道的范围完全处于

① 马端临：《文献通考》卷五《田赋考五·历代田赋之制》，中华书局，1986年，第63页。
② 范仲淹：《范文正公文集》卷一〇《上吕相公并呈中丞咨目》，载《范仲淹全集》，四川大学出版社，2001年，第266页。

长江以南，自湖南西部迤东直至海滨。后因地域过于广袤，玄宗开元二十一年（733），又分成江南东、江南西、黔中道三部。今天意义上的江南，属于江南东道，在当时仍常用江东来表示。北宋时期，镇江以东的江苏南部及浙江全境被划为两浙路，这也标志着后来江南的核心区域的最终形成。

（四）江南文化的鼎盛

明清时期，江南享有崇高的政治、军事地位，同时也是当时全国的经济、文化中心。江南的农业和手工业生产始终走在全国前列，这里商品生产发达，商品流通规模空前，全国各地的地域商帮云集。江南各地人口增长，农业结构变化，商品农业发展，乡村手工业出现与农业分离的趋向，工商业市镇的兴起，城市商品经济繁荣，城乡市场体系完善，商品农业和农村家庭手工业日益发展。由于城市化、商业化进程的加快，城市的社会生活面貌发生了重要的变化，城市不再是一个封闭的空间，文化中的世俗化和平民化倾向越来越占据主导地位。民居建筑更加注重精雕细刻，饮食习惯和消费行为日益奢侈，岁时节令更加讲究，民间娱乐丰富多彩，丧葬习俗更加趋于奢靡。同时，随着经济的发展，居民间交往的增加，社会关系日益复杂，民间组织日益多样化，体制更加完备，功能更加发达。

由于城市商业发达，经济繁荣，区域内的平均收入水平高于其他地区。江南地区在占有文化资源方面有着得天独厚的优势。一些新的思想观念、新的文化艺术在这里逐渐成长。以清代为例，全国四分之一以上的进士出自江南。科考名次江南人最为显赫，状元半数以上出自江南，榜眼、探花更不在少数，三鼎甲往往为江南人囊括。与此同时，江南的学术文化也一直处于全国领先地位，涌现出大量的文学家、思想家、艺术家、藏书刻书家和各类学术大师，诗文书画戏曲成就独领风骚，学术流派众多，成就显赫。这时，江南已经不是简单的地理名词，更是经济繁荣和文化发达的代名词，江南不再是一个地理区域概念，更是一个经济区域概念和文化区域概念。明人章潢在其《三吴风俗》中曾如此称赞江南文化："夫吴者，四方之所观赴也。吴有服而华，四方慕而服之，非是则以为弗文也；吴有器而美，四方慕而御之，非是则以为弗珍也。服之用弥广，而吴益工于服；器之用弥广，而吴益精于器。是天下之俗，皆以吴侈；而天下之财，皆以吴富也。"所谓江南胜景、鱼米之乡、佳丽之地、三秋桂子、十里荷花、遍地绮罗、盈耳丝竹，都成为令人神驰梦想的心灵家园；而粉墙黛瓦、砖雕门楼、水巷人家、亭廊楼台、小桥流水，烟雨缠绵，风情难解，无不深深镌刻成为景观。天道与人文在这里奇迹般交汇成明媚灵秀的山水长卷，构成江南地缘文化结构的核心和灵魂。

二、江南文化的特性

一方水土养一方人。江南地区得天独厚的地理环境和悠远的人文历史不仅影响了江南人民的内在气质、思维方式、性格特征，而且铸造了优秀的江南文化。江南文化是世代江南人的灵魂和血脉，是江南地区生息和繁荣的基础，对长三角的发展和演进有着极大的影响。江南文化中的某些因子如宗族的发达和血缘姻亲的紧密关系，也许随着时光流逝和社会变迁，已经不可复制，但还有更多东西可以使人们思考和借鉴。

（一）崇文好学

江南历代名士学者辈出，清代全国四分之一以上的进士诞生在江南，状元半数以上出自江南，榜眼、探花更不在少数，三鼎甲往往为江南人囊括，时至现代，江浙人才在全国仍占优势，其文脉之盛，令人叹为观止。而江南社会普遍崇尚文化，重视教育是这里文人精英辈出，文化繁荣的最重要原因，所谓"士子多以读书世其家""崇师喜读书者，弦诵之声比屋而是"。15 世纪末年，途经江南的朝鲜人崔溥在《漂海录》中便曾提及："江南人以读书为业，虽里间童稚及津夫、水夫皆识文字。"① 正是在这一浓重的文化氛围中，众多江南学子惕惕自奋，形成一种文化积淀，使得江南地区历来具有群星闪耀的人才优势，因而也获得了更多的发展机会，不断推进江南的繁荣，铸就江南发展史上的一个个辉煌。这一优良传统，至今延续不绝，并且推动了江南地区在改革开放新时期继续独领风骚。

自东晋衣冠南渡以后，江南士族便多以文才相尚，刘知几云："自晋咸、洛不守，龟鼎南迁，江左为礼乐之乡，金陵实图书之府。"② 在东晋南朝统治者文教的提倡下，江南学术发达，世家大族藏书、读书风气盛行，加速了文化的传播，也促进了民风的转变。经唐至宋以后崇尚文教一直是江南文化最鲜明的特征。在江南，范仲淹"善国者，莫先育材；育材之方，莫先劝学"之说受到士族推崇，社会兴学重教传统深厚。据清初叶梦珠《阅世编》载，明末松江家弦户诵，县试童子不下二三千人。从松江学校的一方景观，整个江南学校盛况可以想见。此外，江南地区自宋代以来便书院林立，讲学兴盛，明末时以东林书院为中心，镇江府金坛县的志矩堂、常州府武进县的龙城书院（经正堂）、宜兴县的明道书院、苏州府常熟县的虞山书院、松江府的日新书院、嘉兴

---

① 崔溥：《漂海录》，社会科学文献出版社，1992 年，第 194 页。

② 刘知几：《史通·内篇·言语第二十》，上海古籍出版社，2009 年，第 140 页。

府的仁文书院等，曾形成了一个环太湖的书院网络。至清代如苏
州紫阳书院、杭州诂经精舍、南京钟山书院等均由名家执掌，并
培养出大量优秀的学者，为乾嘉时期学术的兴盛作出了重要的
贡献。

　　江南地区除了学校书院林立之外，其文化的发达更与家诗书
而户礼乐的向学传统和价值观有关。江南地区的士族反复强调书
种不绝、书香不断。清代经学大师臧琳的父亲曾对他说过："吾不
以汝骤度科名为幸，能为吾臧氏读书种子则善矣。"① 这并不意味
着家族不希望通过仕途为官，而是强调文化教育并不仅仅被作为
科举入仕的手段，更被视为家族子弟陶冶性情、提高文化修养的
必修课。这种超越功利的教育理念，对于家族艺术人才的培养无
疑起到了积极的促进作用。关于这一点，盛宣怀所在的龙溪盛氏
在其家范中说得非常清楚："天下事利害常相半，惟读书则有利而
无害，不问贵贱老幼贫富，读一卷便有一卷之益，读一日便受一
日之益，读书变化气质，即资性愚钝，多识几字，习他业亦觉高
人一等，非止拾青紫，取荣名已也。故论人品必推大雅，问家声
则说书香，凡我子孙须延一脉。"② 可见，"须延一脉"方是家族
的最大关怀，这充分体现其家族文化的高明内涵和开阔眼界。正
是这种守先绪，承后学，传递家族文化传统的强烈责任感，才是
江南的这些书香门第、笔耕世家代代相传，绵延不绝的重要原因。
也正是这催生了江南地区的人文之盛，风俗之美，使江南地区学
术文化的人物链从未断裂，社会经济的发展也就具有了坚实的
基础。

────────────

　　① 杨方达：《武进臧先生家传》，载臧琳《经义杂记》卷末，续修四库全书经部
172 册，上海古籍出版社，1995 年。
　　② 《龙溪盛氏宗谱》卷一《家训》，1943 年木活字本。

（二）经世致用

江南学人历来强调面向社会、关心现实的经世致用，从来不乏"明天道以合人事"的现实关怀，讲求舆地、河漕、盐政、兵制、钱法、方志等经世之务的历来不乏其人。宋元时期，江南地区的永康学派与永嘉学派都主张事功之学。明代，东林党人主张"不贵空谈贵实行"。浙江余姚的王阳明创心学，主张知行合一。江苏昆山的顾炎武写出《天下郡国利病书》等名著，"天下兴亡，匹夫有责"成为倡导经世致用之学的杰出代表。清代，唐甄所著《潜书》，对社会积弊提出多方面的批评，在思想史上留下重要一页。即使是在清代乾嘉之际，文网高张，众多学者埋头于书斋考据，经世致用之风不得不转为潜流之际，这里也涌现出了在"乾嘉间考证学的基础之上，建设顺康间经世致用之学"的常州学派，显示出特立独行的风尚。晚清时期的江南更是人才辈出，冯桂芬、王韬、沈毓桂、马相伯、马建忠、薛福成、李凤苞、吴宗濂、张元济等痛心于国家衰落，致力于救亡图存的各种实践。

在认识自然、改造自然的科技之学方面，江南学者也非常突出。晚明时期，利玛窦等西方传教士来到中国，带来西方自然科学，包括天文、数学、地理等。中国兴起学习西方科学技术的热潮，徐光启、杨廷筠、李之藻都是江南人，研究西洋文化非常出名的王锡阐也是江南人。熊月之先生曾对明末以后科技学者的分布情况作过一个统计：阮元等人所编的《畴人传》，共收明末以后的各地天文、数学方面的学者 220 人，籍贯确切可考者 201 人。其中，江苏 75 人，浙江 44 人，安徽 32 人，江西 12 人，其他省份均不超过 10 人。江南人占了一半以上，这充分说明江南地区科技人才众多而密集。2000 年，全国科学、工程两院院士人数，按城市排名，前十名依次为上海（84）、苏州（83）、宁波（70）、无锡（65）、福州（49）、绍兴（45）、常州（43）、杭州（41）、北京（36）、嘉兴（30）。除了北京、福州，其余都在江南地区。①

正是由于江南文化强调致用，必然会落实到重视人的日常生活方面，落实到追求现实世界的幸福方面，也就必然重视工艺技术。如在农业方面，江南人民通过不断的生产实践，根据地形和地力，采取稻桑互种，稻棉轮作，以充分发挥地力的效应，以维持最佳的生态。也正是由于对工艺技术的重视，江南地区各种工艺无论是园林、饮食、徽派建筑、苏绣、顾绣、云锦、梳篦、编织、玉器、牙雕、红木雕刻、竹雕、石雕、歙砚、徽墨、湖笔、剪纸、灯彩、泥塑、紫砂茶壶、家具都发展到了极致，让人叹为观止。

值得注意的是，江南学者的经世主张不只体现在以现实问题的关注，更强调社会责任感，体现在对国家和民族命运的深切关怀，以及坚持个人良知和道德气骨方面。因此他们并非只是空泛地议论时政，而是去脚踏实地去改变现状。而且每当面对威权相逼时，江南学人都会坚守气节，抗言相争，天地为之震撼。蒙元军队南下，在江南遭到顽强抵抗，常州以 2 万义军抵抗 20 万元军的围攻，坚守半年，被誉为"纸城铁人"；清兵南侵，江阴、嘉定、松江、浙东都爆发了气壮山河的抗清斗争，涌现了侯峒曾、黄淳耀、陈子龙、夏完淳、张煌言等一批抗清英雄；从越王勾践卧薪尝胆，到范仲淹的"先天下之忧而忧，后天下之乐而乐"，东林党的"风声雨声读书声，声声入耳；家事国事天下事，事事关心"，顾炎武的"天下兴亡，匹夫有责"，在江南人中早已成为妇孺皆知、沦肌浃髓的血脉精神。

---

① 熊月之：《西学东渐与晚清社会》，上海人民出版社，1994 年，第 79 页。

（三）务实创新

江南文化历来提倡务实，不爱空谈，崇尚实业，稳健实干，脚踏实地。从文化的精益求精、农业的精耕细作、商业的精打细算、传统手工艺的精雕细刻，再到江南人精明能干形象的形成，都是江南文化务实精神的体现。江南地区从明清时期至近现代工商业的发展，人才的大批涌现乃至改革开放以后经济的迅速发展，都与这种务实的精神密切相关。江南文化务实的特点还体现在这里对商业的重视上。重本抑商向来是历代王朝宣称的基本国策，清世宗一登基便发布上谕："朕惟四民，以士为首，农次之，工、商其下也。"但是江南家族的家规却常说："士农工商，各有职业。诚各按本分，各勤己业，则上之可以光前裕后，次之亦可饱食暖衣。"在江南人的眼中，重要的不是行业，而在于是否恪守本职。所以很多江南文人也都不讳言"治生"即经营对学术的重要性，清代海宁人陈确便认为半日静坐、半日读书是腐儒，勤俭治生才是学人本事，"唯真志于学者，则必能读书，必能治生"。[①] 他们也认为让子孙经商是一种正常的选择。清代苏州人王维德便这样写道："子弟弱冠，而不能业儒，即付以小本经营，便知物力艰难。迨其谙练习熟，然而付托亲朋，率之商贩，则子弟迫于饥寒者鲜也。"[②] 因此江南地区自南宋以来，多有学者为经商辩护，论述商业消费正当性的言论。东林党便曾注重和呼吁重工重商，明代上海人陆楫更指出"吾未见奢之足以贫天下也"，[③] 他认为节俭

---

① 陈确：《文集》卷五《学者以治生为本论》，载《陈确集》，中华书局，1979年，第158页。

② 王维德：《林屋民风》卷七《教子》，载《四库全书存目丛书》，齐鲁书社，1996年。

③ 陆楫：《蒹葭堂稿》卷六，载《续修四库全书》集部第1354册，上海古籍出版社，1995年。

仅对个人家庭有利，从社会考虑则有害，并且认为富人奢侈可以增加穷人的谋生手段，并建议通过扩大消费促进社会经济发展，这一言论被学者余英时认为在中国经济思想史上具有划时代的意义。

江南文化既脱胎于中国传统文化的摇篮，又立图革古鼎新，别开生面，求新重创，敢为人先，方才取得了各项卓越的成就。江南文化的创新求变是和江南历史发展紧密联系在一起的。二千多年以来，江南在特定的自然环境中，对自然进行了适应性的改造，从地势卑湿、水涝频仍的情形中走了出来，水害转变为水利，取得人类实践与自然环境的双向适应。由此形成了特色鲜明的江南文化，为区域经济社会发展提供了重要支撑。

这种创新求变精神对本地的经济发展起到了至关重要的影响。江南素来重视经济结构的及时调整，以市场为契机，因地制宜发展经济。明人王士性便曾云："东南吴越间，人既繁且慧，亡论冠盖文物，即百工技艺，心智咸儇巧异常。虽五商辏集，物产不称乏，然非天产也，多人工所成，足夺造化。"① 这里在宋代已成为全中国的粮仓，有"苏湖熟，天下足"之说。而到了明代，却出现了"棉争稻田""桑争稻田"的情况，表面上看是土地资源的紧张，事实上却是人们已意识到以少投入多收益为杠杆，改田为地，发展棉纺织业和蚕桑丝织业，改单一稻作制为多种经济作物耕作制，改变小农自然经济为综合的商品经济。正是这种不断的创新求变，使得明清以来江南地区的经济结构迅速得以调整，步入了良性发展的轨道。徐光启曾言："苏、杭、常、镇之币帛枲纻，嘉、湖之丝纩，皆恃此女红末业，以上供赋税，下给俯仰。若求

---

① 王士性：《广游志》，载《王士性地理书三种》，上海古籍出版社，1993年，第227页。

诸田亩之收，则必不可办。"① 所以当代有学者指出，在明清江南，农村劳动力从农业流向工业并非由于农业中劳动生产率的递减，也非由于农业与农村工业的"过密化"，而是由于农业与农村工业劳动生产率的提高。而这种劳动生产率的提高正是与江南地区在经济上不断创新求变的结果。

江南文化的创新求变在学术方面体现得也非常明显。自古以来，人们便称"东南水国者，故其人灵动而知变"，变则求新，所以江南学术自东晋南朝以来便以变动求新为特色，东晋时"王肃以帝室戚谊，其学盛行于晋，遂为经学南派宗主。一时礼制，俱黜郑、仲、工，学者竞求新知""自晋而后，宋齐梁陈，迭相承袭，而声务求新，词皆尚巧，亦当时风气使然"。② 自宋代以来，江南学术更以创新求变为特色，江南文人的作品和思想往往体现出不斤斤于他人的毁誉，纵意驰骋，激浊扬清、革故鼎新的意识。正是因为始终坚持思想的自由，保持傲岸不屈的性格，与传统保持"不尽绳趋尺步"的态度，坚持自我，才使得江南地区可以创立如此众多的学派，做到不因袭古人，自创一格，力求突破。

（四）海纳百川

江南地区沿江濒海，其文化具有开放性与包容性的特点。梁启超便曾在《地理与文明之关系》一文中引用德国哲学家黑格尔"水性使人通，山性使人塞"之说，认为江南水乡泽国，水上交通便利，航海事业发达，利于对外交流，使人胸襟开阔，易于接受外来文化。江南文化自远古以来就不断地吸收、融合其他区域文

---

① 徐光启：《农政全书》卷三五《农桑广类·木棉》，上海古籍出版社，1979年，第969页。

② 邓之诚：《中华二千年史》卷二，东方出版社，2013年，第214、322页。

化。早年泰伯奔吴带来的中原文明和土著文明相结合而生成的吴文化，其本身就是黄河文明与长江文明的结晶，因此江南文化的融合性与开放性是与生俱来的。春秋战国时期，吴越两地文化的震荡融合，又与楚文化的交流整合，这时江南文化早就成了一种多元文化体。通过东晋南渡，到宋室南迁，江南文化经过多次与中原文化的融合，则更是强化了其开放的自觉性。正是在这开放文化的影响下，江南人具有了难能可贵的开放胸襟和融合姿态，造就了其开放、大气的性格传统。这种开放包容的心态反映在学术上，便体现为求公是，去门户，互相求同存异，争论切磋，方才使得江南文化避免了画地为牢、作茧自缚的弊端，在一种开放的文化氛围之中兼收并蓄，吐纳百川，锐意求变。

开放包容的文化推动了江南对外贸易的发展。这里濒海沿江，港口众多，一向重视对外贸易。利玛窦曾说："一年到头，苏州商人同国内其他贸易中心的商人进行大宗贸易，这样交换的结果，人们在这里几乎没有买不到的东西。"在宋代，江南便有江阴军（今江阴）、平江府（今苏州）、上海镇、青龙镇（今青浦）、华亭县（今嘉兴）、澉浦（今海盐）、宁波等多处市舶。元代太仓刘家港码头可容万斛之舟，番商云集，称"天下第一码头"，明代郑和下西洋在此出海，"九夷百番进贡方物，道途相属，方舟大船，次第来泊"。① 而在上海的历史发展进程中，对外贸易尤其扮演了重要的角色。

江南的产业发展也离不开交流与开放。有"衣被天下"之称的松江地区，在元代以前并没有大规模的棉花种植，棉纺织技术也非常落后。元初黄道婆从海南岛回到家乡，改进了捍、弹、纺、织等工具，纺织技术迅速发展，使以松江府为核心的长三角地区

① 陈伸：《太仓事迹自序》，载宣统《太仓州志》卷末《旧序》，宣统元年刻本。

很快超越了闽广地区和北中国,逐步成为全国性的手工棉纺织业中心。

江南文化海纳百川的精神还表现在本地区的互相合作,共同开发上。在长期的经济生活和社会实践中,江南人早就意识到必须打破地域界限,分工协作,形成合理布局,充分开发、互补互助,地尽其力,人尽其才。江南至明清以来便形成一个城市群,而且每个城市都各具特色,如松江是全国闻名的棉布业中心,苏州、无锡是重要的米业市场和粮食加工中心,苏州、杭州、南京、镇江等是重要的造酒基地,杭州、南京、苏州还是全国最大的成衣制造地等。正是由于江南各城市不断结构优化,功能互补,共存共荣,城市经济间的层级分工体系与互补性进一步强化,才逐渐形成了一个至今不衰的城市共同体。美国学者施坚雅观察到:"长江下游的实例,其引人注目之处在于:地区城市体系反复重组,但该区的几个大城市却没有一个趋于衰落"。[①] 这种现象其实一直延续至今,改革开放以后,以上海为龙头的长三角经济圈最终形成,并已成为世界著名的六大都市经济圈之一,成为中国经济最发达、增长速度最快和最富有发展前景的地区之一。和国内其他城市圈相比,长三角城市圈的腹地经济基础、城市群层级的成熟度、内部区域文化的繁荣度等方面有着明显的优势,这种优势与江南城市群在历史上形成的分工合作、共存共荣密不可分。

三、江南文化的新变:从江南文化到海派文化

在人类历史上,港口的发展和繁荣,往往是沿江沿河及沿海城市的催化剂,而城市的繁荣拓展又对腹地经济的发展形成强力

---

① 施坚雅:《中华帝国晚期的城市》,中华书局,2000年,第17页。

的推动效应；腹地市场经济的推进，又对作为商品集散地的港口城市的发展至关重要。唐宋以来，江南作为中国社会经济发展最快的地区之一，必须有一个相当规模及辐射能力的重要港口，并以此集聚本地市场，维系与海内外的经济贸易、对外交流来往。只不过这个港口从青龙镇到刘家港再到上海港，始终表现为一种游移、变迁的过程。同时，江南港口的腹地以及辐射范围，也经历着一个自长江三角洲向长江流域以及整个中国沿海逐步扩张的过程。这表明，当一个地区的社会经济发展到一定程度时，一定会在最合适的地方，形成和发展起自己的聚落或口岸，这是不以人们的意志为转移的。

在上海的历史发展进程中，对外贸易扮演了重要的角色。天宝五年（746），唐朝在今天青浦东北吴淞江南岸设置了直属华亭县的青龙镇，这成了上海地区古代城市化进程的起点。发达的国内及国际贸易与人员往来，使青龙镇成为"人烟浩穰，海舶辐辏"的枢纽，极大地提升了上海地区的发展水平。不过唐以后，太湖平原东部海岸线加速向外伸展，吴淞江河线也不断延长，河床比降越来越平，流速越来越小，冲淤能力也越来越弱，再加上宋以后，由于人口增长，人地关系日趋紧张，生态环境开始受到破坏，吴淞江开始逐渐淤塞。随着吴淞江的淤塞，青龙镇逐渐衰落，即使崇宁、宣和中对这一段河道进行疏浚也无法恢复旧观。此后，华亭县的外港便从青龙镇转到上海镇，上海由宋末设置市舶分司，直至元代至元二十九年（1292）立县都是这一发展的结果。

今天上海港的口岸地位在宋元明时期已现雏形。关于上海成为聚落的记载始于北宋，至迟在北宋熙宁十年（1077），上海浦西岸已设有酒务，但还未成镇。南宋景定、咸淳年间（1260—1274），设立了专理航海贸易的市舶司，上海镇的名称也开始见之于文献。宋后期青龙镇日见衰落之时，现今上海地区范围内，能令海船进出的港湾有黄姚镇、江湾镇和上海镇三地。其中位于吴淞江支流上海浦近傍的上海镇，由于离吴淞江近在咫尺，所依傍的上海浦、黄浦及宋家浜等河道又皆与吴淞江相通，既便海船进出，又利海船停泊交易，因此逐渐得到了发展。

元至元十四年（1277），元政府在江南设立四处市舶司，上海与庆元（宁波）、澉浦、泉州各居其一。至元二十九年（1292）上海正式建县，青龙镇属上海县。县城所在的上海镇已是"有市舶、有榷场、有酒库，有军隘、官署、儒塾、佛仙宫观、甿廛贾肆，鳞次而栉比，实华亭东北一巨镇"。但从当时整个江南地区而言，上海的口岸地位还在毗邻的北翼浏河镇之下，而且上海南侧钱塘江北岸的澉浦，来往海船也东达泉潮，西通交广，南对会稽，北接江阴。上海位于浏河、澉浦南北之中，海船溯驶上海县城必经的吴淞江下游又淤浅之势不减，这些都抑制了上海港的进一步发展。

随着吴淞江的日渐淤塞，太湖和淀泖之水纡回宛转，分道宣泄，一路经浏河由刘家港北出长江，一路由新泾、蒲汇塘，经黄浦出海。明初，由于吴淞江下游淤塞严重，户部尚书夏原吉提出了日后影响深远的"掣淞入浏"和"黄浦夺淞"计划。随着"掣淞入浏"的推进，刘家港地位日益提高，更因成为郑和下西洋的出发港而名噪一时，太仓也顺利立卫建州。与此同时，又另辟入海新道范家浜，引黄浦淀泖之水径达于海，其后由于潮流冲刷和继续疏浚，黄浦江日益壮大，嘉靖元年定型的吴淞江新道，则反成为其支流，在今外白渡桥注入黄浦江，奠定了今日黄浦江水系的格局。入清以来，随着浏河日益缩狭淤浅，黄浦江则继续扩展，最终演变成为太湖下游通畅的泄水道。位于黄浦江下游的上海港由此趁势崛起。

上海县城内河航运已经较为兴盛，城南廓临浦傍浜的大小南门外薛家浜、陆家浜、肇家浜一带，已逐渐成为当时最主要的内河航运驳岸码头。明中叶时，上海人陆楫有一段话说得很形象，"自吾海邑言之：吾邑僻处海滨，四方之舟车不一经其地，谚号为小苏州。游贾之仰给于邑中者无虑数十万人。特以俗尚甚奢，其民颇易为生尔"。① 但是，当时上海北有"天下第一码头"之称的刘家港，南有乍浦、宁波，其中宁波为朝贡贸易所在，港外双屿岛又是民间走私贸易的聚集之所，所以上海港作为江南口岸的地位并未显见。

上海港地位的真正确立是在清前期，期间有三大因素起了十分关键的推动作用。一是江海关的设立，确立了上海在江南口岸的统率地位。康熙二十三年（1684），清政府开通海禁，翌年又在江南等地设立江、浙、闽、粤四海关。上海县城成为统辖长江入海口南北600 余里海岸线、大小 24 处分海口的江海大关所在。清政府在规定江南沙船收舶浏河镇的同时，规定江海大关所在的上海港专门收泊闽粤商船，由此促成了上海县城大小东门外，即宋元时代顺济庙、市舶司署一带的重新繁盛。二是浏河阻塞，使昔日收舶刘家港的江南沙船、青口豆船等悉数收舶上海。清前期，清政府对江南口岸实行上海县城大关与浏河镇，南洋鸟船、北洋沙船分口收舶政策，明文规定北洋沙船只准收泊太仓浏河镇，南洋海船收泊上海口岸。延至乾隆末，特别是嘉庆、道光年间，浏河镇因浏河河道淤塞以及河口拦门沙隆起，作为港口不得不最终宣告废弃，所有往日明令收泊浏河之北航沙船渐渐不遵旧例，越收上海大关，后来几乎全部改为停泊上海。嘉庆十三年（1808），苏松太兵备道公开谕示，

① 陆楫：《蒹葭堂稿》卷六，载《续修四库全书》集部第 1354 册，上海古籍出版社，1995 年。

沙船"或收浏河，或收上海，均听商民自便""自此以后，浏河一口竟无一船之至矣"。① 上海口岸由此而再获鼎盛发展之契机。三是道光年间运河淤塞，江南漕粮不得不由河运改为海运，由此进一步促进了上海港的空前繁盛。运河不畅使大量昔日以苏州为基地，历来走运河水路的内河贸易也多改为经上海口岸而走海路。数量众多、船籍分属于长江三角洲各个县份的江南沙船终于齐集上海口岸，从而更进一步促进了上海海运贸易的繁盛和上海口岸的发展。到鸦片战争前，随着南北洋沿海贸易的兴盛，上海口岸常年停泊的北洋沙船已达 3 500 艘，南洋海船近千艘，航运总吨位大致上可达 42 万吨以上。上海已经成为当时中国南北洋之间，沿海和腹地之间交换各种商货的重要商港。② 正如道光年间时任江苏布政使的李星沅所说，"上海号称小广东，洋货聚集……稍西为乍浦，亦洋船码头，不如上海繁富。浏河亦相距不远，向通海口，今则淤塞过半"，唯有上海"适介南北之中，最为冲要，故贸易兴旺，非他处所能埒"。③ 上海由此而最终取得江南地区一枝独秀的口岸地位。正是这个原因，当外国人初到中国之后，立刻敏锐地发现了这个地方的独特地理优势。在 1830 年代一位英国人来到上海，便如此记述道："我所熟悉的城市，没有其他城市具备上海那样的优点；上海已成为通往中华帝国的大门，实际上就是主要的入口港。溯（黄浦）江而上，驶向上海县城时，但见帆樯林立，即可就显示出它是一个巨大的国内贸易中心。"④ 所以到了近

---

① 金端表：《刘河镇纪略》卷三，载《中国地方志集成·乡镇志专辑》第 9 册，上海书店出版社，1990 年。

② 张忠民：《清前期上海港发展演变新探》，《中国经济史研究》1987 年第 3 期。

③ 李星沅：《李星沅日记》，载《清代日记汇抄》，上海人民出版社，1982 年，第 207 页。

④ Robert Fortune：Three Years Wanderings in the Northern Provinces of China，转引自姚贤稿《中国近代对外贸易史资料》第 1 册，中华书局，1962 年，第 516 页。

代开埠以后，上海借助对外贸易迅速成为全国对外开放的最大通商口岸。

　　1842 年，《南京条约》签订，上海成为五口通商城市之一。1843 年 11 月 17 日，第一任英国驻沪总领事巴富尔（George Balfour）宣布上海开埠，从此之后，中央王朝限制贸易的政策被打破，上海的区位优势也得以释放。1846 年，上海出口货值仅占全国总量的 16%，五年后，其所占的比重达到 50%。到 1863 年，上海口岸的进出口总值为 100 189 564 两，而广州仅为 6 046 365 两，不及上海的十五分之一。① 而苏州、杭州这些江南的繁华都会在太平天国战争中遭受了史无前例的破坏。战争结束数年后，苏州"虽渐次盖造，仍未能遽返旧观，每见通衢僻巷，瓦砾累累"。② 在这些昔日繁华都会逐渐走向衰落的同时，上海却开始迅速成长。几十年后，郁达夫从上海去苏州旅游，他这样写下两座城市的比较：若说上海是二十世纪的市场，那么苏州只可以说是十八世纪的古都。上海若说是一个 Busy Port（繁忙的港口），而苏州只可以说是一个 Sleepy town（睡着的小镇）。③

　　近代上海与江南的关系可以分成三个不同的维度：其一从地域上说，上海是江南的一部分，为局部与整体之关系；其二从空间性质上说，上海是国际大都会，上海以外的广大江南地区，是水乡与市镇，上海与江南的关系，是城市与乡村、大城市与一般城镇的关系；其三从相互关系上说，上海是江南经济、社会、文化中心、政治重镇与交通枢纽。上海与江南的关系，又是中心与

　　① 黄苇：《上海开埠初期对外贸易研究（1843—1863）》，上海人民出版社，1961 年，第 145 页。

　　② 丁日昌：《抚吴公牍》卷五《饬议排除瓦砾章程》，广州古籍书店影印本，1988 年。

　　③ 郁达夫：《苏州烟雨记》，载《郁达夫文集》第 3 卷，花城出版社，1982 年，第 67 页。

腹地的关系。上海的人口中，绝大多数是江南人。据统计，1930年，江苏、浙江两省籍人占公共租界人口的 88.4%，占华界人口的 85.5%。1950 年 1 月，江苏、浙江与上海本地籍人，占上海总人口的 88.9%。① 由此可见，近代上海人中，江南人占了八成以上。而江南的人才、江南的资金也随之集中到了上海。

伴随着上海开埠以及随之引起的江南地区市场和贸易格局的深刻变化，江南地区与世界市场的联系进一步密切，上海逐渐成为江南地区再次高速发展的新龙头，由此也基本奠定了今天长三角地区的经济格局。从前以苏州为中心的江南城镇布局，变成以上海为中心来重新布局，形成了新的城镇格局。上海以对外贸易中心口岸的力量重塑了江南经济版图和文化版图，江南逐渐成为上海广袤而又丰饶的腹地，江南的上海变成了上海的江南。包伟民认为，这一时期，长江下游经济地理的中心已从传统太湖东侧的运河沿线转移到沿海平原一带，中心城市从原先的运河城市苏州转移到近代口岸城市，所以他将江南地区界定为"近代本地区最重要的工业都市上海在经济文化上对周边辐射所及的范围"。② 可以说，上海赋予了江南一个全新的面貌。

其实，早在明清时期，作为江南文化的一个组成部分的上海文化便显示出了其与众不同的个性，将江南文化中的务实致用、开放包容，博采众长的特色体现得非常鲜明。在晚明之际，以利玛窦为代表的西方传教士在推行"和平传教"的同时，翻译介绍了大量的西方科学书籍，传入大量的科技知识，在中国的思想界、科技界影响颇大。"西学"的传入，拓展了当时中国人的理论视野

---

① 邹依仁：《旧上海人口变迁的研究》，上海人民出版社，1980 年，第 114 页。按：1930 年前，上海本籍人口系含在江苏籍人口中统计。

② 包伟民：《江南市镇及其近代命运：1840—1949》，知识出版社，1998 年，第 14 页。

和思维空间，而这一传播的中心便是在上海，代表人物就是徐光启。他为熊三拔所著《简平仪说》作序时，断定泰西"诸君子之书成"，可以"裨益世道"①。但徐光启等人对西学也不是盲目崇拜，徐光启本人就提出学习"西学"的方针是"欲求超胜，必须会通"。②　即第一阶段先翻译西方的水利、农业、天文、数学等方面书籍，第二阶段则是在了解和掌握西学的基础上，超过西方的学术水平，从"会通"走向"超胜"，"会通"是手段，"超胜"是目的，即他的科技观是在"会通"论的基础上实现"超胜"论。徐光启等人以开明的心态反对传统封闭保守的心理，他们把学习、博采西方先进文化看作科技振兴的必由之路，这是难能可贵的。

以徐光启为代表的晚明西学东渐潮流对中国科学启蒙的意义非常重大，著名学者李约瑟在评价耶稣会士在华科学活动时，认为在文化交流史上，没有一件足以与 17 世纪西方传教士来华相比，因为从那以后，世界性的科学与中国科学已不复存在根本性的区别了。这一交流是人类不同的两大文明之间联系的最高典范。在这一过程中，以徐光启为代表的上海士人起到了最为关键的作用。他们相信民族文化的传统力量，立足于传统的巅峰，虚怀若谷，放眼世界，就像鲁迅先生所说的"拿来主义"，吸收一切人类文化的优秀成果。他们以博大开放的文化心态，融会古今，横贯中西，对中国传统科技进行了全面的总结和理性的反思，取西方科技之长，舍传统科技之短，在科技哲学、农学、数学、天文等方面取得划时代的成就，并指明了中国传统科技朝着近代方向发展的道路。正如竺可桢所言，徐光启可称为恩格斯所谓的这个时

①　徐光启：《简平仪说序》，载王重民辑校《徐光启集》，中华书局，1962 年，第 73 页

②　徐光启：《历书总目表》，载王重民辑校《徐光启集》，中华书局，1962 年，第 374 页。

代"学问上、智力上和性格上的伟人"。①

到了近代，上海作为中国的文化中心以及各种先进思想的宣传基地，进一步将江南文化中最有价值的开放包容、务实致用的基因发挥得更加淋漓尽致，使上海成为各种文化和文明的交汇、交流与交融地，也正是在各种文化的相激相荡、相生相克中，海派文化开始逐渐发展壮大起来。

晚清以降，面对西方文化的强势冲击和挑战，中国社会表现出不同的应对态度：一种是坚守固有的文化传统，盲目排外；一种是极力推崇西方文化，主张"全盘西化"；一种是自主开放，积极应对，以兼容并包的方式实现中西文化的有效整合。由上海引领的江南社会无疑是秉持第三种应对态度的典范。由于历史的原因，上海和江南对洋人和西洋文化并不抱抵触和抗拒心理，所谓"华洋商人友好无间，非如粤埠华洋人民积有芥蒂，遇事有不能融洽之虞也"。② 于是，大批外商前往上海寻求发展。外商云集上海，也把他们的文化习俗和生活方式带进了上海，上海成为最先接触西方文明的城市，并进而影响整个江南都市。

近代上海是西学输入中国的最大窗口。整个近代，从 1840 年到 1949 年，西学输入中国，大半通过上海。以晚清为例，戊戌变法以前，中国输入西学的机构主要有墨海书馆、江南制造局翻译馆、广学会等 9 家，其中 7 家设在上海。全国出版的各种西书近八成由上海出版。从质量上看，无论是自然科学、应用科学，还是社会科学，凡影响很大的、具有开创意义的，几乎都是在上海出版的。戊戌变法以后，到辛亥革命以前，西学主要通过日本转

---

① 竺可桢：《徐光启纪念论文集》序言，载《竺可桢文集》，科学出版社，1979年，第 435 页。

② Banister：*A History of the External Trade of China*，班思德《最近百年中国对外贸易史》，1931 年中英合璧本。

口输入中国，共有95家翻译、出版西书的机构，其中56家设在上海。严复翻译的西方学术名著，林纾翻译的西方小说，都是在上海出版。上海不但是西学书籍出版中心，也是新思想的传播中心。上海是近代中国新闻出版机构集中的地方。1925年上海有出版中文书籍的各种书局、书庄、书社共121家，出版外文书的机构12家，有印刷所112家。报刊的出版，更是林林总总，精彩纷呈。上海拥有一批名牌教会大学，如圣约翰大学、沪江大学，拥有国人自办的老资格大学，如南洋公学；拥有一批知名度相当高的中等学校，如徐汇公学、中西书院、中西女中、上海中学。此外，美术、戏剧、电影方面，上海或在全国占据半壁江山，或为主要部分。一部近代电影史，大半本是由上海写成的。至于文化团体之多，影剧演出场所之繁，更是在全国首屈一指。近代上海还是全国文化人才最多最为密集的城市。上海在开埠以后二三十年中，已逐渐形成一个新型知识分子群。在中国教育、新闻、出版、学术、艺术等方面有所造诣的知识分子，基本上都在上海活动过。这批人中产生了许多中国杰出的教育家、出版家、翻译家、名记者、国学大师、文学大师、小说家、诗人、律师、政治家等。在近代中国，种种体现时代精神的文化机构，往往首先在上海出现，然后推向全国。格致书院是中国第一个中外合办的科技学校，《格致汇编》是第一个专门性科学杂志，梅溪书院是中国人自己创办的第一所新式小学，中国女学堂是中国人自己创办的第一所女子学校，《万国公报》在上海创办，《时务报》在上海创办，《新青年》在上海创办，新剧在上海发轫，中国电影在上海诞生。

上海对新思想的包容性，更表现于意识形态方面。当内地士大夫还在耻于与洋人交接、视学西学为崇洋忘祖之时，上海人已竞相将子弟送入洋学堂，乃至出现进洋学堂要开后门的事。晚清有9个出使大臣出身于京师同文馆或上海广方言馆，其中8人出自上海。上海知识分子冯桂芬、王韬、郑观应批判守旧、鼓吹革新的议论，被公认为维新思潮的先驱。新文化运动之所以首先在上海兴起，绝不是偶然的。在物质文化和制度文化层面上，上海也是输入的窗口。从煤气、电灯、自来水、电报、电话、洒水车到汽车、电车，从西装、西菜、咖啡、啤酒到缝纫机、电风扇，从公历、星期作息制度到西式婚礼、妇女参加社交、新式体育事业、图书馆、博物馆，从立法、司法、行政三权分立制度、警察制度、法庭辩护制度到道路行车规则、垃圾倾倒规定，上海都是输入的重要基地。

正是这种兼容并包、海纳百川的文化特点，使得上海迅速成为全国对外开放的最大通商口岸，伴随着商业的频繁往来，文化也随之交流融合。包括生活方式和思想观念在内的西方文明的进入，使上海成为当时中国最洋气的城市；而内地大量移民的迁入，也把中国各个区域文化带进了上海，于是上海成为各种文化和文明的交汇、交流与交融地。海派文化也伴随着近代上海的崛起而兴盛。

历史学家白吉尔曾这样评价上海："随着研究的深入，我清楚地认识到，不管上海怎么异化，她还是一座中国城市。是中国人填满了前租界的空间，没有他们的认同与合作，任何规划都不可能实现。上海社会接受了西方人带来的形式，把它吸收、消化并转化成中国式的现代特色。这座城市所具有的独特性和吸引力是其他殖民地都没有的，亚洲、非洲别的殖民地区完全是另一种模式。"① 海派文化的独特性和吸引力来自哪里？正是因为她是将江

① 白吉尔：《上海史：走向现代之路》，上海社会科学院出版社，2005年，第2页。

南文化最有价值的因子提炼、浓缩，并且吸收、融合了西方文化的某些成分而形成的。海派文化，从江南文化的土壤中汲取了丰富的营养，完成了从承继江南文化、到熔铸江南文化、再到引领江南文化的历程，从而推动了上海文化在整个江南文化格局中中心地位的确立。而另一方面，海派文化对江南文化的继承、集聚、融合、创新，使得无论是海派文化还是江南文化都变得更具近代特性。由此，以上海为中心的江南也成为中国现代化运动的一个非常重要的推进器，至今仍是中国最充满魅力和活力的地区之一。

四、从江南到长三角：海派文化的未来

1917 年，中国近代地质学先驱丁文江受浚浦工程局总工程师海德生（Heidenstam）之邀，前往苏浙皖三省调查长江下游地质情况，并于 1919 年以英文形式发表了题为 "Report on the Geology of the Yangtze Valley below Wuhu"（《芜湖以下扬子江流域地质报告》）的文章，第一次系统阐释了长江三角洲的形成与演变机制，而 Yangtze Delta 一词开始为人所熟知。从此之后，学者们开始关注这块原来叫作江南的沃土。1946 年，任美锷在《建设地理新论》一书中提到"长江三角洲是战前我国新工业的主要中心"。[1]

改革开放后，上海的龙头地位进一步得到强化，以上海为龙头的长三角经济圈最终形成。具有区位、人才、科技、资金、信息等资源优势的长三角地区不断推进经济发展和对外开放，工业化、市场化、国际化进程不断提速，成为我国经济增长活力最强、

---

[1]　任美锷：《建设地理新论》，《民国丛书》本，上海书店出版社，1988 年，第 57 页。

对外开放水平最高、创新发展进步最快的区域之一，奠定了在国家现代化建设大局中的重要地位，并已成为世界著名的六大都市经济圈之一，成为中国经济最发达、增长速度最快和最富有发展前景的地区之一。和国内的环渤海城市圈、珠三角城市圈相比，长三角城市圈的腹地经济基础、城市群层级的成熟度、内部区域文化的繁荣度等方面有着明显的优势。党的十八大以来，长三角率先推进发展转型，经济社会发展走在全国前列，具备了在更高起点上推动一体化高质量发展的良好条件。在今天共和国的版图中，长三角地区是经济最活跃、开放程度最高、创新能力最强的区域之一。区域内的浙江、江苏、安徽和上海"三省一市"，以3%的国土面积，不到全国10%的人口，创造了占全国近四分之一的经济总量，在全国发展大局中有着举足轻重的战略地位。而长三角经济圈的形成、发展乃至今天的兴起，都是这一区域自身经济社会发展的历史性必然结果。

也正是在这一时期，"长三角"一词重新进入人们的视野。1982年12月10日五届全国人大第五次会议批准了国民经济"六五"计划，其中明确提出了"地区协作"以及"编制以上海为中心的长江三角洲的经济区规划"。1982年12月22日国务院正式发布《关于成立上海经济区和山西能源基地规划办公室的通知》，正式设立上海经济区规划办公室，明确成立"以上海为中心，包括长江三角洲的苏州、无锡、常州、南通和杭州、嘉兴、湖州、宁波等城市"的经济区。当时，上海经济区包括江浙沪两省一市的9个城市，此后绍兴加入；1984年10月，经济区范围调整为沪、苏、浙、皖三省一市；1984年12月江西省加入，1986年8月福建省加入，至此上海经济区地跨上海、江苏、安徽、浙江、江西、福建五省一市，相当于大半个华东地区的体量。

1990 年，中央做出开发浦东的决定，并将之作为发展长江三角洲和长江流域经济的重要政策抓手。在这一背景下，1992 年长江三角洲城市协作部门主任联席会议制度建立，包含首批 14 个城市；在此基础上，1997 年召开了长江三角洲城市经济协调会。经过历次扩容，2019 年的协调会已涵盖江浙沪皖全境的 41 个地级以上城市。

2008 年，泛长三角的区域分工和合作被提出，除江苏、浙江与上海外，安徽也被纳入泛长三角的讨论范围内。在 2010 年的《长江三角洲地区区域规划》中，长江三角洲指江苏、浙江、上海两省一市，面积达 21.07 万平方公里。2014 年，在国务院发布的《关于依托黄金水道推动长江经济带发展的指导意见》中，合肥被确定为与南京、杭州地位等同的长江三角洲城市群"副中心"。2016 年国家发改委颁布的《长江三角洲城市群发展规划》中，长江三角洲城市群确定为上海市及江苏、浙江、安徽三省的一部分，共 26 个城市。2018 年 3 月，江浙沪皖三省一市各自抽调数名政府工作人员在上海成立长三角区域合作办公室，并开始编制《长三角地区一体化发展三年行动计划》，规划层面的长江三角洲事实上已达到三省一市的范围。

随着中国特色社会主义进入新时代，我国经济转向高质量发展阶段，以习近平同志为核心的党中央从国家现代化建设全局出发，作出将长三角一体化发展上升为国家战略的重大决策，为长三角发展注入了新的强大动力。2018 年 11 月 5 日，习近平总书记在首届中国国际进口博览会开幕式上发表演讲指出，"将支持长江三角洲区域一体化发展并上升为国家战略"。之后，有关长江三角洲区域一体化的讨论更是掀起一波热潮。2019 年 12 月 1 日，《长江三角洲区域一体化发展规划纲要》正式发布，明确规划范围包括上海市、江苏省、浙江省、安徽省全域，面积扩大到 35.8 万平方公里。并要求到 2025 年，长三角地区科创产业、基础设施、生态环境、公共服务等领域要基本实现一体化发展。

2020 年以来，面对严峻复杂的国内和国外形势，中央作出了构建以国内大循环为主体、国内国际双循环相互促进的新发展格局的重要部署。立足新形势、新目标、新战略，长三角地区有责任、有义务、也有能力打好"先手牌"，在危机中育新机，于变局中开新局，为全国率先走出一条实现双循环的新路径。站在这一新的历史阶段，长三角地区应该以更宽的历史视野，拥抱机遇、把握机遇，在我国新发展格局构建过程中将发挥更加重要的作用。

2020 年 8 月 20 日，习近平总书记在安徽合肥主持召开扎实推进长三角一体化发展座谈会时强调指出，面对严峻复杂的形势，长三角要发挥人才富集、科技水平高、制造业发达、产业链供应链相对完备和市场潜力大等优势，积极探索形成新发展格局的路径，率先形成新发展格局。并强调，要紧扣一体化和高质量两个关键词抓好重点工作，真抓实干、埋头苦干，推动长三角一体化发展不断取得成效。习近平总书记的重要指示为长三角地区一体化发展明确了新的方向和工作重点。可以预见，未来，长三角地区将进一步提升一体化的层次、内涵和质量，主动打破行政区域界限，提高政策协同效应，让资源要素在更大范围自由流动。坚持共商、共建、共享、共赢，做强"长板"、补齐"短板"、找准"跳板"，进一步发挥各自比较优势，凝聚起更强大的发展动力与合力。

从江南到长三角，虽然时代不同，概念和地域有了一定变化，但不变的是，这始终是一片美丽富饶的土地，一片创造了一个又一个人间奇迹的土地，更是一片承载了无数梦想和希望、被赋予国家使命的土地。纵观长三角经济圈的形成、发展乃至今天的繁荣，都是历经千年，江南文化自身发展的必然结果。放眼未来，地缘相近、人缘相亲的江南文化，又也必将为长三角的全面融合提供了文化积淀与归属认同的基础。习近平总书记曾指出：文化自信是更基础、更广泛、更深厚的自信。长三角的发展过程也充分地表明了，中国不只是从书本上，从对外国的摹仿中找寻道路，而是根据自己的实践和经验积累，通过改革和开放，不断摸索和总结出了有自己特色的发展模式。所以长三角的发展，其实应该是中国文化自信的重要源泉和最好写照，我们今天研究江南文化，海派文化，回顾从江南到长三角的发展历史，正是讲好"中国故事"，提炼中国文化精神的必由之路。

同时，也必须承认，长三角区域的发展还存在一些阻碍发展的制约性因素，这些制约因素很大程度上来自于支撑它的文化背景，文化上的这种局限性直接影响了长三角进一步的腾飞。习近平总书记早就指出，要努力实现传统文化的创造性转化、创新性发展，使之与现实文化相融相通，共同服务以文化人的时代任务。对于长三角地区而言，要适应新时代的要求，就必须进行深刻的历史转型，努力克服自身的历史局限，总结历史上的宝贵经验，实现文化创新，为新一轮的腾飞提供新的动力支持。这也应是今天研究江南文化、海派文化的题中应有之义。而要做到对江南文化、海派文化的创造性转化、创新性发展，很重要的一点便是必须植根于国情和实际，从现实的文化沃土之中汲取资源，寻找启迪；同时，又要用开放包容的胸怀从其他文化中汲取养分，融汇一切优秀文化成果。我们今天提炼江南文化、海派文化的精神，实质就是从长三角的历史文化传统与时代发展要求的结合中发掘与寻求新的精神力量，不仅要发扬光大江南文化、海派文化的传统，更重要的是以江南文化、海派文化独特的生命力、创造力和凝聚力，加速长三角经济一体化进程，为长三角新一轮的腾飞提供新的动力支持。

第三章 海派书画的代际演变和群体评述

清末民初，发轫于上海的"海派书画"在中国近现代艺术史上具有承前启后、继往开来的重要意义。以赵之谦、任伯年、吴昌硕、吴湖帆等为代表的海派书画家群体，以精湛的造诣、开放的理念、变通的精神，展示了"海派书画"艺术的辉煌，并将上海打造成当时全国书画艺术的中心，群贤毕至、大师云集，从而也为日后孕育了一支"海派书画"艺术的精英团队，开创了中国近现代美术的绚丽篇章，支撑起了百年大师之门。

一、海派书画的概念梳理与历史确认

"海派书画"作为一个地域性与风格性相结合的概念，其主体属性体现了一种创作方式、笔墨形态、群体追求、审美精神及风格范畴。然而在日常使用中，人们常将"海派书画"与"海上画派"混为一谈，这实际上是对历史的误认和概念的误读。因此，很有必要先对"海派书画"这个概念进行历史的梳理和流派的确认。

上海正式开埠于 1843 年 11 月 17 日，随后即设立租界，这标志着这座东海之滨的城市，从封闭型的吴越小农型城市到开放型的沿海近代城市的转制。特别是到了 19 世纪后期至 20 世纪初，上海已一跃成为中国乃至东南亚最大的城市，从而吸引了各地书画家（主要是江浙皖）来到这片充满活力和希望的新天地。形成了以赵之谦、张熊、任熊、任熏、胡公寿、任伯年、吴昌硕、虚谷、蒲华等为代表的海派书画家群体。这批书画家作为一个群体的形成及影响，标志着上海真正意义上拥有了这座城市所需要的职业书画家，并以一个重大流派的形态"亮相"于世，这就是"海派书画"这个概念是在上海开埠之后，随着经济的发展、城市文明的提升、东西方文化的兼容及市场需求的增长等因素促成下孕育、发展而成，是具有历史时段（开埠后）的界定、社会背景（东西兼容）的依托、城市模式（市场经济）的供养。

"海上画派"这个概念是以上海本土画家为主，以地域为界限，在历史阶段、时间跨度及流派覆盖上，都与"海派书画"有着诸多不同的区别。"海上画派"从历史过程上讲是包括了历朝历代在上海生活、创作的画家，其中典型的代表为明代松江"华亭画派"的董其昌、陈继儒等人，明代嘉定"嘉定画派"的程嘉燧、唐时升等人，他们才是真正意义上的"海上画派"。而且从创作方式来看，无论是"华亭画派"，还是"嘉定画派"，他们都是恪守传统而严守师门。唯其如此，从流派性质来看："海派书画"是近代型的，"海上画派"是传统型的。从流派组成来看："海派书画"是移民性的，"海上画派"是本土性的。从流派形态来看："海派书画"是开放型的，"海上画派"是封闭型的。从流派背景来看："海派书画"是市场型的，"海上画派"是书斋型的。

再从中国艺术发展史上来考察，清末民初的绘画已到了一个令人尴尬的节点，一是作为当时绘画二大系之一并受到宫廷推崇的"四王"画风，呈现了创作程式化、笔墨板结化的式微状态。

而另一路以"扬州八怪"为代表的文人画则因表现的概念化、笔墨的草率化而陷入迷惘的境地。而此时"海上画派"中的画家在这个"无可奈何花落去"的大背景中，也已根本无力回天。然而历史从来是为顺时应变及大胆突破者提供机遇及出路。在清末民初的"海上画派"画家中，就有钱慧安、胡公寿等从旧阵营中突围而出，和绍兴来的赵之谦，嘉兴来的张熊，萧山来的任熊、任熏、任伯年，安徽来的虚谷，嘉兴来的蒲华，安吉来的吴昌硕等人笔墨交流、传承变法，从而加盟"海派书画"，并成为中坚。因此，历史地看以赵之谦、任伯年、吴昌硕及其后吴湖帆等为代表的"海派书画"的崛起绝不是一个孤立或偶然的艺术现象。也正是在社会转型、新旧交替、时代变革、都市发展、东西交融等综合因素下，"海派书画"应运而生。从此，在上海这个"近代"意义的城市中，形成并集结了一群砚田鬻画为生的书画家群体，他们已不是传统文化环境中的文人书画、烟云供养，而是在新兴的城市空间中，接受市场严峻的抉择和受众挑剔的取舍，标志着上海从此成为全国书画的群雄逐鹿之地和大师精英荟萃之城。历史的演绎证明："海派书画"的崛起正宣告了"海上画派"的终结。

二、海派书画崛起的社会成因与经济基础

在中国近代艺术史上，"海派书画"的崛起和发展，是和现代社会的工业文明及市场经济相对应的艺术现象，"海派书画"所具有的勃发的审美创造力和强大的艺术包容性，表现了一种开放的美学意识和先进的艺术理念。然而，以往对于"海派书画"的研究大都局限在艺术家创作范畴和艺术家个案分析，而作为海派书画家赖以生存的经济形态却被长期忽略不计了。这实际上是一个

十分重要而又不能遗忘的艺术家生存结构，从而也就在相当程度上影响了"海派书画"研究的深入阐释和客观评述。如果说政治是经济的集中表现，那么艺术也离不开经济的支撑。

从社会学意义上来看，人的经济形态对人的精神形态、价值形态、生存形态具有极为重要的因素，如果没有经济上的相对独立和基本保障，艺术家的精神生产和从艺形式就缺少了必要的、基本的社会物质条件。首先是生活的人，然后才是艺术的人。作为一种社会机制，艺术家的经济形态和从艺方式有着直接而本体的关系。因此，独立的人格往往需要独立的经济支撑，精神的自由常常是以经济选择的自由为保障。

"海派书画"发轫自上海开埠，崛起于清末民初，而这个时期的上海已呈现了开放的势态，工业的发展、商业的繁荣、金融的发达、贸易的兴盛等，正是在这个社会经济的平台上，从而为来自各地（主要是江浙）的书画家们展示了一片充满希望与活力的新天地。这批书画家群体的形成，标志着上海真正意义上拥有了职业书画家，这在中国美术史上具有时代性转折的重要意义。

正是市场商品经济形态的结构，新兴市民的审美情趣，在相当程度上影响了海派书画家的创作走向、价值取向、审美方向及流派形成，这既是一种市场经济的需求，也是一种商品意识的洗礼。当时的海派职业书画家们"润笔皆有仿帖"（葛元煦《沪游杂记》），上海书画苑名家林立，笔墨争奇，丹青竞艳，具有艺术人才的领先优势和艺术创作的雄厚实力。如第一代海派书画家的润格以任伯年为最高，每尺 2 元，而低的仅有几角，如蒲华仅 2 角。当时 1 银元（1901 年）约折合人民币 70 元。1912 年，第二代海派书画家的润格开始大幅上升，如吴昌硕留下了一本 1914 年全年销售书画的账本《笔墨生涯》，全年总收入为 5 583 元大洋，平均每月收入是 465.25 元大洋，折合成现人民币 20 936.25（1 银元约值现人民币 45 元）。当时《申报》总主笔陈景韩月薪是 300 大洋，一般编辑记者是 60 大洋。第三代海派书画家的领军人物是吴湖帆，1931 年的润格是立幅三尺 80 元，四尺 120 元，五尺 250 元（大洋），平均每尺 30 元起算。当时商务印书馆给鲁迅的稿费是每千字 3—5 元，郭沫若是 4 元，胡适 5—6 元，章士钊 6 元，最高的是梁启超 20 元。据陈明远在《文化人的经济生活》中说："这样的稿酬标准从五四时期到三十年代没有很大变化。"又如当时北京大学一级教授胡适、辜鸿铭、蒋梦麟、马叙伦、马寅初等的月薪为 300 元。而据当时尚年轻的画月名家陶冷月在 1926 年所记润格收入，平均每月为 500 元，由此可见当时海派书画家的收入要远超作家、教授。唯其如此，正是上海经济的繁荣，孕育并促成了一个海派书画家群体的诞生，而"海派书画"创作的兴盛，又提升了一个城市的整体文明。

三、海派书画的风格认知与流派界定

对一个艺术流派的认知和界定，需要作社会形态、历史背景及从艺方式等的综合考察。从文艺社会学意义上来看：艺术流派作为一种文化现象，只有在掌握并体现其包含的人的社会活动及审美创作的系统中，才能实现价值的确立。特别是作为一个艺术流派的形成，并不是个别人主观随意性选择所定，而是一种群体性的艺术取向、审美抉择和社会性的认知追求。这既有地域性影响的重要因素，亦有艺术风格传承的重要依据。地域性体现了一种历史背景、人文形态、社会条件及经济成因。

作为"海派书画"地域性重要因素的另一表现是集社性的保

障和市场化的运作。如 1875 年成立的海上题襟馆金石书画会，不仅是画家们切磋笔墨、探讨世事、品评鉴赏之地，也是他们书画金石作品的经销代理处。热心公益、帮助后进的吴昌硕曾任会长。后如成立于宣统元年（1909），由钱慧安担任会长的豫园书画善会，就对初来上海的画家给予经济上的资助及创作上的扶植，凡陈列于会中的书画均有人作推介销售，钱款一半归作者，一半归会中，用于慈善救助事宜。另外，海派书画家们与书画庄所建立的润笔"标签"，实际上是建立了一种新型的艺术与商品的营销关系，直接把书画家推向了广阔的市场，犹如签约画家。从而培育了海派书画家们成熟的经济观念及营销意识。正是"海派书画"所拥有的这种地域生存空间及从艺环境，才能使那么多的外来画家在上海不仅"漂"起来，而且"漂"出了精彩与成功，任伯年就是一个成功的典范。

"海派书画"之所以能从清末民初及至 20 世纪二三十年代称雄艺坛、闻名遐迩，其关键就是凭借着上海的兼容并蓄、传承创新、经济发达。就以前海派领袖赵之谦、任伯年和后海派领袖吴昌硕及吴湖帆等来讲，尽管他们各自师承不同，但笔墨表现的精湛精深、构图章法的饱满严谨、意境内蕴的诗化韵致、题材选择的亲和入世、色彩敷染的雅逸秀丽、气势格调的雍容大度都是相当一致的，从而构成了"海派书画"总体的艺术风格和笔墨系统。即上至"海派书画"领袖，下至流派成员，都可以有不同的创作方式和笔墨语汇，但在这个总体艺术风格上却是相呼应、相遵守的。这也就是海派书画"和而不同""兼而有之""变亦通达"的大气派、大格局。颇有艺术思想、理论功力和审美觉悟的潘天寿先生早在 1926 年出版的《中国绘画史》中，就从艺术创作与风格建树上对"海派书画"给予了热情的推崇和准确的评价："会稽赵撝叔之谦，以金石书画之趣，作花卉，宏肆古丽，开前海派之先河，已属特起，一时学者宗之。……光宣间，安吉吴缶庐昌硕，四十以后学画，初师（撝）叔、伯年，参以青藤、八大，以金石篆籀之学出之，雄肆朴茂，不守绳墨，为后海派领袖。使清末花卉画，得一新走焉。"①

四、第一代海派书画家群体

　　一个艺术流派的兴起与发展，与该流派成员群体的组合、创作的实力及影响的覆盖有着直接的关系。按照过去比较简单的划分，"海派书画"前后期领袖人物有赵之谦、任伯年及吴昌硕，后来则有吴湖帆、赵叔孺、刘海粟、张大千、徐悲鸿等。但经笔者多年的查考与研究，比较符合史实的应是海派书画家的划分或断代，主要可分为三代。第一代以赵之谦、任伯年为领袖与领军，主要成员有：钱慧安、张熊、任熊、任熏、胡公寿等，这个阵容绝对是清末中国画坛的一流画派。

　　赵之谦（1829—1884），初名益甫，后改字撝叔，号冷君、悲盦、孺卿、梅庵、无闷等，自署二金蝶堂。浙江会稽（今绍兴）人。幼承庭训，学习书画诗文，17 岁随沈霞西攻金石之学，丧父后，遂以授馆为生。赴杭城后又到上海从艺，致力于书画篆刻诗文及金石考订，成就卓然。同治四年（1865）会试，赵之谦被取为国史馆誊录，同治十年（1871）才分发江西，任鄱阳、奉新、南城县令。自此疏于笔墨而勤于吏事。修桥筑城，为官清廉，甚得民心。因不满官场腐败而欲辞不能，后中法战起，督促修城，劳顿过甚，促使哮喘病发而逝于南城官舍，时年 56 岁。赵之谦绘

　　① 　潘天寿：《中国绘画史》，上海人民美术出版社，1983 年，第 264 页。

画取法于写意，徐渭的率简狂放，八大的怪诞冷隽、石涛的古朴萧疏、扬州八怪的恣肆奇逸等，都使他仰慕不已。所以，综观他早年的绘画作品，颇有文人画的气息与士流画的格调。从艺术观念上讲，他具有综合变通精神及多方吸纳意识，并善于在师承传统的基础上自辟蹊径，从而在书画篆刻上取得了整体性的突破，开拓创新，有容乃大，而这正是海派艺术的主体精神和思想宗旨。赵之谦绘画创作的手法，主要可归纳为构图上的饱满与厚重、色彩上的鲜亮与艳丽、笔调上的书意化与金石气这三个方面，这是民间意识与平民观念在创作中的兑现。

钱慧安（1833—1911），早年名贵昌，字吉生，清溪樵子。其妻也会绘画，故又号双管楼主。祖籍湖州，出生于上海浦东高桥农家，自幼学画，取法传统而用功甚勤。钱慧安在海派美术的谱系中有"班首"之尊，早在同治元年（1862），蘋花社邀集社员24人集会，由钱慧安和包子梁、王秋言三人合绘雅集图，可见钱较早地就有了整合海派书画家群体力量的意识。他的画风细腻精湛、丰丽雍容，融汇中西，具有浓郁的生活气息，以其鲜活的民间性独树一帜，真正确立了海派城市画风。成立于宣统元年（1909）的豫园书画善会，他是首任会长，在组织创作展览及慈善赈灾等方面殚精竭虑。为海派书画家群体的组织和提升，作出了开拓性的努力。钱慧安曾赴天津参加杨柳青年画的创作，为杨柳青绘年画稿数十件，融南北画风为一体，成为艺术经典，产生了重大的社会反响，影响远及日本及东南亚。他是"老城厢画派"又称"城隍庙画派"的代表性画家，长期居住于城隍庙附近的淘沙场街。擅长人物、仕士，亦作花卉、山水。其人物画取法于仇英，笔致严谨工细，构图和谐饱满，气度福贵静逸，为"海派书画"适应新兴的都市文化环境及市民审美的需求，作出了相当的努力。其花卉秀丽旖旎，设色素雅华滋，笔韵温淳和畅，著有《清溪画谱》，有"钱派"之称，一时从学者甚多，有沈心海、曹华、徐小仓、曹钟秀、石钟与、谢闲鸥等，形成了一个精英群体。

张熊（1803—1886），又名张熊祥，字寿甫，亦作寿父，号子祥，晚号祥翁，别号鸳湖外史，鸳湖老人，别署清河伯子，髯参军，室名银藤花馆。浙江秀水（今嘉兴）人。因在早期海派书画家中年最长，被誉为寓公之首。擅长花卉翎毛及人物、山水，亦工书法及篆刻。与任熊、朱熊合称"沪上三熊"。以画大幅牡丹名世，笔致生动鲜活、色彩瑰丽多姿，构图纵逸古媚。张熊为人豪爽淳厚，大气仗义，早年曾在湖州开过古董店，收藏颇丰，精于鉴赏，并于大书家何绍其友善，时常研讨艺事。他对年青书画家颇多关照，扶持新人。曾与吴昌硕在上海南市同住过一间小屋，虽然他比吴要大 31 岁，但结成忘年交，诗文唱和，书画联谊。吴昌硕在《十二友诗》中深情地写道："祥翁海上复见面，八十余岁颜若酡。丹青著年转奇特，彝鼎间日供摩挲。"著有《张子祥课徒画稿》。其妻钟惠珠，亦善花卉，尤精于画梅。应该说张熊是上海开埠后的第一批书画家，由于他有着相当深厚的艺术造诣和书画功力，且交友广泛，有着一定的经营能力，从而成为"海派书画"的开拓者之一，并为"海派书画"奠定了扎实的根基和选择了高迈的起点。在道光、同治年间的上海影响极大。从其学画者甚众，授徒自有一套由浅入深的方法，其课徒画稿 200 余页，民国时期由中华书局印行。清同治中，宫廷征画士，潘祖荫举荐张熊，他推辞不赴，以鬻画终其身。

任熊（1823—1857），字渭长，号湘浦，浙江萧山（今属杭州）人。他是清末一位才华横溢、博学敏思的艺术家。自幼受家庭影响，喜好绘画。后家道中落，父亲早逝，凭借肖像画艺赴杭州谋生，幸得同乡陆次山相助，并在杭住陆家。陆乃杭城名士，与书画家交往甚多，使任熊亦相识不少文人。后与姚燮交友，得观姚府藏画，精心研习。姚于咸丰时侨寓沪上，任熊亦时居上海，对开埠后的洋画亦很关注，并吸纳其构图用色之技。正是任熊的勤奋探求、多方交友，广采博取，使他在而立之年就画名大振，于人物、山水、花鸟、走兽等均有不凡造诣。其画远承唐宋，近效元明，特别是人物画深得陈老莲之法，笔触奇谲，用色厚重，效果强烈。山水画妙肖自然，能将青绿山水法与西洋风景用色法相交融，令人耳目一新。其花鸟画则敢用大红大绿，造型丰满，形态生动，富有装饰情趣。任熊的创作，已带有鲜明的市民意识与商品理念，雅俗共赏而自创新法，使"海派书画"在新旧交替的转型期博得了市场的认可与市民的欢迎。任熊富有文学才华，工于诗词，擅长音乐，能谱曲奏乐。曾有《列仙酒牌》《于越先贤传》《剑侠传》《高士传》等画谱刊行于世。

任薰（1835—1893），字舜琴，又字阜长，浙江萧山人。其父任椿，兄任熊都是画家，艺得家传。工于人物、山水、花鸟，造诣精深、严谨细腻。在海派书画家中，他能适应市场化需求而构图丰逸，色彩富丽，讲究题材的吉祥典雅及视觉效果的饱满和谐。人物画朴茂静穆，深得陈老莲线条造型之神采，奇躯伟貌而又神采焕发。仕女画娴静雅致、诗意弥漫。山水画气象高古，精工密丽，笔随意转，设色鲜活。特别在构图上独具匠心，能在平淡中出奇趣，宁静中出生动，开拓妙趣盎然的意境，给人一种空灵明快之感。工于着色，浓淡相宜，清新自然。与浙江宁绍道台、书法家、鉴赏收藏家顾文彬之子顾承相友善，得观顾氏藏品甚多，颇有得益，画艺大进，亦曾为顾氏设计江南名园怡园，以漏窗沟通东西景色，使园景显得幽深玲珑。惜54岁时双目失明。任薰不仅画艺精湛，亦为人友善，特别是作为任伯年的族叔，对任伯年帮助甚大。同治七年（1868），他在宁波带任伯年去苏州，在那里结识了不少吴门书画家，如向沙馥学草虫画法、与胡公寿交契合作绘画等。任薰的画风直接影响了任颐、任预等的绘画创作，为清末上海画派中重要的画家之一。

胡公寿（1823—1886），名远，号小樵、瘦鹤，横云山民，华亭（今上海松江）人。能书善画，亦是诗人。其书法从唐颜鲁公、李北海出，遒劲浑朴、气势雄健。工于山水及花卉，尤擅画梅，造型生动高逸，喜用湿笔，酣畅沉郁而色彩古艳，萃古今诸家之妙，成一大家，为时所重。他是海派书画家中社会活动能力极强而富有经营意识的中坚人物，为钱商工会所礼聘，因而向商界士绅力推"海派书画"中的名家，如任伯年、虚谷、钱慧安、吴昌硕等人。在上海艺界、商界甚有名望，特别是对任伯年给予了极大的帮助。任初来上海时，处境困难，是胡慧眼识珠，介绍任至古香室笺扇庄任坐堂画师，从此打开局面。他对吴昌硕的书法、篆刻也大力加以推荐。吴初到上海时，胡即以《苍石图》赠之，并题曰："瞻彼苍石，风骨嵚崎。纵笔减笔，大痴云林。颓然其形，介然其骨。"对吴的艺品人格给予了好评。历史地看，"海派书画"之所以能在清末形成气候，并产生相当的社会影响，这与胡公寿的市场推介与商品运作是分不开的。凡是当时来自外地而寄寓沪上的书画家，能得到他的支持，就很快能在沪上立足。他与虚谷亦是至交，《海上墨林》亦记载了他们间的友情："方外虚谷时相过从。一日谈笑间，索虚谷写照毕，自题诗于上，末章有'今将拱手谢时辈，万里云山寻旧师'之句，不数月而卒，去留之际，似有先觉。"胡公寿的书画在日本艺界亦极有声誉，早期寓居于海上的日本画家也直接拜其为师。

任伯年（1840—1895），初名润、字次远、号小楼。后名颐、字伯年。别号山阴道上行者、寿道士等，浙江山阴（绍兴）人。出生于民间画工之家，父鹤声、字淞云，工肖像写真画。任伯年幼时，即受到父亲的绘画训练和技法传授，打下了相当扎实的写实基础。后从其族叔任熊、任薰学画。父死于战乱后，于1864年随任薰赴宁波从艺卖画，人物画技艺日进。1868年仲冬，29岁的任伯年从苏州赴上海，虽有画艺，但颇落魄。后得海上名画家、钱业公会礼聘、仁寿堂雅集主人胡公寿的帮助，入古香室笺扇店，不久就画名大噪。原本流落沪上的民间画手，凭借自身的努力与实力，在师友们的扶持下，很快就跻身于"海派书画"的主流群体。正是任伯年的介入和崛起，对"海派书画"具有开创性意义和建树性作用。由于开埠后的上海，成为东西方文化的相融之地，当时的徐家汇土山湾教堂就办了图画传习所，任伯年就在那里专门学习素描、水彩画技法，还画过裸体模特儿的写生。任伯年曾收藏了大量的日本浮世绘画片以作创作参考，如他的《双仙献寿》《苏武牧羊》等折射出浮世绘构图与色彩的影响。任伯年以其睿智敏锐与大胆开拓，取法东西、融汇中外，形成了崭新的海派画风与独特的都市图式，使"海派书画"达到了一个时代高度，使中国绘画在清末这个历史结点发生颠覆性的变革，为之产生了崭新的近代绘画格局。任伯年无疑是当时的领军人物，他是早期海派画家中最有条件与资质走向世界的大画家。

五、第二代海派书画家群体

从艺术发展史的角度来看，"海派书画"艺术风格的最后确立和艺术影响的最大辐射是吴昌硕作出了决定性的贡献。因此，吴昌硕无疑是第二代"海派书画"的领袖。第二代主要成员有：蒲华、虚谷、王一亭等。此外，还有陈宝琛、沈曾植、陈三立、朱祖谋、张謇、康有为、李瑞清、张元济、曾熙等，这是一批相当重要，乃至是可遇不可求的"大师中的大师、名流中的名流"成员，但出于历史原因及政治因素，这在以往的"海派书画"研究与系列中，他们被忽略及遮蔽了，我把其称之为"1912年现象"。这批人就是在辛亥革命后的1912年，汇聚到上海的清廷末代高官大吏。他们由于帝制的终结而来到十里洋场的上海，出于生存的需要开始鬻画卖字，以艺谋生。这批人中原先有的是皇帝的老师太傅、六部尚书，有的曾担任过总督、巡抚，有的更是身兼国学大师、诗坛盟主、文苑词宗，有的曾是叱咤风云的维新领袖、实业巨子、出版巨擘等，如此强势的阵容乃至豪华的组合，形成了不仅是一个地域、而且是一部中国艺术史上特殊而难得的人才高地景观。如果说第一代"海派书画"群体主要还是属于民间草根性的，那么第二代"海派书画"群体则是名流士大夫性的。于是，历史为"海派书画"提供了一个高端发展的契机和创造辉煌的平台。而这批高官大吏、硕学鸿儒在这近代大都市的舞台上完成了华丽转身，集体转业换岗为砚田犁纸。正是由于他们的加盟，从而使"海派书画"群体的创作水准、文化层次、艺术境界、笔墨风格、社会地位得到了整体性的提升。值得一提的是这批名流士大夫为官时清刚自律、政声良好，大都是维新派人物，颇得时誉。在上海从艺后，又富有社会责任及职业精神，也为今后整个中国画苑及"海派书画"的发展打造了大师之门，如沈曾植、李瑞清、曾熙等就先后培养了于右任、马一浮、张大千、吕凤子、王遽常、李仲乾等；康有为就曾栽培及扶植了刘海粟、徐悲鸿等。

吴昌硕（1844—1927），出生于浙江省安吉县彰吴村。初名俊，俊卿，字苍石、仓石、昌硕，亦有缶庐、老缶、苦铁、酸寒尉、破荷亭长等别署。祖父渊，父辛甲，为举人。吴昌硕自幼家境贫寒，他幼年时即在父亲身边读书，10岁后到乡村私塾就学。14岁时跟父亲学刻印。1860年，太平军由皖攻入浙江，清军尾随而至，沿途抢劫骚扰。他随父逃亡他乡，又被乱兵冲散，只身流亡安徽、湖北等地，为谋生还曾为人打杂做短工。吴昌硕五年后回到家乡，全家九口人仅存他与父亲生还。1866年他从同乡施旭臣学诗法，同时兼学名家书法、篆刻，对金石学特别爱好。1869年负笈杭州，拜大儒俞樾为师，学文字学及经学。吴昌硕从而立之年起就在湖州、苏州、杭州、上海一带寻师访友，致力艺事。1882年定居苏州西畎巷四间楼。40岁时，吴昌硕在上海经人介绍与画家任伯年相交，情在亦师亦友之间。1899年11月，出任江苏安东县令，到任一月后即辞官。1909年，吴昌硕在上海与钱慧安、高邕等人发起成立上海豫园书画善会。吴昌硕学养深厚，阅历广泛，造诣独特。其篆刻宗法秦汉封泥，并以钝刀硬入奏刻，古朴苍莽，强健恣肆。其书法篆籀高古，行草雄浑，大气磅礴。其绘画笔墨酣畅，敷色古艳，形成了郁勃的金石之气。

吴昌硕于1912年定居上海，从一代艺术大师成为"海派书画"领袖。吴昌硕在1913年的早春二月入住上海闸北的北山西路923号，他在书斋中郑重地挂上了"去驻随缘室"的横匾，他与上海正式缘定今生。日后，吉庆里这幢上海很普通的石库门，具有了三大功能，不仅成为"海派书画"走向鼎盛期的艺术基地，而且成了大师的高端沙龙与大师的伟大摇篮。吴昌硕在这里培养出了不是一个大师，而是整整一个大师团队——从陈师曾、潘天寿、沙孟海、王个簃到钱瘦铁、诸乐三、诸闻韵、赵云壑等。齐白石也诗赞吴昌硕"老缶衰年别有才"，并从吴昌硕独特的笔墨中得到启发，开创了"红花墨叶派"。吴昌硕有着相当深厚的上海情结与城市情愫，他为上海的大文圈建设及艺术界构成作出了很大努力与杰出贡献。吴昌硕是海上题襟馆与豫园书画善会的发起者与精神领袖，他积极参与各种慈善及赈灾，大爱无疆。当年豫鄂皖苏浙五省爆发了山洪，灾民无数，哀鸿遍野，他抱病和王一亭合作《流民图》，义卖赈灾。1913 年，吴昌硕以艺坛盟主的身份，出任西泠印社首任社长，发起抢救汉三老石碑，为抢救国宝四处奔波，捐画捐钱，显示了民族风骨。1925 年，震惊中外的"五卅惨案"发生后，正在病中的老人不仅马上作巨幅大画义卖援助工友，并在灯下写了长诗《五卅祭》，愤怒的控诉殖民者的暴行："烽火逼天天昏黑，天光斜射海苍赤。炮声一发弹雨激，饮弹之人涨阡陌。"吴昌硕还支持海派京剧的变革，支持刘海粟办艺校，支持女子美术教育，支持创办浦东医院，主持中日艺术家交流办展，积极参加美国旧金山世博会等。吴昌硕的这种城市公共意识，体现了一种社会责任、人格魅力与爱国精神。

蒲华（1832—1911），原名城，字作英。号青山野史，种竹道人，斋名为九琴十研楼，不染庐。浙江秀水（嘉兴）人。幼为庙祝，后至外祖父处生活与读书，勤奋刻苦，24 岁中秀才后屡次应试均被黜，从此绝意于仕途，致力于书、画、诗。他生性狂傲狷介、洒脱不羁、不流时俗，因而在海派书画家中是一位极有艺术个性及创造才能的代表性人物。常年短袍长褂，油腻墨迹染身，时呼"蒲邋遢"。自妻子病故后，从此孑然一身。光绪七年春（1881）从上海东渡日本。书画在日本颇受好评，誉满扶桑。1894 年冬正式定居于上海老城北登瀛里一小楼，总算有了一方简陋的安身立命、挥洒丹青之地。由于蒲华性格的傲世独立、才华的超逸高迈、笔墨的不拘一格，这就使他在"海派书画"群体中显得艺风卓然、自出新腔。蒲华的书法在清末民初的书坛上，可谓是风格十分强烈而别开生面的，其运笔跌宕起伏而矫健豪放，提按起伏中见节奏畅达，结构则疏朗倚侧而粗头乱服，气势勃发中见意趣高古。但其为画名所掩。蒲华为人友善，对吴昌硕、高邕之、徐新周等多有相助。特别是和吴昌硕相交五十多年，友情弥笃，成患难知己。蒲华的诗亦写得空灵飘逸、文笔绮丽，常常是诗画相配、相得益彰，蒲华因出身贫寒低贱，后经个人努力拼搏而得艺名，所以他对平民富有爱心，常以书画赈灾济困。

虚谷（1823—1896），俗姓朱，名怀仁，安徽新安人，移居江苏广陵（扬州）。书画家，诗人。曾任清军参将，三十岁时出家为僧，名虚白，字虚谷，以字行，号倦鹤、紫阳山民等。出家后不茹素也不礼佛，与张熊、胡公寿、任伯年、高邕之、顾鹤逸、吴昌硕等相交甚契，孤高自洁，卖画为生，自作诗云："闲来写出三千幅，行乞人间作饭钱。"他是绘画上的多面手，山水、花卉、蔬果、禽鱼亦别有情趣。他擅长于用干笔偏锋淡彩，无意于用滥施的重色来娱人眼目，有时也用强烈的对比色大红大绿，但不浮艳。其构图大开大合，多而不乱，少而不疏，富有空间变化感。他的山水取法于新安画派与扬州画派，简静雅逸而意境隽永，喜用焦墨渴笔逆锋，因而画面生动古朴，冷峭郁勃。正因他的画格古韵新而诗意内含，同时凸显出一种难能可贵的童趣与稚拙之气，很受世人的青睐。吴昌硕在虚谷所画的《佛手图》题诗曰："十指参成香色味，一拳打破去来今。四栏华药谈风格，旧梦黄炉感不禁。"虚谷的诗也写得才气横溢而空灵高远，著有《虚谷和尚诗录》，如梅花诗曰："有粉有色更精神，一树梅花天地春。一觉浮生尘世外，空山流水岂无人？"诗中自有一种憧憬与向往、高洁与自信。光绪十九年（1893）虚谷已年届70，张鸣珂到上海，"塞裳访之",画家吴伯滔作《海上访僧图》,张欣然题诗,并题虚谷《秋林独步图》,称"虚公原是振奇人"。

王一亭(1867—1938),本名震,字一亭,中年以后又自号白龙山人。在海派书画家中,王一亭是具有多种身份的人,他首先是位书画家,一生勤于笔墨艺事,是第二代海派书画家群体中的重要人物。又是一位大商人,善于经营和精通金融,在船务、银行、企业、工厂方面颇具影响。亦是一位社会活动家、慈善家和宗教家。在辛亥革命的上海起义中,他是主要的领导人之一。王一亭出生于上海浦东周浦,是依靠其堂舅父蒋秀才的资助才在朱道台的私塾附学八年。后为生计所迫,只得到上海怡春堂裱画店当学徒。他在这里相识了大画家任伯年及开钱庄而喜好书画的儒商李薇庄。这位手脚勤快,颇有悟性的小学徒跟任伯年学画相当勤奋,因而画艺渐进。而儒商李薇庄系著名女画家季秋君之父,是宁波士绅名门,他见才 15 岁的王一亭办事勤快能干,人亦聪明灵活,于是在 1881 年介绍其到"慎徐钱庄"学徒。尽管钱庄的学徒生活辛苦繁忙,但依然在晚间坚持学画,并到当时的"广方言馆"攻读英语。后又去"恒泰钱庄"继续学生意,使王一亭在商界金融界中得到了极大的锻炼,并迅速地成长。1885 年仅 19 岁就被提升为"天徐号"的跑街先生,不久以出色的工作业绩晋升为经理,专搞航运经营,从而在上海工商界脱颖而出。1895 年他在参加上海怡园雅集时相识了吴昌硕,切磋画艺,从此结谊终生,情在师友之间,成为"海上双璧"。

陈宝琛(1845—1935),字伯潜,号弢庵。福建闽县(福州市)人。清同治七年(1868)进士。光绪元年(1875)擢翰林侍读,授翰林院侍讲学士。与学士张佩纶、通政使黄体芳、侍郎宝廷好论时政,被称为"清流四谏"。后仕途浮沉,曾会办南洋事务、主持高等学堂、总办福建铁路等。宣统元年（1909）奉召入京，任总理礼学馆事宜，补授内阁学士兼礼部侍郎，任宣统（溥仪）太傅。溥仪复辟时，宝琛力阻面谏，但遭拒。陈宝琛书法功力精深，擅长楷、行，其笔法雅逸稳健，气格清高古秀，取法于初唐及赵孟頫、董其昌。因学问广博、为官清正，其书法在上海颇得时誉。他亦是一位古印收藏家，著有《澂秋馆印存》《沧趣楼诗文集》《奏稿》等。

沈曾植（1850—1922），字子培，号乙庵、巽斋，晚号寐叟。别署乙公，东轩居士，斋名"海日楼"，浙江嘉兴人。以"硕学通儒"名闻遐迩，有"中国大儒"之称。光绪六年（1880）进士，历任刑部主事、员外郎、郎中、江西广信、南昌知府、总理衙门章京、安徽提学使、署布政使。曾与康有为等开强学会于京师，参与维新。亦受湖广总督张之洞聘主讲两湖书院。1901年任上海南洋公学（上海交通大学前身）监督（校长），改革旧制，主张新学。晚年寓居上海，工于作诗，被尊为"同光体之魁杰"。精于书法，师承有绪，早年攻帖学，得包世臣法，后由帖入碑，融南北书为一炉。笔法遒劲生辣而爽捷刚健，结构险峻奇逸而灵动多变，气息高古浑朴而意趣奇逸，系清末民初书坛上风格卓然的大家，书名远播，学者众多，如于右任、马一浮、谢无量、吕凤子、王秋湄、罗复堪、王蘧常等一代大师均受其熏染。当时评其书为："书法家的字求法；画家的字求趣；学者的字书卷味；碑学家的字有金石气；帖学家的字滋润丰腴肌理；唯寐叟翁全有，故能兼美。"章士钊评沈书为"奇峭博丽"。沙孟海则从笔法上称之为："专用方笔，翻覆盘旋，如游龙舞凤，奇趣横生。"

陈三立（1853—1937），字伯严，号散原，室名散原精舍，江西义宁（今修水县）人。光绪十二年（1886）赴京会试，中进士，官吏部主事。光绪二十一年（1895），其父陈宝箴任湖南巡抚，在湘实行新政，陈三立助父改革，使湖南成为全国维新运动的中心之一，罗致了谭嗣同、梁启超、黄遵宪在内的变法志士。1898年维新失败，谭等"戊戌六君子"被杀，陈宝箴因保荐刘光北等而被革职，陈三立也被加上"招引奸邪"而"永不叙用"。光绪二十六年（1900），陈宝箴在南昌西山家中被慈禧秘密赐死，陈三立从此以诗文书法为伴。辛亥革命后，寓居于上海、杭州等地，与吴昌硕等人交契。陈三立是"同光体"诗派的代表人物，抒怀言志、写景叙情、意境丰逸、文采斐然、风骨自见。其书法学帖法碑，取帖之秀逸婉约、雅致淳和，取碑之质朴高古、遒劲酣畅，因而温润处见骨力，厚重处见流丽，典型地代表了"海派书画"汲古纳新的变通精神，为艺苑所重。1936年，英国伦敦举行国际笔会，邀请中国代表两位参加，一是代表新文学的胡适，一是代表旧文学的陈三立，但此时陈已84岁，未能成行。著有《散原精舍诗集》《散原精舍文集》。子陈衡恪、陈寅恪皆艺苑文坛大家。

朱祖谋（1857—1931），原名孝臧，字霍生，又名古微，号沤尹，又号彊邨。浙江归安（今吴兴）人。光绪九年（1883）进士，授编修，官至礼部右侍郎。朱系一代词学大师，汇遍校刻《彊村丛书》，选辑《宋词三百首》，推动了词学在清代的复兴与研究，卓有文化建树。曾因朝廷之争面折慈禧，险遭毒手。后因病假寓上海，专攻词文书画。陈三立在为其所撰的墓志铭中亦云："晚处海滨，身世所遭与屈子泽畔行吟为类，故其词独幽忧怨悱，沉抑绵邈，莫可端倪。"其书法初效颜鲁公，点画凝重丰腴，运笔稳健秀丽。后师法褚遂良，得其畅达流美之气韵和灵动矫健之笔法，转而变通自创，书风为之一新。运笔温淳典雅而静穆浑厚，气息和顺雍容而娴逸悠然，富有大家气和书卷气。书论家马宗霍曾评其书为："彊邨老人以中锋作侧势，落墨重迟而标格苍劲。"其用笔善提按运腕，因而点画线条生动婉约而情趣别出，形成横粗竖细、转折含蓄之特征。其字体结构造型则欹侧相映、高低相依、颇有动态之美。其书法以其鲜明的风格，对后世影响极大。偶作人物花卉，亦清丽华润，诗意浓郁，著有《彊邨词》《彊邨语丛》等。

张謇（1853—1926），字季直，江苏通州（今南通）人，光绪状元。但他却并未去走经世济民的仕途，而是投向商务，开办工厂、经营贸易。1895 年甲午战争后，他认为救亡图存就必须要建设工业、开办学堂、兴起商务。于是他代湖广总督张之洞撰写了"代鄂督条陈立国自强疏"，受张之洞的委派，在南通创办了大生纱厂，自任总理综揽全局，同时还创办了垦牧公司、渔业公司、大达轮船公司、淮海实业银行等。他提出工业为父、教育为母的兴国之道，创办了国内第一所师范：通州师范。在南京创办了河海工业专科学校，对吴淞中国公学、复旦大学的创办，多有资助。并兴办了养老院、博物馆、图书馆等，成为一个有杰出贡献的大实业家，中国民族工业的先驱。他喜好文学艺术，擅长音乐，工于书法，运笔娴静典雅，线条丰丽淳厚，气息酣畅飘逸，颇有豪爽豁达之势。初学颜鲁公，得其筋骨，旁参欧阳欧法，以曾严谨质朴之气，后又取北碑法，笔势雄健开张而增加点画内蕴。凭借其社会声望，其书为艺坛所重。他晚年在上海鬻字，通过开在九江路上的大生沪事务所收件，并时常用于赈灾。

康有为（1858—1927），原名祖诒，字广夏，又字长素，广东南海（广州）人。光绪二十一年（1895）进士。早年从简凤仪学儒学，后从朱次琦学，朱主张"济人经世"。受到改良思潮和西方资本主义思想影响，认为唯有变法，才能使中国富强，最后达到

"大同"境界。在上海建立强学会，创《强学报》，宣传变法维新。1894年，在北京发动"公车上书"。会试发榜，康中进士，授工部主事。1898年与梁启超、谭嗣同等发动"戊戌变法"，后慈禧发动政变通缉康，其由京逃沪转港，开始海外流亡。1913年返国寓居上海并任孔教会会长。晚年在上海以讲学鬻字为主，并办天游学院。康博学多才，著作甚丰，系清末民初有全国性影响的大书法家，对碑学多有阐述。其书法从碑出，取法高古，以《石门铭》为宗，得笔法峻迈矫健，字势开张宽博之功，后又参以《金刚经》《云峰石刻》等，笔法更为恣肆逸放，线条更为奇拙壮悍，气势更为雄健郁勃，在海上书坛颇受尊重，从学者甚众。有书法理论著作《广艺舟双楫》传世，把魏碑归纳为十美三宗。他的书学有片面之处，但仍为碑学书论的建立作出了重大的贡献。其著作达139种之多，有《新学伪经考》《孙子改制考》《戊戌奏稿》《大同书》《康南海先生诗集》等。

李瑞清（1867—1920），字仲麟、阿梅，号梅庵、梅花庵主，晚号清道人，江西临川人。清光绪二十一年（1895）进士，授翰林院庶吉士。任南京两江师范学堂总办（即校长），曾兼江宁提学使，江宁布政使。清末民初杰出的教育家，以"为国育才"为己任，培养了一大批栋梁之材及书画家，如国画大师张大千、著名书法家胡小石、李仲乾皆出自其门下。在他的披肝沥胆下，两江师范成为当时东南地区规模最大、声誉最高的学府。光绪三十二年（1907），在两江师范创设图画手工科，课目以中西绘画和手工为主，兼授音乐课，大力倡导艺术教育。1908年曾赴日本考察。其书法各体皆能，精于篆隶，他是近代书法史上卓有影响的一代大家，对笔法有着系统的研习，上窥周秦金文小篆，下效汉魏碑学，功底深厚独到，笔墨精湛古雅，从北碑中取金石气融入篆隶之中。线条俊迈洒脱，气韵高雅纵横，榜书亦气象宏阔，力扛九鼎。亦能画山水、花卉、佛像。晚年寓居上海，以鬻字卖画为生，与吴昌硕、杨守敬友善，与曾熙引为知己，有"北李南曾"之称。出版有《清道人拟古画册》《围城记》《清道人遗集》等。

张元济（1867—1959），字筱斋，号菊生，浙江海盐人。1892年参加科举考试，中进士，入翰林院任庶吉士，后在总理各国事务衙门任章京。1897年创办"西学堂"，后改名为"通艺学堂"。曾参加康有为发起的戊戌变法，后受到"革职永不叙用"的处分。1898年底到上海，出任南洋公学译书院主事。1902年因有商务印书馆的创办人夏瑞芳的邀请，进入商务。学贯中西、观念新锐的他由此开创了商务全新的格局，创立了编译所、印刷所和发行所，还请了蔡元培等一大批专家、学者加盟，引进西学，介绍新知，1904年出版了我国第一部小学教科书后，又编了高小、中学教科书。此外，在他的创意主持下，还出版了我国第一部新式辞书《辞源》，编辑出版了《东方杂志》《小说月报》《教育杂志》《妇女杂志》《学生杂志》等10多种影响广泛的杂志。由于张出身于名门望族，自小书香濡染，工于书法，造诣深厚，擅长行、楷，取意于唐楷，旁效何绍基，运笔遒劲丰丽而浑朴华润，点画线条圆劲跌宕而起伏灵动。特别是行书气势酣畅飘逸，运笔提按顿挫，纯任自然，颇有颜鲁公《祭侄稿》神韵，显得大气磅礴而无一般书家的习气，为海上士林所重。著有《涵芬楼烬余书录》等。

曾熙（1861—1930），字季子，又字嗣元，更字子缉，号俟园，晚号农髯。湖南衡阳人。幼年丧父，靠母亲为人缝补浆洗度日。得外舅接济才上学，尤为勤奋刻苦，有"囊萤照读"的传说，八岁即能诗善书，号称"神童"。二十岁中秀才，后殿试中进士，官至兵部主事，兼任提学使，弼德院顾问。康有为发起"公车上书"时，积极响应，后遭到清廷打击，绝意仕途。主讲石鼓书院及龙池书院。晚年应李瑞清之邀居上海设帐授徒，书画为生，与李瑞清有"南曾北李"之称，并与吴昌硕、李瑞清、黄宾虹合称"海上四妖"。其书法涉足多方，精于四体、功力独特，能取帖效碑，融南北之长，尤多效法于《夏承碑》《华山碑》《张黑女碑》等，运笔古茂质朴而高迈浑穆，气势雄健凝重而遒劲雍容，颇有格调与才气。特别是善用篆隶笔法于楷、行之中，更见笔意高古底蕴丰厚，并将书意融于绘画中，以增强其书卷气，在海上书画界声名显赫，著名国画大师张大千曾投于门下。

六、第三代海派书画家群体

在"海派书画"的艺术发展过程中，如果说以赵之谦、任伯年、胡公寿等为代表第一代"海派书画"是处于崛起期，以吴昌硕、王一亭、沈曾植、李瑞清、曾熙等为代表的是第二代"海派书画"处于鼎盛期，那么到了20世纪二三十年代以吴湖帆、冯超然、黄宾虹、赵叔孺、刘海粟、张大千、徐悲鸿、林风眠等为代表的第三代"海派书画"则处于繁荣期。当时的上海正处于城市发展的黄金期，成了一个世界瞩目的国际性大都市。上海以其多功能的经济中心、中外金融中心、民族工业中心、东西商贸中心而为整个海派艺术提供了宽广的发展空间和丰厚的物质基础。正是在这个社会大背景下，第三代海派书画家们以各自精湛的笔墨创作与群体的精英优势，将"海派书画"推向了全盛状态。

吴湖帆（1894—1968），名翼燕，字通骏，又名倩，号倩庵，别署丑簃，书画署湖帆，斋名梅景书屋，江苏苏州人。吴出身于一个钟鸣鼎食、世代簪缨之家，其祖父是大收藏家、金石学家、书画家吴大澂。自幼受家庭影响，喜好诗文书画。以四王为宗，旁参董其昌、赵孟頫、王蒙、董源、巨然等。尤擅长于青绿设色及烟云渲染，有泅润华贵之姿。他原本住在苏州一个安逸悠静的庭院作画吟诗，泼墨挥毫，并和顾麟士、吴昌硕、金心兰成立"怡园画社"，成为苏州的艺界领军。1924年江苏军阀与浙江军阀开战，姑苏城炮火笼罩，吴湖帆离开了古城苏州，来到了大都市上海，开始融入"海派书画"，并以精湛的功力、深厚的造诣、独特的画风，及擅长鉴别、富于收藏、精通诗词诸艺崛起海上。吴湖帆从正统画派入手而自创画风，笔墨精湛端润而气韵古逸高迈，以雅腴灵秀而缜丽清逸的画风独树一帜。其山水构图朴茂多变，设色典丽明艳，皴法精妙渊厚。其花鸟亦丰腴富丽、格调清隽。其在书法、鉴赏、文学、画论上的造诣亦十分深厚，可以说是中国现代绘画史上具有相当重要地位的文化大师级人物。并在20世纪30年代以上海博物馆筹备委员身份前往北京鉴定文物并任故宫评审委员，这可以讲是属于国家级的鉴定评审资格。值得一提的是"梅景书屋"弟子人才辈出，涌现了王季迁、陆抑非、徐邦达等一批名家。出版有《梅景画笈》《梅景书屋全集》《吴湖帆画集》《佞宋词痕》。

冯超然（1882—1954），名迥，字超然，以字行。号涤舸，别署松山居士，晚号慎得。祖籍江苏常州，后寓居松江（现属上海）。辛亥年后随李平书迁至上海嵩山路，斋名为"嵩山草堂"，与吴湖帆的"梅景书屋"临窗相对，两人时常论艺品赏书画。冯自幼学富五车，天智聪颖，艺事早熟，10多岁就开始卖画。初法"明四家"之唐寅、仇英，笔墨精湛细腻，法度醇严秀逸。后又专攻"清四王"，用笔更为精妙洒脱，气韵高雅，骨力内蕴，可谓有源有序，自出机杼。于山水、花卉、人物皆能自开风貌，为海上艺苑所崇尚。亦善书法，工行草篆隶，清醇有法，笔致遒劲。偶尔刻印，得秦汉神韵而也笔畅达，颇有金石气，除了与吴湖帆、吴待秋、吴子深并称"三吴一冯"外，亦与吴湖帆、吴待秋、赵叔孺并称"海上四家"。冯颇有艺术追求及审美觉悟，对当时海上画派中有些画家因取悦市场而表现出媚俗现象时，旗帜鲜明地予以反对，恪守笔墨境界、倡导创作品位，颇有深意地对其入室弟子陆俨少说："名利不可重，学画要有殉道精神。"对海上画坛产生了积极的影响。除书画外，亦精于曲学，能拍谱吟曲，才艺修养深厚。出版有《冯超然临严香府山水册》《冯涤舸画集》等。

黄宾虹（1864—1955），名质，字朴存、朴丞，号滨虹，中年更字宾虹，以号行，室名"滨虹草堂"。原籍安徽歙县，生于浙江金华。他是海派书画家中全能型的艺术家，不仅精于绘画，亦工于书法、篆刻，于考证、鉴赏、画论、画史、印学、诗文乃至编辑均有成就。幼时即喜好书画篆刻，从画家倪逸甫学画及印，从郑珊学山水、从陈若水学花鸟。后因拥护辛亥革命而为人控告，只得隐居家乡。1909 年寓居上海，编辑《政艺通报》《国粹学报》及在上海美术专科学校、新华艺术专科学校、上海昌明艺术专科学校任教授。曾与宣古愚合办宙合社，创办艺观学会，参加海上题襟馆、中国画会、百川书画社等艺术团体，主持神州国光社、商务印书馆美术部编辑工作多年，可见他亦是位社会活动家。其绘画以山水为主，初学新安画派，继受李流芳、程邃、髡残等人的影响，画风清丽明逸，淡雅冲远，以干笔淡墨出之，时称为"白宾虹"期。后又上溯唐宋诸家，效法明清流派，变汇通融而推陈出新，创"五笔七墨"法，点染皴擦，趋于黑密凝重、黑中透亮为特征，时称为"黑宾虹"期。他曾自云："书画雅事，可赠可索，兴来挥洒，不计工拙。"可见其开放的从艺心态和人文情怀。书法亦气度雍容而用笔高逸，尤擅长篆书。亦擅长篆刻，常以金文入印，苍古奇谲而清雅劲秀，平生收藏古玺印甚富。著有《中国画学史大纲》《古画微》《宾虹诗草》《金石书画论》《龙凤印说》《古文奇字考》《滨虹草堂藏古玺印》等多种。

赵叔孺（1874—1945），原名润祥，后名枏，献忱，更名时枏，字叔孺，号纫苌，以字行，晚号二弩老人，斋号有"二弩精舍"等。原籍浙江鄞县，生于江苏镇江。在海派书画家中，他是典型的书画金石全能型的大家，系海上四家之一，因而名重当时，影响颇大。他系早熟型艺术家，幼时攻习诗文及书画，10岁时就以画马出名，后成林颖叔之婿，林系金石书画收藏大户，他认真观摩钻研，深得前贤名家之艺绪流风。年青时仕途颇畅，18岁即中秀才，28岁起历任福州平潭海防同知、兴化府粮捕通判、福州府海防华洋同知，还曾赏戴花翎，钦加盐运使衔。尽管任中公务繁杂，但仍利用一切闲暇时挥毫泼墨，奏刀刻印、鉴赏古器。辛亥后，寓居上海，成为职业书画金石家，并与海上诸书画家交谊，设帐收徒，弟子众多。艺事初学赵孟頫、赵之谦，用功甚勤。擅长花鸟草虫，用笔儒雅婉约，设色典丽娟秀，颇有书卷气。书法四体皆工，笔致和畅劲健、气势遒丽浑穆，其篆刻亦风格独树，印名远播，上至古玺秦汉，下至明清流派，刀法稳健遒劲、章法疏密和谐、笔法工稳圆熟，尤以宋元朱文为印林所重，篆法雅致婉丽，用刀圆转灵动、章法精妙端秀，自汪关后开一新境界，入室弟子陈巨来、叶潞渊、方介堪、张鲁盦等深得其门风神韵。亦精于鉴定，长于金石碑版的考订及赏析。书画汇集有《赵叔孺先生画册》、编拓有《二弩精舍印赏》八卷，著有《汉印分韵补》等。

贺天健（1891—1977），字健叟，别署纫香居士，江苏无锡人，斋名开天天楼。出身贫寒而奋发有志，初从孙云泉习肖像画，十八岁即到上海卖画谋生。后刻苦攻习山水及诗文，初师从吴历、王翚及原济、髡残等人，用功精勤，颇得其法。后又上窥王蒙、黄公望、李唐、夏圭、梁楷等，心摹手追，变法通融，在海上画派脱颖而出。曾涉足名山大川，眼观笔临，师法自然，山水画自开新面目，为世所重。二十年代起在上海美术专科学校、无锡艺术专科学校等任教授，创办中国画会，主编《画学月刊》《国画月刊》，后专职从事书画创作，成为海派书画家中代表性的山水大家。其作山水取象宏阔而气势雄迈，运笔朴茂而设色雅致，水墨酣畅而敷染沉厚，尤得自然山川之神韵。其青绿山色亦层层皴染，色彩瑰丽而气象华美，极有时誉。曾提出著名的山水创作法："甄陶天机，融化物我""宋人格律，元人笔意"。要仰观俯察，融入造化而不必局限于某派某宗，从而使其山水画极有创意气息。亦工于人物、花卉，笔致高雅深厚，色彩华润婉丽，颇有品位意境。书法亦运笔遒硬劲挺，有昂藏郁拔之气和墨沉笔实之态，深得北魏风骨。出版有《学画山水过程自述》《贺天健画集》等。

刘海粟（1896—1994），名槃，字季芳，号海翁，别署静远老人、游天阁主，斋号游天阁、艺海堂，江苏常州人，出身于商人家庭，自幼即喜好书画。14岁来沪，师从周湘学画。后回家乡执教，因抗婚而再度来上海，1912年与乌始光、张聿光等人创办上海图画美术院，后改名为上海美术专科学校，时年仅17岁，并自任校长，开中国现代美术教育之先河。以狂飙突进的精神在教学中实行男女同校，并率先使用人体模特写生，引起轩然大波，后遭军阀通缉，遂流亡海外，考察美术教育。1929年和1933年赴欧洲考察。擅长国画、西画及书法，国画以山水见长，气势磅礴激越，色彩瑰丽宏放，笔触老辣奇迈。西画亦气象雄阔奔放，色调浓烈酣畅，构图跌宕恣肆。书法亦线条浑朴醇厚，运笔遒劲爽捷，气度郁拔壮伟。无论其书画，均有雄健强悍、豪放豁达之势。晚年的泼彩泼墨在当代中国美术史上，既坚守了民族风格，又展示了中西的突破。平生多次在日本、法国、德国等举办画展，作品为这些国家博物馆所收藏。熟谙诗词，画上常题自作诗文长跋，从而增加浓郁的文学性和意境性，显示了深厚的文学功底。亦作中西画的比较研究，对中西画多有艺理阐发。著作有《国学真诠》《存天阁谈艺录》《石涛与后期印象派》《中国绘画的继承与创新》《海粟诗词选》《刘海粟画语》等，出版画集有《海粟国画》《海粟油画》等。

徐悲鸿（1895—1953），原名寿康，江苏宜兴人，9 岁起从父学画，精奋钻研，刻苦用功。后在家乡中小学任图画教师，1915年，因不满父母包办婚姻而以悲愤的心情毅然离开故乡，自此改名悲鸿，到上海谋生求学，但坚持从艺。1916 年初，应哈同花园公开招聘为仓颉造像而入住哈同花园。徐在这里结识了康有为、罗振玉、王国维等大师级人物。自此，他开始结交文化名人，亦进入了海上文艺圈。1917 年留学日本，1919 年公派赴法留学，进入巴黎高等美术学校，师从于写实派画家达仰，打下了扎实的写实功底。1927 年归国，任上海南国艺术学院美术系主任。1928 年10 月经李石曾先生推荐任北平大学艺术学院院长，大力倡导中国画的变法创新，1933 年曾携中国近代绘画作品赴欧洲法、德、比、意、英及苏联办展。徐悲鸿以自己的绘画创作和艺术教育在海派画坛乃至全国产生了深远的影响。他思想开放、观念现代、笔墨求新、风格独树，带有海派书画家鲜明的精神风采和创作理念。其擅长国画及油画，国画创作借用西洋画的章法构图及体块造型，笔墨生动浑朴，线条酣畅洗练，色彩典雅明快，气韵丰逸郁勃。尤其以画马名世，笔触简约精妙，造型准确灵动，形神兼备而气势豪放。其油画亦笔致凝重、色彩瑰丽、形态传神，具有内在的气度与激情。出版有《徐悲鸿油画》《徐悲鸿彩墨画》等多种画集。

林风眠（1900—1991），字凤鸣，后改风眠，出生于广东梅州市梅江区白宫镇阁公岭村的贫农之家，父兼做石匠。自幼喜爱绘画，中学时代，其习作常受老师的称赞，后考入上海美术学校。1919 年 7 月作为第六批留法勤工俭学的学生，前往法国留学。就读于法国第戎国立高等艺术学院及巴黎国立高等美术学院，在巴黎各大博物馆研习，勤奋刻苦，成绩优秀。1925 年参加巴黎国际装饰艺术展览会。是年冬回国，出任国立北平艺术专科学校校长兼教授，锐意革新艺术教育，请木匠出身的画家齐白石登上讲台，聘请法国教授克罗多讲授西画。1928 年受蔡元培之邀赴杭州主持筹办国立艺术学院（后来的中国美术学院）并任院长，组织策划成立了"艺术运动社"，创办了相关的杂志《亚波罗》和《雅典娜》。抗日战争期间，执教于重庆国立艺术学校。抗日战争胜利后，在杭州西湖国立艺术学院任教。林风眠一生执着艺术事业，倡导新艺术运动，勇于追求创新，融汇中西而贡献卓越。他对中国传统艺术如隋唐山水、敦煌石窟壁画、战国漆器，乃至民间木版年画、皮影等研究深入，同时对西方的印象主义、野兽派、立体主义等借鉴取法。他的作品意象朦胧，意境深邃，意蕴丰约。注重诗意性与语境性，神韵性与抽象性，变形性与装饰性的统一，色彩丰富浓烈中显示出变幻莫测，其风格的独创是无人能复制的。1949 年后，任上海美协副主席、上海市政协委员。1977 年定居香港。先后在法国、巴黎、日本、中国台北举办个人画展。有《中国绘画新论》《林风眠画集》等著作。

张大千（1899—1983），原名正权、权，后改名为爰，季爰，号大千。祖籍广东番禺（今广州），生于四川内江一个书香门第。他4岁时就跟哥哥读古文，9岁时随母从姐学习绘画、书法，天资聪颖、奇才早熟。12岁时所画山水、人物、花鸟、书法已为人称道，被誉为神童。1917年他随二哥张善孖赴日本学染织。1919年，张大千完成了学业，乘船来到上海，因情觞而在松江的禅定寺出家，赐名"大千"，百天后还俗。师从曾熙、李瑞清，精心钻研石涛山水，心摹手追，朝夕用功，深感石涛笔墨富于变化，线条高古朴茂，意境深邃隽永，出神入化，得陶天机，张大千以传石涛画风著名，有"石涛再世"之称。而他对八大之法亦深入堂奥，其墨荷、花鸟等亦传八大神韵。亦工于篆刻，高古豪健，意趣郁勃。其书法亦运笔奇拗硬涩，劲秀古媚。1924年在上海宁波同乡会举办首次个人画展，工笔写意、各臻妙境，全部作品售完，好评如潮，从此进入海派主流画家群。1931年随唐宋元明中国画展代表团赴日。抗战时归蜀，后不畏艰难，长途跋涉到敦煌临摹壁画和雕塑三年，在创作方法及色彩处理上颇有得益。1950年由港赴印，在新德里举办画展。1955年定居巴西圣保罗八德园。1968年迁居美国加州十七里湾，开创出了融汇古今、法取东西的泼彩大写意，标志着他的创作在十七里湾进入了鼎盛期。1978年，80高龄的张大千告别十七里湾的"环荜盦"，定居于祖国宝岛台湾的"摩耶精舍"。

潘天寿（1897—1971），原名天授，字大颐，后更名天寿，号寿者，别署阿寿、颐者、雷婆头峰寿者。浙江宁海人。自幼喜好书画，1910年14岁时进宁海县城国民小学，在城里买到了《芥子园画谱》，自此开始以谱为师，勤奋临习。1915年19岁时考入杭州浙江省立第一师范学校，校长是著名的教育家、亦是书画篆刻家的经亨颐，教师中有大名鼎鼎的书画家、教育家李叔同，从而奠定了他的从艺走向。1923 年，他到上海民国女子学校教美术。第二年应上海美术专科学校校长刘海粟之邀到该校任教，参与创办了全国第一个中国画系，并编写了《中国绘画史》。至此，他以艺校教授的身份参与了创作、教学及研究，成为海派书画家群体中的代表性人物。系吴昌硕的入室弟子，深得缶老赏识。吴曾说："阿寿学我最像，跳开去又离开我最远，大器也。"1928 年又出任刚创立的国立西湖艺术院中国画系主任、教授。潘天寿的绘画以花鸟、山水为主，偶作人物画，亦擅长指墨画。初学徐渭、石涛、八大及吴昌硕，形成了雄健强悍的笔墨，简洁奇崛的构图，追求一种宏逸阔大、隽丽深邃的意境，章法则纵横恣肆、侧险取势，设色亦浑朴典雅、明丽畅达。其书法运笔奇拗硬涩而昂藏郁勃，结构则意气密丽而疏密自如。亦能篆刻，有秦汉遗绪。著有《中国书法史》《听天阁画谈随笔》等。出版画集多种。

丰子恺（1898—1975），浙江省嘉兴市桐乡市石门镇人。原名丰润，又名仁、仍，字子觊，后改为子恺。1914 年，16 岁的丰子恺从浙江崇德来到西子湖畔，入浙江省立第一师范就读，从李叔同学绘画和音乐。1919 年毕业后即投身于当时如火如荼的新文化运动，组织发起了"中华美育会"，创办了《美育》杂志。1921年东渡日本游学考察，学习绘画、音乐与外语。有一次偶然在东京的一个旧书摊上邂逅了日本著名漫画家竹久梦二的画集，从中得到了艺术启发。1922 年从日本回国后，应夏丏尊之邀在浙江上虞白马湖畔的春晖中学教绘画与音乐，正式开始在居所"小杨柳屋"创作漫画。1924 年 7 月，丰子恺发表了漫画《人散后，一钩新月天如水》，以"说不出的美感""诗意的仙境""新鲜的趣味"，引起了热烈的社会反响。从 1925 年 5 月开始,《文学周报》刊登了丰子恺的画作,1926 年开明书店出版了《子恺漫画》。由此,标志着丰子恺成为中国漫画出版第一人。而 1929 年出版的《护生画集》,则奠定了丰子恺作为中国漫画之父的地位。1931 年,他的第一本散文集《缘缘堂随笔》由开明书店出版。七七事变后,率全家逃难。1937 年编成《漫画日本侵华史》出版。1939 年任浙江大学讲师、副教授。1942 年任重庆国立艺专教授兼教务主任。1946 年返上海,出版画册《子恺漫画选》等。

钱瘦铁(1897—1967),名厓,字瘦铁,别号数青峰馆主,天池龙泓斋斋主,江苏无锡人。曾是刻碑店学徒,与金石家郑大鹤(文焯)相识,成为入室弟子。后通过其师与吴昌硕、俞语霜相熟,亦师法吴、俞之艺,于书画金石用功精勤,颇有悟性。十九岁后,钱瘦铁从姑苏来到了上海,以其卓尔不群的金石书画逐鹿于名家云集的海派艺苑,积极参加海上题襟馆金石书画会活动及中国画会的创办,并出任上海美专年轻的教授。其金石弥盛的书画风格为日本大画家桥本关雪所推崇,1923 年赴日本举办个人书画展后声誉鹊起,颇得日本艺界赏识。抗战烽火燃起之时,投身于抗日谍报组织,成为不屈的反法西斯战士,因秘密帮助在日郭沫若归国而被捕入狱。后成为职业书画家,其山水画初学黄山画派,后宗法石涛,笔底功力深厚,喜用干笔,苍劲醇古中见雄健朴拙,可见书法线条之功。花卉师法沈周、徐渭,笔墨遒劲端润而畅达爽捷,用色典雅古逸而对比强烈,其枝干花朵常用篆法草法笔致写之,颇有书卷气及金石韵。书法工于四体,尤以篆隶见长。篆刻深得老缶气度风骨,后又上窥秦汉及明清流派,用刀浑朴苍逸,章法疏密奇崛,有高古雄健之气和强悍英迈之态,有"江南三铁"之时誉(吴昌硕称"苦铁",王大炘称"冰铁")。其在绘画、书法、篆刻上展示了"海派书画"的综合优势。出版有《瘦铁印存》二卷。

江寒汀（1903—1963），名上渔，号荻舫，以字形，江苏常熟人。年轻时从同里陶松溪学习花鸟画，生性勤奋，朝夕临习，画艺渐进。曾以优异的成绩考入常熟开智高等学校，20世纪20年代任教于上海美术专科学校，后开始职业书画家生涯。他的绘画内师传统，外效造化，上溯宋元诸家，下至明清的陈白阳、徐渭、恽南田、金冬心、八大山人、新罗山人，对双钩填彩、没骨写生，均所擅长。尤对前期海派画家任伯年、虚谷极有研究，时常临习、潜心揣摩，在画坛上有"江虚谷"的美誉。20世纪三四十年代，上海花鸟画界称江唐云、江寒汀、张大壮、陆抑非为"四大名旦"和"江南花鸟画四才子"。他同时亦十分注重写实，为了画好各种禽鸟，家中饲鸟从未间断，反复观摩，观其态，听其鸣，妙在传神。有时还将鸟笼置于画桌而观其千姿百态，因而笔下之鸟形神皆备，气息灵动。平生曾画百鸟百花长卷及册页传世，成为风格鲜明的海派花鸟画大家。出版有《江寒汀百鸟图》《当代名画家江寒汀》等。

来楚生（1904—1975），原名稷勋，以字行，一字凫，号负翁、楚凫，别署非叶、木人。晚年更号初升，室号有后悲庵、安处楼等。浙江萧山（今属杭州）人。出生于艺术之家，幼时在父亲指导下学书习画刻印，颇为聪慧。在杭州宗文中学读书时，得到老师樊熙系统的指导，对笔墨颇有感悟，遂下了从艺之心。后来到艺事昌盛的上海，入上海美术专科学校，颇得执教的潘天寿赏识，时常共同探讨画学艺理，情在师友之间，潘天寿那种变汇通融、新意自创的精神对他产生了积极的影响。曾以书法篆刻与唐云之画在杭州合作办展，获书画界好评，成为西泠印社早期社员。在名家荟萃的海派书画家中，他以画、书、印"三绝"驰誉海内外，可谓是濯古来新，自辟蹊径的集大成者。他的花鸟画师从徐渭、朱耷、李复堂、赵之谦、吴昌硕等，敢用浓墨重彩，造型简略，浑厚古拙。其书法则追踪秦汉魏晋，遍窥唐宋明清，具有宏观上的研习和微观上的深入。正是这种广采博纳，使他的书法古朴浑穆、婉约奇丽，个人风格十分鲜明。特别是他的隶书、篆书、行草，笔墨劲秀古逸而遒婉有法，气势昂藏郁拔而洒脱畅朗。其篆刻远取古玺、融冶秦汉、旁参让之、传承昌硕，形意交融而刀笔相畅，特别是章法极有空间构造意识，疏密呼应而奇拗跌宕，别开生面。凭借在书画上的造诣，来楚生的肖形印亦形神佳妙，独步当代印林。出版有《来楚生画集》《来楚生书法集》《来楚生印集》等。

朱屺瞻（1892—1996），乳名增均，号起哉、二瞻老民，斋名为梅花草堂、癖斯居。出生于景色秀美的鱼米之乡江苏太仓，祖父是位艺术爱好者，收藏了不少名家书画，使他自小就受到了良好的艺术熏陶，在私塾老师的指导下学画梅兰竹菊。二十岁后他考进了上海图画美术学校，专攻油画。后又东渡日本，在友人汪亚尘、陈抱一的介绍下，进了川端美校，师从于当时著名的美术大师藤岛武二先生。留学生涯虽然短暂，但极大地开拓了他的审美视野。归国后，他便开始研习"印象派"大师塞尚及"野兽派"大师马蒂斯的作品，在构图用色上色彩绚烂而对比强烈，具有强悍的视觉效果和生动的造型形态，意在探索油画民族化的表现途径。当时上海有个"天马会"，每年举行一次联展，他就以自己这些富有创新精神的油画参展，并与刘海粟、徐悲鸿、王济远等探讨切磋。齐白石还将他引为"平生第五知己"，为其刻印六十多方。朱屺瞻山水师承石涛、八大的奇妙意境，花卉取法于青藤、苦铁的笔情墨趣，并参以自己笔力苍逸、气势雄浑、意境郁勃的艺术个性。他热爱自然，屐痕遍布名山大川，师法自然而又超越自然，贵在似与不似的再创造。特别是其在桑榆之期，更是毅然进行了"暮年变法"的壮举，古今交汇而融贯中西。出版有《朱屺瞻画集》《癖斯居画谭》等。

陆俨少（1909—1993），又名砥、字宛若，上海嘉定人。自幼喜好书画。后入无锡美术专科学校，师从王同愈学习诗文、书法，后又从冯超然学画，工于人物花卉，尤擅长山水，风格独具。他铭记冯师教诲："名利不可重，学画要有殉道精神。"1935 年南京举办第二届全国美展，他特地赶到南京，潜心观摩，把精品佳作的用笔、构图、立意默记于胸。对范宽、董源、李唐及黄公望、赵孟頫等山水之作，用功精勤，心摹手追。抗战胜利后一方面由于经济拮据，另一方面为了观察长江水流波涛，不顾个人安危从蜀中乘木筏漂流东归，从此引发了他的创新意识，深谙山水之势形。其山水画构图严谨，笔墨奇逸，意境古朴。特别是千山万壑、云海流岚、烟波江流、红树古木等别有意趣，始终充满了变化，充分体现了中国山水画虚实相生、出神入化的特点，不仅有造型感，亦有语境性，展示了他自己精湛的技法与独特的风格。其"留白"与"墨块"就是经典之法。他亦工于书法，得力于杨凝式、苏轼、米芾和《龙门二十品》，线条丰逸华润，气韵古雅高迈，顿挫凝重浑厚，带有高古的篆隶之笔意，有朴逸雍容、苍润超迈之趣。陆俨少在诗文上颇有造诣，平生倡导："四分读书，三分写字，三分作画。"出版有《山水画刍议》《陆俨少自叙》《陆俨少画集》等。

谢稚柳（1910—1997），原名稚，字稚柳，后以字行，晚号秋暮翁，斋名鱼饮溪堂，江苏常州人。书香世家出生，著名的书画家、鉴定家、学者。国画初攻花鸟，后涉山水、人物。早年师从江南学者钱名山，中年倾心陈老莲，后直溯宋元，取法高古，画风典雅。山水从北宋王诜后入巨然堂奥，晚年水墨华滋朗润，雄迈朴茂，色彩酣畅绚丽，富美雍容。书法功力精深，以行草名世。取二王笔法而参颠张（旭）狂（怀）素神韵，最终以张旭书风参以己意而潇洒俊逸、气势酣畅，自成风格。谢先生在书画鉴定上亦功力独到，造诣深厚，别具慧眼，世有"北张（葱玉）南谢（稚柳）"之说。他与张大千亦是人生知己、笔墨兄弟，曾结伴赴甘肃敦煌莫高窟考察研究，相互切磋画艺、交流石窟艺术研究心得，张大千曾题谢稚柳画《槲树啼猿》云："别来岁岁滋烟尘，画里啼猿怨未甲。天下英雄君与操，三分割据又何人。"著有《敦煌艺术叙录》《敦煌石室记》《鉴馀杂稿》《鱼饮诗稿》及《谢稚柳画集》《谢稚柳、陈佩秋画集》等。曾任全国书画鉴定组组长。谢稚柳是一代学者型的书画大家，学养深厚、见识独到、境界高迈。

唐云（1910—1993），浙江杭州人，别号大石，大石翁，画室名大石斋、山雷轩。系著名花鸟画家，亦擅山水，取法于朱耷、金农、华新罗、吴昌硕等大家，气息古雅，清丽隽秀，融南派之飘逸与北派之酣畅为一体。他六岁入塾读书，课本是《千家诗》。从父亲的艺友到母亲的诗教，使他对诗画产生了一种特殊的情感。十三岁时，唐云考进了一所教会中学——惠文中学。礼拜、英语、数学让唐云感到头痛，但学校里有一位擅长音乐、精于诗词、工于绘画的老师查猛济，唐云的画艺诗才得到了查老师的关注，并对唐云进行了诗、乐、画的系统辅导。唐云十九岁时，在王潜楼的介绍下，应聘成为杭州冯氏女中的美术教师，并开始和杭州的书画名家丁辅之、潘天寿、姜丹书、来楚生交往，并成了西泠印社中人。20世纪30年代来上海从艺，在上海美术专科学校、上海新华艺术专科学校任教，系海上花鸟四大名旦之首（唐云、江寒汀、陆仰非、张大壮）。其书法用笔奇峭秀丽，别具一格，取法于宋徽宗的瘦金体而自出新意，线条坚挺瘦劲，郁勃稚拙，神采焕发。唐云亦是书画鉴赏、收藏大家，特别是紫砂壶的收藏冠绝当代，其八把曼生壶系经典中的经典，故其画斋亦以"八壶精舍"名之。新中国成立后，又成为新海派花鸟画之领军，格高韵清。出版有《唐云画集》等。

程十发（1921—2007），名潼，籍贯上海金山枫泾，出生于上海松江。斋号有步鲸楼、不教一日闲过斋、三釜书屋、修竹远山楼等，出身于行医之家。自幼受父亲影响，喜好书画。1934年14岁时，就读于松江天主教会主办的光启中学。1938年，18岁的他考入上海美术专科学校，在国画系就读，老师李仲乾为其取字"十发"。1941年从上海美专毕业，1942年在上海大新公司举办了个人画展。1949年后，进入华东人民美术出版社，任美术创作员，主要创作连环画及书本插图。1956年参加筹备上海中国画院并聘为画师。注重深入生活，赴云南边疆采风，在人物、花鸟上变法创新，风格独特。新时期后，出任上海中国画院院长，拨乱反正，组织艺事创作。程十发在人物画上所取得的突破及所展示的成就，是代表了一个流派的创作成果及一个时代的艺术高度。他创作的人物画具有浓郁的生活气息和鲜明的人文氛围，展现了创作取向上的大格局和艺术形态上的大手笔，从而凝聚着时代的精神取向及审美追求，被誉为"程家样"。晚年将自己珍藏的古代书画捐给上海中国画院及家乡松江。出版有《程十发画选》、《程十发近作选》、《程十发作品展》（日本版）等，曾在中国香港、澳门及日本、美国等举办画展。

需要特别指出的是：第三代海派书画家均有着良好而完善的

智能结构和独特而优越的成才条件，可以讲这是一个教授级的艺术群体，不少人有着留学海外的人生经历，学贯中西而教书育人。同时，他们亦组建了带有西方沙龙性质的现代画会，如1919年由刘海粟、汪亚尘组成的天马会；1923年由陈秋草、方雪鸪组成的白鹅画会；1929年由贺天健、张善孖组成的蜜蜂画社；由王一亭、张大千、钱瘦铁组成的中国画会等，体现了第三代海派书画家在新的历史条件下更为开放、更为现代、更为全面的发展势态。

"风格即是人。"就以第三代海派书画家来讲，他们几乎每一个人都树起了风格的旗帜，如吴湖帆的精致华美、冯超然的精湛醇雅、黄宾虹的朴茂高古、贺天健的浑穆淳厚、潘天寿的峻峭奇崛、刘海粟的雄浑豪放、徐悲鸿的严谨郁勃、张大千的雅致古秀、钱瘦铁的遒劲苍健、来楚生的格古韵清、谢稚柳的儒雅醇朴、唐云的爽朗潇洒、程十发的华滋绚丽等，都是一种真正意义上的群体风格打造和海派艺术创造。与第一、第二代"海派书画"相比，他们都更注重师承传统而又自出机杼，都更讲究笔墨表现精致而富有时代气息，都更推崇意境内蕴丰富而凸显人文风骨，这也就是第三代"海派书画"整体的风格谱系、创作走向及审美诉求，彰显了"海派书画"的包容并蓄，笔展多姿、艺兼众美。从而相当有说服力地佐证了"海派书画"的地域特征，既有吴越文化崇尚精缜的艺脉史绪，又有海派文化追求卓越的时代精神。

七、海派书画对海派文化的整体影响

以吴昌硕为领袖的海派书画家群体的形成与流派的崛起，标志着海派书画鼎盛期的到来，特别是海派书画所产生的社会影响、经济效益、文化地位及市场格局，使上海已形成了艺术高原，构成了全国性的从艺大码头，即拥有了社会学意义上的都市文化时空优势，都市经济实力支撑优势，都市文化集聚中心优势，都市市民受众意识优势等，从而吸引了各地各界各类的艺人云集上海，少长咸集、群贤毕至、大家荟萃，逐鹿海上。可以这样说，海派书画是整个海派艺术兴起的源头。

历史的抉择、城市的发展、艺术的走向、时代的机遇，呈现了一种系列式效应和爆发性势态，正是在海派书画崛起的引领下，海派京剧、海派文学、海派电影、海派话剧、海派音乐、海派西画乃至海派收藏等纷纷崛起，在各个领域涌现了一大批名家精英，形成了一个星汉灿烂、各领风骚的大师群体。真正构建了海派的大文化艺术圈，有力地促进了海派文化艺术的大提升、大发展、大繁荣。

第四章 海派京剧与近代上海城市文化娱乐空间的建构及其影响

　　近代上海，随着市民阶层的兴起、消费空间的重构与休闲观念的流行，各种来自不同时空的文化样式如西方现代商业文化、中国传统士大夫文化、市民娱乐文化等等，皆在城市娱乐空间这一特定时空建构及大众文化景观中得以融汇与共生，其间显然孕育着"海派文化"的都市性能和新变基因。① 而在近代上海全力打造的城市文化娱乐共同体中，海派京剧应运而生且应时而盛，弥漫于城市娱乐空间，渗透进市民日常生活，同时也在海派文化的建构过程中发挥着内在形塑和持续推动的作用。

　　作为"海派文化"的主要起源和表征，"海派京剧"崛起于20世纪初叶，无论当时与后世贬之褒之，想必都难掩其最大特点，那就是别出心裁、勇于创新，而这也正是海派文化最具魅力的精神内核之一。倘论海派京剧的文化特质，无外乎开放性、时代性、商业性、通俗性、娱乐性和西方现代戏剧艺术意义上的艺术完整性。此间错综融汇了近代上海这座城市在政治、经济、文化、生活习俗、民众心理及社会舆论等方面的诸多因素。而海派京剧所集中体现的"海派文化"的冲击力，无论从城市文化建构

---

　　① 2020年12月25日，陈伯海先生在访谈中强调"海派文化"的都市性能和新变基因，进而指出"海派文化"是个现代概念，并非贯通古今，当然也和地域有关。

的何种向度来看（如市民文化、通俗文化、娱乐文化、流行文化、商业文化等），都对长期居于正统地位的文化向度如传统文化、精英文化、雅文化等等构成挑战，其间不乏中西古今交汇而来的都市特质所促成的雅俗对流与合流。而世界局势的瞬息变幻，租界统制的错综复杂，文化市场竞争的紧张激烈，市民观众趣味的求新求异，戏曲艺术主体的内在制约等等，都从各自不同的方向对海派京剧的生存发展构成了极大的驱动力和制约力。

　　因缘际会中，海派京剧的崛起与风靡，衰落与沉寂，新变与担当，也使"海派"成为表征近代上海城市文化的一个影响深远的符号。① 回眸其间，波澜壮阔也好，潜流暗转也罢，都像是复演于上海历史大舞台的一出又一出肉头戏，耐看，耐听，尤耐回味。

一、"文化娱乐共同体"：大众传媒、消费空间与休闲观念

　　对近代上海而言，工业化、城市化、世俗化、民主化等进程，和上海由租界带来的特殊"殖民化"几乎处于同一个近代化的历史进程，可谓理一相殊，而又殊途同归。租界存在之于上海的特殊性，看似来自外在的资本主义和殖民主义的强力作用，实已内化为这座城市特有的都市现代性及其新变基因，由此成就了近代上海城市发展的巨大可塑性和不确定性。而在海派文化的发展过程中，租界的作用显然也非常大。租界从原先的仅供外国人居住，到后来华洋杂居，短时间内就从几百人扩展到几十万人，那么这

――――――――――

　　① 　关于"海派"，可参阅上海历史学者李天纲的相关论述，如《上海文化通史》第七章《"海派"——近代市民文化之滥觞》，第 1130—1159 页。

里所谓的西方影响之深广，就不仅仅限于观念层面，而是已经落实到生活方式和行为准则。因此有前辈学者在学术研讨中慎重指出，租界是"上海的耻辱"，也是"文明的重要发源地"。①

上海的近代文化，便在此富于殖民色彩的城市化背景中逐步形成并日趋成熟，进而以各种新型传播手段辐射全国。这种影响本身又是相当丰富而复杂的。简言之，上海的地理位置、历史文化、西方文明、资本主义市场经济机制、新型的市民意识等等，错综交织在一起，使之在文化的走向上突显出这样几股推动力：从历史的纵向看，是近代社会取代传统社会，是城市、工业文化取代乡村、农业文化；从世界的横向看，是中西方不同文化、文明的冲突和交融；从中国社会的内部结构来看，则是传统士大夫文化与市民文化的冲突和交融，是精英文化与大众文化之间的双向对流。② 种种力量的交汇使上海成为"化外之地"，而又五方杂处，充满异域感和杂糅性，这不免赋予城市文化无拘无限的想象力和层出不穷的可能性。在这个意义上，凭借着近代上海的工业、商业和金融优势，以报刊、书籍、广播、唱片为标志的新型传媒手段的迅速发展和普及，正是以其特有的巨大辐射力，促成并推进了城市娱乐空间的建构，并由此而使人们对时空的感知发生了微妙的变化。它们提供了一个穿越时间的稳定而坚实的"同时性"，从而使得那种漂浮在同质而空洞的时间之中的"想象的共同体"成为可能。③

随着新闻和出版业的发展，一般在报馆、书局任职的士大夫，已经很难秉持雅文化传统。因为报馆、书局早被纳入商业经济的轨道，只有在读者都是士大夫的前提下才能保持雅文化传统，而

---

① 引自陈伯海先生访谈内容，2020年12月25日。
② 参见陈伯海、袁进主编：《上海近代文学史》，引言和第一编，上海人民出版社，1993年。
③ 参见本尼迪克特·安德森：《想象的共同体》，上海人民出版社，2003年。

报馆、书局为了追求销量，转而更加照顾并倾向于广大市民的趣味，力求雅俗共赏。"近代第一大报"《申报》于 1872 年 4 月 30 日创刊时，也将"雅俗共赏"作为办报方针，认为古代记事志怪之文"维其事或荒诞无稽，其文皆典赡有则，是仅能助儒者之清谈，未必为雅俗所共赏。求其纪述当今时事，文则质而不俚，事则简而能详，上而学士大夫，下及农工商贾，皆能通晓者，则莫如新闻纸之善矣"（《本馆告白》）。19 世纪 90 年代，上海报业竞争激烈，古雅的文体既不利于传播新思想，也不利于增加销量，可谓义利两伤，于是介于雅俗之间的"报章体"蔚为一时之风气。由此也可见士大夫文化、商业文化与市民文化的彼此侵染与交汇。而且，不仅文体形式更趋活泼而通俗，其内容也空前丰富而实用。比如《新闻报》，这是当年上海销路最大的一份报纸，在市民中的影响甚至超过老《申报》，且因其注重经济新闻和市场行情，为上海工商界所必订。沪上各娱乐场所如游艺场、剧场、影院等每天上演的戏目广告，该报内容最齐全，而且每天照报不误，成为一大特色。戏目广告和观感评论产生的社会影响力，既增加了各处的营业收入，也扩大了报纸的发行量和读者群。正是两下里达成的这份默契和双赢局面，持续推动着近代城市娱乐文化样式趋时趋新的发展。

为吸引市民读者，报纸还纷纷开辟副刊，特重娱乐性和趣味性，这恐怕也是近代上海首开风气。而近代上海的通俗文学报刊，大多就脱胎于日报副刊。凭借报章的兴办与副刊的定位，并依托江浙两地深厚的文化底蕴吸纳大量文士名流，上海遂成为近代通俗文化热的重要发祥地，也是民国盛极一时的通俗文学流派"鸳鸯蝴蝶-礼拜六派"的大本营。① 作为公认的"鸳鸯蝴蝶-礼拜六

---

① "鸳鸯蝴蝶-礼拜六派"，参见范伯群主编《中国近现代通俗文学史》绪论，江苏教育出版社，2010 年。

派"的代表性刊物之一,小说周刊《礼拜六》深受市民欢迎。"每逢星期六清早,发行《礼拜六》的中华图书馆门前,就有许多读者在等候;门一开,就争先恐后地涌进去购买。这情况倒象清早争买大饼油条一样。"① 看似信笔拈来的这个比喻,恰恰描摹出通俗文士及其创作在当时的人缘之好,人气之旺,也可见近代上海的通俗文化与市民生活之间是何等的水乳交融,声息相通。尤其《礼拜六》同仁陈蝶仙、周瘦鹃等苏浙文士更具沿海的开放性,"他们也坚持传统,却能放下身段,视通俗出版为衣食之具。正如《礼拜六》所意涵的,为城市上班族作文化后勤,娱乐中不无道德的考虑,打造时尚之际竭力内化外来价值,试图调适和缓冲传统与都市现代性之间的紧张。为便于大众启蒙,他们兼用文言、白话,即使文言也不落骈文风格"。② 上海作为都市不同于乡村,文人士绅也属于市民,则其雅俗文化同属于市民文化,雅俗对流自然就相当频繁,俗的很容易提升为雅,雅的也很容易传播为俗,这是很重要的一个现象和规律。③

较之书报繁荣更令人惊喜的,则是广播电台的兴起,世界先进的无线电通信技术赐予上海的福音。1922年底,美商中国无线电公司经理将一套无线广播电台发射机设备悄悄运抵上海,租用外滩广东路大来洋行的顶楼办公室秘密筹备,并与美国人在上海创办的英文日报《大陆报》合作,于翌年初开办了中国境内第一座广播电台,正式开播"新闻简报、音乐、演说和其他特别娱乐节目"。《大陆报》在预告广播节目的同时,对此奇迹跟踪报道,

---

① 周瘦鹃:《闲话〈礼拜六〉》,载魏绍昌编《鸳鸯蝴蝶派研究资料》上卷,上海文艺出版社,1984年,第182页。

② 陈建华:《紫罗兰的魅影:周瘦鹃与上海文学文化,1911—1949》,上海文艺出版社,2019年,第335页。

③ 引自陈伯海先生访谈内容,2020年12月25日。

宣称此举的宗旨是"将上海带入世界先进城市的行列"。消息一经报道便引起轰动，"商人们一致认为，这一发明无论是从教育观点来说还是从娱乐观点来说都证明会带来不寻常的好处"。此后直至三四十年代，上海私营电台发展迅猛，最多时竟达百余家。由于电台拥挤，"电浪弄得干扰不堪，且有许多电台所播的节目完全仰合低级的趣味"，1933年初交通部"决意实施整顿"。[①] 与此同时，政府部门也时常借助电台向社会施加影响，进行组织、动员，开展宣传教化工作。然而电台的所谓教育功能其实极为有限，除交通部（1935年3月）及市政府（1935年9月）所办电台之外，上海几乎所有的电台都是私有的，主要用于广告、娱乐以营利。[②] 据1934年2月"上海各广播电台播音节目时间表"来看内容涉猎极广，如时事新闻、股市行情、商品介绍、中西音乐、话剧、戏曲、电影介绍、国语或英语教授、儿童故事、法律、医学卫生等生活常识、学术、福音，以及有关妇女、家庭、道德等社会问题的各类演讲等等。其中大多为节目包罗万象的综合性电台，也有较为专门的，例如专播西乐的"华美西人广播电台"，专为传教的"福音广播电台"，专放戏曲唱片的"华泰广播电台""新新公司广播电台"等。[③] 与此相关的，便是汇集于上海而又辐射到全国的中外唱片公司，如百代（Pathe）、胜利（Victor）、歌林（Columbia）、高亭（Odeon）、孔雀（Peacock）、蓓开（Beka）、开

---

① 上海通社编：《上海研究资料续集》，上海书店1984年影印本，第717页。

② 据1933年的统计，在全国89座无线电台中上海拥有41座（1931至1932年间猛增30多座），近乎居其半数，1934年底又增至54座。与此同时，收音设备亦同步增长，仅在上海国际电讯局注册登记的收音机便达6.3万台，而全市居民拥有收音机的总数已超出20万台，多为外国制造。《上海研究资料续集》，上海书店1984年影印本，第564—565页。

③ 《中国无线电》杂志1934年2月5日第2卷第3期。转引自上海市档案馆等编《旧中国的上海广播事业》，档案出版社、中国广播电视出版社，1985年，第114—133页。

明（Brown Swicck）、得胜、大中华、长城等，它们都发行过大量的戏曲和音乐唱片，遂使上海成为中国第一唱片产地。事实表明，以广播电台为代表的现代新兴传媒在社会中所发挥的影响远不止技术进步、经济发展这一端，对中国、特别是对上海这座城市和置身其间的市民来说，书刊广播等大众传媒的意义更显得非同寻常：这将使人们跨出原本狭小单调的、自在自为的、本土性的日常生活空间，进而能从精神视野和感知体验上，径直迈向那个超越有限时空的所谓世界及其"想象的共同体"。

随着近代上海社会经济的发展，城市化进程的加快，特别是伴着西方资本主义经济机制和殖民主义扩张而来的西方政治、文化及文明观念的传播，上海的社会开放和民主化程度也逐渐提高，从而促进了市民阶层的职业条件和福利待遇的改善，如提高工资收入、减少工作时间等等，这些改善措施让普通市民拥有了更多的收入和业余时间，也有更多的可能来丰富日常生活。正如阿兰·斯威伍德（Alan Swingewood）在论及大众文化时所言，西方资本主义在建立诸如大众媒体、新闻事业与出版事业等通俗文化的文物机构与制度之时，同样也铺陈了雄厚的物质与科技基础，使得具有民主文化潜能的社会公共事业如图书馆与各种层级的教育设施和器物等等也获得了发展的机会。这就是资本主义生产模式所具有的"革命性"力量之所在。① 随着电影院、咖啡馆、舞厅、百货公司等西化（现代）娱乐消费场所在租界的普遍流行，上海的城市娱乐消费空间也得以重构。公共租界的南京路、法租界的霞飞路、虹口的北四川路等等，在上海原有的以城隍庙、四马路为代表的本土传统娱乐之外另辟蹊径，别开生面，共同组成

---

① 阿兰·斯威伍德：《大众文化的神话》，冯健三译，三联书店，2003年，第7页。

了大上海城市商业娱乐文化的宏肆图景，由此所生发的影响，特别是对新的生活方式和日常伦理的催化，使上海这座城市在整体发展明显滞后的"老大中国"成为一个惊人的异数。而百货公司、舞厅、电影院、咖啡馆……这些看似彼此独立而又截然不同的空间，却始终保持着内在的紧密联系，这就为组织娱乐消费活动及市民的日常生活提供了强大的动力和能量。这是与过去完全不同的新的城市、消费、娱乐观念，既具备实实在在的日常生活，又因拥有这些公共空间及其所提供的抽象观念而能重构城市消费生活和娱乐空间，由此塑造新的市民形象及其生活景观。与此相关，"休闲"观念也随之流行，这无疑加强了娱乐的合理性与必要性，并渐渐植入上海市民的日常生活，悄悄改变着人们的心理习惯和生活伦理。

结合商业消费与休闲活动，城市娱乐更集中地体现为身体欲望的对象化、景观化和感官化。以 19 世纪西方兴起的大众文化批评的理解，娱乐在本质上就是感官体验的一种愉悦形式。这种愉悦感官的成分在娱乐活动运作中具有如此核心的地位，以至于城市中的人的身体与感官更成为欲望的容器，成为精神化的肉体存在，而同时也是顽强生命力的源泉。换言之，通过在相对封闭空间中安全而恣肆的享乐，不断刺激并满足个体欲望的想象性释放，从而获得新的紧张与平衡，以此来应对或维持繁复而乏味的日常生活。作为欲望的对象化和景观化所构成的城市景观之一，"十里洋场"便是上海城市景观的特有品牌。其间纷繁呈现的纸醉金迷、光怪陆离的视觉事物及事件，共同构成了城市娱乐消费景观的表达要素。而城市娱乐环境中视觉事物和事件的多样性，也决定其娱乐景观具有诸如构成上的复杂性、内涵上的多义性、界域上的连续性、空间上的流动性和时间上的变化性等特点。

　　且以城市娱乐业的典型代表"游乐场"为例。清末，上海报界先驱孙玉声（即"海上漱石生"）游历扶桑归来，有感于东京西京在大厦顶部辟出屋顶花园游艺杂耍之趣，逢人便津津乐道。闻者果然兴起，就在专演京剧的新新舞台之上建造"楼外楼"，率先使用电梯、装设哈哈镜，上演弹词、滑稽、双簧等节目，民初落成，轰动一时。1917年建成的"大世界"更是名不虚传，吃喝玩乐应有尽有，市民只需花二角钱买张门票即可任意游玩、赏戏，一天下来意犹未尽，因而每日人潮如涌。新奇的玩意，低廉的消费，很快使大世界成为沪上最红火的大众娱乐场所。哪怕身处社会最底层的苦力们，一年到头也能掏出几枚铜板去大世界开开眼界，暂时忘却营生之艰难。据称，当时为了能与相去不远的"新世界"游乐场一争高下，大世界聘请孙玉声、姚季瑞、袁寒云、刘山农等社会名流，每人每月一百元车马费，为之设计一切，诸如共和厅、大观楼、小蓬山、小庐山、雀屏、风廊、花畦、四望台、登云亭等名胜。闲闲居士为拟"十景"，更使西洋杰构平添传世风雅：飞阁流丹、层楼远眺、亭台秋爽、广厦延春、风廊消夏、花畦坐月、霜天唳鹤、瀛海探奇、鹤亭听曲、雀屏耀采，并一一摄影，"藉以号召游客"。① 顺便一提，同社会名流甘为商家策划一样，当年那些名重申城的报界先驱兼鸳蝴派文士也屈身俯就，为各大游乐场办报，广告、娱乐、创作一举多得，皆大欢喜。如孙玉声主办《大世界报》，来稿还奉赠大世界月券，既是以文会友而成就不少城市文人，也为商家带来了人气，红火了生意。此外，先施公司有乐园，周瘦鹃为辑乐园报；永安公司有天韵楼，王瀛洲为辑天韵报；新新公司的游乐场报，则由刘恨我主辑。由此也

---

① 钱化佛述、郑逸梅撰：《三十年来之上海》，上海书店1984年影印本，第67页。

可见，各种来自不同时空的文化样式，如西方现代商业文化、中国传统士大夫文化、市民娱乐文化等等，皆在休闲娱乐这一特定时空和城市景观中得以交汇、杂糅与共生。

　　上海作为远东第一大城市，到 20 世纪二三十年代，整体消费水平已可比肩世界各大都会。上海市民阶层的消费力大大提升，从 20 世纪 20 年代末到 1935 年间，上海市社会局曾持续数年对一般工人的生活水平和家计状况作定点跟踪调查，发现一般工人家庭年均生活费支出是 454.38 元（北京同等支出仅为 202.92 元），其中杂费支出 112 元，占总支出的 24.6%，这个比例相对当时的先进国家并不逊色。在杂费支出中，所谓"现代性开支"占较大比例，包括卫生、医药、娱乐、教育、交通、社交等适应现代城市生活与人的发展的费用，共计 33.68 元，占杂费支出的30.10%。尽管不同收入组的文化娱乐层次与方向不尽相同，但即使是年收入最低的工人家庭，也有每年 0.63 元的文化娱乐开支，相当于四口之家每人听一次戏、看一场电影或逛一次大世界。尽管少得可怜，在当时已"远胜于国内的各地的劳工阶级，即较欧美日本诸国，亦不多让"。①

　　一言以蔽之，近代上海既是精英文化、雅文化中心，也是通俗文化、市民文化中心，同时也是新旧文化并存的中心，中西文化交汇的中心，由此呈现出一种多方面、多层次、彼此交错融汇而又能在整体上互动共生的近代城市文化生态系统。正是在上述城市文化生活景观汇聚而成的历史性时空建构中，在近代上海全力打造的城市文化娱乐共同体中，海派京剧应运而生且应时而盛，

---

　　①　忻平：《从上海发现历史：现代化进程中的上海人及其社会生活》，上海人民出版社，1996 年，第 331—338 页。杂费支出是指保证基本生活所需开支以外的消费支出，是衡量生活水平的重要标尺之一。当时，美国为 26.5%，日本为 25.9%，德国为21.6%，英国为 14.9%，详见该书第 334 页。

弥漫于城市娱乐空间，渗透进市民日常生活，同时也在海派文化的建构过程中发挥着内在形塑和持续推动的作用。

二、从茶园到剧场：戏曲观演空间的兴替与突显

明清以降，上海深受经济富庶、人文荟萃的江南文化的滋养，开埠前一直追随着当时的文化中心城市苏州、扬州，并遵循自己的文化轨迹，逐步走向商业化的城市发展道路。开埠之后，特别是租界的设立，尤使上海呈现出五方杂处、万商云集、百货交汇的繁荣景象，城市氛围愈益浮华奢靡。随着市民阶层的兴起、消费空间的重构与休闲观念的流行，各种来自不同时空的文化样式（如西方现代商业文化、中国传统士大夫文化、市民娱乐文化等等），皆在城市休闲娱乐这一特定时空及大众文化景观中得以融汇与杂糅。戏园更是成为豪富巨绅、达官贵人穷奢极欲挥金如土的娱乐天地，所谓"不夜之芳城，销金之巨窟"（黄式权《淞南梦影录》）。而京班南下，地方戏进城，更使上海一举成为近代中国戏曲活动中心，与京城遥相呼应。

清代上海民间的戏曲演出活动，除在筑有戏台的神庙和会馆演出外，一些营业性戏班大都沿袭宋元以来江南一带评话、弹词艺人以茶楼为场地的成规，于茶楼客堂内搁板为台进行表演。咸丰时期，外省地方戏艺人随各地移民大批迁居上海，营业性的演剧活动随之增多，外来的戏班艺人有的租赁市屋，划地为台，有的则随处以竹木芦扉搭建建议戏场或戏棚，开场串戏，聊以谋生。① 上海最早的旧式戏院称"茶园"，营业性茶园的兴盛，是上

---

① 北京市艺术研究所、上海艺术研究所编著：《中国京剧史》（上卷），中国戏剧出版社，1999年，第257页。

海戏曲活动走向商业化的一大标志。开埠之初，上海的戏曲活动仍以昆曲为主，名班荟萃，但尚无专门演戏的公共场所，演出主要还在私家花园中进行，如豫园、西园等。1851 年，上海第一家营业性戏园"三雅园"在县署西首（今南市四牌楼附近）顾姓巨族家中开张。戏台建于大厅中，上午卖花，下午晚上兼作戏园。当时城北租界没有戏园，故有"梨园新演《春灯谜》，城外人向城内跑"之说（胡寿田《海上竹枝词》）。1853 年，小刀会响应太平天国起义占领县城，"三雅园虽邻近县署，并无影响，小刀会并且保护着戏院，照常开锣"（赫马《上海旧话》），但翌年起义军撤退时毁于战火。此后六十多年间，租界逐渐繁荣，为商业利益所驱使，茶园迅速从上海老城内走向租界，由简陋变得齐备，不论在戏园构造、舞台置景、赠物取彩、邀请名角、服务质量、装潢设施等方面都竞争激烈，又在竞争中不断发展。到 1867 年，时载"夷场"（即租界）便有"大小戏园 30 余所"（王懋材《沪游记胜》），到辛亥革命前后全市已发展到 100 多家。[1] 与此同时，在租界内外，由于天灾人祸蜂拥来沪的无业流民及梨园子弟飘零者彼此结合，就地开场串戏，以低廉的代价鬻艺糊口。各种简易戏场、戏摊、戏棚，仅"新北门之吉祥街一带不下数十家"（王韬《淞南梦影录》）。[2] 譬如江淮戏艺人，从初到上海时用筷子击盘作坐唱演出，到做"香火"、唱街头戏，继而发展到简单化妆后"拉围子"（拉布围场）售票开演，然后慢慢组合成班，终于从街头进入茶园。

---

[1] 《中国戏曲志·上海卷》，中国 ISBN 中心，1996 年，第 12 页。姚志龙：《上海茶园的变迁》，《上海文化史志通讯》1994 年总 31 期，转引自《中国剧场史论》（下卷），北京广播学院出版社，2003 年，第 580 页。

[2] 北京市艺术研究所、上海艺术研究所编著：《中国京剧史》（上卷），中国戏剧出版社，1999 年，第 249 页。

"京剧风行，茶园斯盛"（海上漱石生《上海戏园变迁志》）。
茶园的兴盛，娱乐空间的竞相开放，使得戏曲从达官贵人的厅堂
宅园、从乡镇的草堂庙台迅速走向了市民观众，走向了激烈竞争
的城市娱乐消费市场，也促使"京津伶界之杰出者，多乘时南下"
（庄乘黄《上海四十年演剧史》）。① 以 1867 年兴建落成的满庭芳
和丹桂两大戏园的开锣营业为标志，京津南来的皮簧戏班演剧活
动应时而兴，沪人称这种出自帝京的新兴戏曲演出形式为"京班
戏"。丹桂茶园引进京戏盈利颇丰后，沪上茶园剧增。至光绪初
年，京剧已经成为上海最具影响力、观众最多的剧种，沪人多以
看京戏为时尚。看京戏成了上海市民夜上海的内容之一。凡官府
宴客、商人集会乃至妓女出局，都以演唱"京调"为时髦。当时
的京戏茶园多集中于宝善街（广东路）、四马路（福州路）一带。
至 1908 年，上海先后开设的京班戏园不下 50 个。20 世纪二三十
年代，随着京剧演出市场的不断扩大，京剧场子越来越多，大新
舞台、黄金大戏院、齐天舞台、三星舞台（后改更新舞台）等等
相继开张。新兴的游乐场如大世界、花花世界、四大公司的屋顶
花园也都附设了许多京剧演出场子。

戏曲演出商业性的加强，也自然而然提升了观众作为消费主
体的崇高地位。为娱乐业激烈竞争的情势所迫，各大茶园绞尽脑
汁，投其所好，力争做到角色整齐、行头精美、服务周到，全方
位地满足观众的欲望。那时一台戏往往上演五六个小时，通常大
型茶园都在预定席位的桌案上摆有鲜果点心，观众边看戏边品茗
叙谈。丹桂茶园戏至夜半，还常有汤圆、肉面等夜点供应。久乐
园（1871 年开设于英界大马路）夜戏时也特设茶点，还备有女性
的椅垫、搁脚租赁。当时租界规定，晚间演戏不得超过 12 时，12

---

① 陈伯海主编：《上海文化通史》，上海文艺出版社，2002 年，第 1707 页。

时后宵禁。以戏目精彩而颇负盛名的久乐园上演组戏时，戏园附近有巡捕设岗，观众不分早迟退场，巡捕照样放行，据说当时唯有久乐园享此殊荣。宜春茶园（1882年开业）除邀京都山陕名角外，与众不同的是空间更宽敞，装备更精致，楼上包厢还设有炕床，供抽大烟者使用。受外来西方文化和物质文明进程的影响，本地建筑业的发展也为改造茶园和建筑新型戏院提供了有利条件。以近代娱乐建筑中早期出现的大型戏园（如丹桂茶园）为例，结构多为上下两层，楼上一圈作包厢，两旁设板位。楼下正厅池座内设茶桌座位，后边和两旁设排座。池座敞于露天，不蔽风雨。改变旧式茶园结构的首推春桂茶园（1905），华丽高敞，中西结合，一改露天之弊而为封闭式，时称"自馆门至园内落雨不走湿鞋子"。场内安装电气风扇，冬有暖气。左右安置太平门六处，人流畅通，为当时茶园之冠。① 1882年中国最早的电力厂刚在上海正式供电，翌年宝善茶园便"特制电灯满堂，照光明于皓月"。② 新天仙茶园（1910年开业）特邀超等坤角，合演改良"髦儿戏"，欲与天仙决一高低。天仙茶园开演时间长，已不适应需要，时值天热，即停演装修，添置电气风扇，改良座位，装设电话以供订票等等，重新开幕时改名迎贵茶园，特邀文武名角，添置崭新行头，与之竞争。而新天仙终因场子老式、设备陈旧而回天无力，不久即关闭。③

　　所谓优胜劣汰，适者生存，这就是娱乐消费市场的游戏规则。正是由于茶园的经营方式适应了城市的商业环境和消费行情，上

　　① 姚志龙：《上海茶园的变迁》，载《中国剧场史论》（下卷），北京广播学院出版社，2003年，第584、589页。

　　② 沈定户：《清光绪十年到十八年间上海曲坛概况及书场经营方式》，载《中国剧场史论》（下卷），北京广播学院出版社，2003年，第594页。

　　③ 姚志龙：《上海茶园的变迁》，载《中国剧场史论》（下卷），北京广播学院出版社，2003年，第590页。

演的剧目和表演形式迎合并满足了市民的流行观念和审美趣味，同时也为观众提供了新颖而舒适的娱乐享受空间，所以上海京班戏园的兴盛成为京班戏初到上海就深受观众、特别是上层人士欢迎和青睐的重要原因。值得一提的是，早期京班茶园的戏价十分昂贵，超过昆、徽、粤、绍几倍乃至几十倍。据 1872 年慈善机构的统计，上海"戏馆每二人戏资，为每一月五名寡妇养赡之费"。① 可见看京戏原属社会上层得风气之先的时尚性娱乐，京班茶园的座上客多为官绅、买办、新兴资产阶级和旅沪客商，茶园也就成为他们迎来送往的社交活动场所。② 光绪年后，跟风而起的京徽合演及皮簧梆子"两下锅"的中小型茶园日渐增多，戏价亦较低廉，才使京戏慢慢普及于社会中下层。③ 城市娱乐消费市场的这一自上而下的扩展趋势，即利用相对处于低位的广大市民热衷模仿流行文化的高位动向的普遍心理，并通过各种方式降低成本、扩大经营而取得规模效应的路径，在一定意义上可以说是发展和普及城市大众文化的不二法门。

清同光年间，西洋歌舞、马戏、魔术、电影、话剧等等先后输入上海，这对本土传统娱乐业的发展构成了挑战。1874 年，英国侨民率先在上海建造了兰心剧场（即兰佃姆），这是最早出现在中国的有近代化设备和镜框式舞台的剧场，并且直接影响到了后

---

① 《论寡妇宜赡恤勿令定入局勒肯事》，原载同治十一年（1872）6 月初 5 日《申报》。据史料记载，满庭芳楼上楼下统售，每位 1 元；丹桂茶园开张之初，正厅头等席位每位 8 角，后来也涨至 1 元。而当时（同治中叶）上海的大米市价为两元钱一担，大饼和馒头每只仅三四文小钱，普通市民人均生活费每日为十几文小钱。转引自北京市艺术研究所、上海艺术研究所编著：《中国京剧史》（上卷），中国戏剧出版社，1999 年，第 260 页。

② 参见林幸慧：《上海京剧奠基期的市场运作与评赏标准》，《大戏剧论坛》第 1 期，北京广播学院出版社，2003 年。

③ 北京市艺术研究所、上海艺术研究所编著：《中国京剧史》（上卷），中国戏剧出版社，1999 年，第 260 页。

来用于戏曲演出的同类剧场在上海的出现。① 其间，花园中开办的戏园也对旧式茶园形成了冲击。如1889年开幕的杨树浦大花园内的半淞园（曾特聘丹桂茶园客串演出），老闸"徐园"内的青莲居戏园（1890年改名醉仙春茶园），静安寺"申园"内的绮春轩戏园（1891年开业）等等，游园看戏，价格低廉，颇有观众缘。而历时最长、影响深远的，要属西式花园"张园"内的海天胜处戏园（1892年开幕），演出前还有西式茶点供应游客。各种因素的交互作用，使得茶园班底转移，旧式茶园的结构开始变革，新式剧场呼之欲出。

1908年，在商界支持下，上海倡导京剧改良的代表人物夏月珊、夏月润众兄弟与潘月樵，于南市开设了一座机构商办的新式剧场"新舞台"，成为中国首家近代化剧场。在后人眼中，这不单是晚清以降的戏曲改良运动走向高潮的标志，即摆脱了运动伊始以舆论宣传和案头剧为主的局面，而转入有着广泛艺人参加的大规模舞台实践活动，而且也是"海派京剧"崛起与戏曲走向近代化的标志：新舞台废除了旧戏园中的案目制，实行卖票制，因而更能了解广大中下层观众的欣赏口味，赢得选择上演剧目、编演新戏的主动权；革除了泡茶、递毛巾、送点心、要小账、招妓陪客等茶园风习；为提高艺人社会地位，一律用真名而不用艺名，改称"伶人"为"艺员"，取消了应唱堂会等旧习。② 此外，新舞

---

①　徐珂《清稗类钞》："上海有外国戏园，华人亦有往观之者，而西人演戏，与唱歌跳舞甚为注意，且男演男戏，女演女戏。如公共租界圆明园路之兰佃姆，南京路之谋得利是也。礼查路之礼查客寓，亦有戏场，惟不常演耳。当演戏时，观者不得吸烟食物，必俟休息时入一别室，始可为之。"据说，新舞台的创建者正是在观摩了兰心剧场的演出之后，才更坚定了他们建立新剧场的决心。见王辛娣：《新式剧场的建立与观演关系的改善》，载《中国剧场史论》（下卷），北京广播学院出版社，2003年，第616页。

②　参见陈伯海主编：《上海文化通史》，上海文艺出版社，2002年，第十六篇《戏剧》（蓝凡、高义龙、张泽纲撰写），第1722页。

台吸收日、欧建筑风格，彻底改变了旧式茶园带柱方台的建筑结构，座位绕戏台作半圆形，戏台亦如半月，台上设旋转舞台并装布景和幕布，宽大的新式舞台可容纳几十个演员同台演出，尤其是武戏开打时能大显身手，因而一开幕即轰动上海滩，时称"舞台鼻祖"。闻风仿效者，遂皆以"舞台"命名，如文明大舞台（1909）、歌舞台（1910）、凤舞台（1910）、新新舞台（1912）、醒舞台（1913）、竞舞台（1913）、小舞台（1915）、亦舞台（1917）等等。到 1919 年，上海先后有 70 余家新式剧场，数量之多在全国各大城市中首屈一指。而茶园终因自身限制如建筑老式、设备陈旧、场地狭小、资本匮缺等原因被淘汰，于 1917 年（以贵仙茶园关闭为标志）退出历史舞台。

新式剧场不仅规模大、容量大，适合规模化的戏曲商业化发展要求，而且整个建筑形成一个有机的整体，在看、听和表演等条件方面都有了改善，更利于营造剧场气氛：一是舞台结构由方形柱式改为半月式，坐席呈弧形，地势有了升起，这都使得视线更加畅通、开阔；二是撤除茶桌、包厢等等，楼上楼下尽排坐椅，座位布局更加集中、统一；三是开始注意到声音效果了。[①] 在舞台设备上，当时的天蟾、大舞台等剧场都有防火幕、出烟口、舞台上部的自动洒水设备、专门的灯光照明、乐队演奏处及布景道具存放场所。一度曾在上海享有盛名的大舞台（1909）[②]、新新舞

[①] 据梅兰芳回忆：新建筑的戏院，对于拢音这一点，是有很好设计的，灯光的配合也调和，这对演出都有很大帮助。他这样描述第一次登上新式舞台时的情形：台口处安一排电灯，半圆形的新式舞台跟那种照例有二根柱子挡住观众视线的旧式四方形舞台一比，新的是光明舒畅，条件好多了。当我一走到大台下，前面没有任何遮挡，唱起来心胸为之豁亮畅快。参见梅兰芳述、许姬传记：《舞台生活四十年》，中国戏剧出版社，1987 年，第 132 页。

[②] 1951 年改人民大舞台至今。

台（1912）①、共舞台（1929）② 和黄金大戏院（1930）③，剧场规模都很大，容量多达二三千人。但一味追求规模经营以求利润最大化的负面效应也随之而来，比如座位挤，排距小，有的水平偏角达 75 度以上，俯角也陡，如黄金大戏院三楼后部俯角达 35 度，场内的安全疏散防火等设施也无从谈起。剧场在城市中的分布也不均匀，几乎全都集中在市中心或商业区，竞争激烈，如大世界一带就集中了全市三分之一的剧场，剧场周围没有停车场和绿化，以致繁华与混乱并存。④

　　从就地开演的简易戏棚、到营业性茶园、再到规模宏大的西式剧场，回溯戏曲娱乐空间的这一扩张、竞争和兴替的过程，我们可以看到，以京班戏园为代表的上海营业性茶园的普遍兴盛，显然在其中起着举足轻重的作用：正是它所体现的日益鲜明的商业性要素和市场化走向，才使得海派京剧以惊人的态势上升为近代上海城市娱乐文化的表征形态之一。然而从现代性反思的角度来看，由戏场、戏棚，到茶楼、茶园，再到新式剧场，随着戏曲娱乐空间的结构及功能的演变，戏曲演出的整体氛围也从随意、混乱而日益协调和规整起来。可以想见，茶园中所设的茶座，多数座位并不面向舞台，人们来此消遣娱乐，无非是喝茶抽烟，听戏聊天，"看戏"的成分原本极为次要。后来随着茶园的改良，渐渐取消了茶座，戏园的秩序得以改观，看戏也就变成了更主要的

---

　　①　1916 年改天蟾舞台，文革期间曾改劳动剧场，1989 年划归上海京剧院，1994 年因香港邵逸夫赞助启动改建工程，落成开幕后易名为天蟾京剧中心逸夫舞台。

　　②　1967 年改延安剧场，20 世纪 80 年代恢复原名。

　　③　1951 年改大众剧场，1994 年拆除，现为兰心大戏院。

　　④　当时也有一些质量较高、设备较好、容量较小的剧场，如 1921 年建于南京路的长江剧场（主要上演电影和话剧），1926 开业的兰心戏院（现为上海艺术剧院），宽敞舒适，二楼还有明亮的休息厅，但这样的娱乐场所专供侨居的洋人或所谓高等华人享用，普通市民只能望洋兴叹。见清华大学土木建筑系编辑：《中国会堂剧场建筑》，载《中国剧场史论》（上卷），北京广播学院出版社，2003 年，第 67—68 页。

目的。与此同时，娱乐活动也从日常生活中提取出来，由自娱自乐自足的日常随意性的消遣，一变而为享乐性的消费活动。在此过程中，娱乐变成公众的、群体的行为，经由同一化、规模化而成为城市消费市场和市民文化景观的重要组成部分。而原本作为娱乐要素之一的戏曲演出，也从整体娱乐活动中解析出来，并得以相对独立和突显。

于是，茶园就从九流三教杂陈共处的一方社交娱乐空间，慢慢演变为单纯进行娱乐消费的独立空间，艺术欣赏的独立空间，由此促成了城市空间的功能分化。而从自由自在消遣的"白相人"到一门心思看戏的"观众"，此一变化也表明了消费活动所塑造出的消费主体的确立，当然，同时也是艺术欣赏的主体的确立。可见，这在新旧演出场所不断更兴替和突显的表象之下，也是一种借助空间形式而将戏曲活动中的观演双方不断纳入一个与演出统一协调的整体的过程，亦即强调统一、协调、集中原则的逐渐化约和规整的理性化过程。实现这一过程的原因和动力是多方面的，而运作其间的商业与市场的驱动机制无疑是至关重要的。西方经济、文化、科技文明的浸染与影响，往往借助商业资本运作的必然导向而首先体现于社会物质层面的空间建构（如剧场结构和设施）；即便是同在文化建构中，往往也都是取媚于商业资本的魔力，即在和市场因素密不可分的消费文化、娱乐文化、流行文化等领域首开风气，而以戏曲为代表的城市娱乐文化的建构正是在与上述文化诸向度之间的错综联系中迂回行进。

有道是，水至清则无鱼。从更深的层面来看，随着戏曲观演空间的兴替演变所呈现的城市娱乐消费空间的扩张、化约与规整，和由此而来的对日常生活空间所构成的间离与挤压，戏曲观演活动作为一种起始于民间生活的草根文化，其内在元气和活力恐怕也就不得不与城市中相对更为自然的生活状态、交流空间及其情色想象一起，就地寻找并创造新的进退转圜之机。

三、岂止是京海颉颃：海派京剧作为
海派文化之表征

晚清以降，中国社会处于大动荡大变革中，上海特殊的经济、政治、文化条件使之成为资产阶级民主革命的策源地之一。而在这一激进的社会大背景下，旨在撄激民心、启发民智、教化民风、重建国民新主体的近代戏曲改良运动亦发轫于此。上海坐拥中国戏曲之半壁江山，各种跨时空的文化因素在此冲撞与交融，使之在观念演进、舆论造势、舞台实践、文化重构等方面都卓有建树。

据新中国主流文化界有关人士回顾，辛亥革命以后戏曲界的六支改革力量中，上海就有三支：一是以周信芳和麒派艺术（此前乃是新舞台及其主干潘月樵等）为代表的，谓之"海派京剧"的革新力量；二是以袁雪芬和"新越剧"为代表的，从1942年开始的越剧革新力量；而始终贯穿其间的，则是以欧阳予倩、田汉等新文艺工作者为代表的知识阶层的革新力量。欧阳予倩早年工青衣，一度人称"北梅南欧"，息影红毡多年后又于1916年起在上海创办"中华社"，下海演京剧，编演了很多新戏；1920年代在南通主持伶工学社，率先试行新的戏曲教育方法；抗战期间在桂林，他又对桂剧进行革新指导。田汉早年在上海创建南国社时，即同欧阳予倩、周信芳等探讨京剧革新问题，抗战中转移到武汉、长沙等地，参加京剧、湘剧等剧种的革新领导，1940年代又在上海参与戏曲界的活动。由此可见知识分子出身的"新文艺工作者"对戏曲革新的重要作用和贡献，就在于"引进了新的进步的文艺思想"，并在"传统戏曲界同新兴戏剧力量之间"搭起了联系的桥梁。①

对于海派京剧的产生和这段历史背景之间的关系，周信芳曾总结道："辛亥革命时期，上海的进步的京剧艺人还曾经用京剧形式来宣传爱国思想和革命思想，对京剧的艺术形式也进行了革新，后来逐渐形成了影响深远的海派。"② 当然，上述表达皆是以新中国的主流意识形态（或曰政治意识形态、革命意识形态）为圭臬。那么，海派京剧，作为一种极具现代商业色彩的城市娱乐文化，它在近代中国大众文化的历史视野和语境之中，又将如何展开另一番叙述？

且让我们翻开近代中国第一大报，《申报》。众所周知，京戏虽植根帝京，"京剧"一词却首出《申报》。"海派"与"京派"也是相对而言，其名之始均不在本地，而为彼此交汇后的指称："海派"一说系由京城所起，"京派"之谓则系上海所出，南北对峙，相映成趣。从京剧发展史来看，"海派"（始称"南派"）原是作为京剧的一个旁门流派而存在，统称"外江派"。据徐珂《清稗类钞》，"京伶呼外省之剧曰海派。海者，泛滥无范围之谓，非专指上海也"；"海派以唱做力投时好，节外生枝，度越规矩，为京派所非笑"。后来，随着京剧在上海的勃兴，尤其连台本戏的盛行，京剧之海派的"海"，便从派别上的泛指转为地域上的专指，遂更

---

① 其余三支改革力量分别是：以秦腔易俗社和川剧三庆会为代表的、以西安和成都为基地的中国西部的地区性革新力量；以梅兰芳（比他再早几年的是王瑶卿）等为代表、以北京为基地的所谓"京派"的京剧革新力量；以延安平剧研究院和大众艺术研究社为代表的、以抗战时期延安为基地的革新力量。参见刘厚生《关于四十年代上海越剧改革的几点认识》，收入《重新走向辉煌——越剧改革五十周年论文集》，中国戏剧出版社，1994 年，第 14—16 页。

② 周信芳：《必须坚持"推陈出新"》，载《周信芳文集》，中国戏剧出版社，1982 年，第 42 页。

坐实了"海派"特有的浸染着现代商业文化的风格质素。京派对海派的种种奚落和贬斥，虽则源于京剧之正宗对旁系的排斥心理而暴露出文化传统自身的封闭性，但也在客观上反映出以文化精粹自居的京派戏曲传统对海派京剧注重感官刺激、不惜离经叛道的商业化倾向的普遍质疑。换言之，海派京剧所表征的海派文化，因其浓厚的娱乐性、商业性而任由感官享受凌驾于相对理性的品评之上，必然会遭到维护正统的文化精英们的非议和鄙夷。

　　而京剧之海派，历来为正统京派所诟病者有三。三者互为表里，相辅相成。

　　其一，不重赏音顾曲，热衷声色之娱。"都中最重须生，京津间嗜戏者，俱喜唱胡子。花旦则因为奇辱，无人肯学步者也。……沪上学谭而深得神似者……试为闭目静听，直同叫天登场。而乃时下对之，感情颇见冷淡。于花旦一门，反十分注意，孳孳讲求，不遗余力，诚令人大惑不解。近且愈出愈奇，有学界毕业，而唱《卖身投靠》，出洋学生，而唱《纺棉花》者，以才学渊博之人才，而乃饰此卑鄙污贱之角色，演唱小品陋俗之戏剧。海上一隅，真可谓无奇不有矣！"[1]

　　其二，演唱粗率失度，表演夸张过火。如评唱腔浮躁为"炒鸡毛"，称表演过火为"洒狗血"。时人有评曰："至有音无字油腔滑调著名净角李长胜，及暴跳如雷绰号电气灯武生李春来，予初由京来，骤睹此辈，几欲掩耳而疾走。所谓叫嚣乎东西，隳突乎南北，此二语足以赅括之矣。第下里巴人，和调者众，二李之流毒，亦居然相习而成风。致令北来观客，窃笑海派之不足观，良有以也。"[2]

---

①　玄郎：《梨园中之角色》，《申报》1913 年 5 月 31 日。
②　拙庵：《近三十年来海上剧场之变迁记》，《申报》1927 年 1 月 1 日。

其三，布景奢靡离奇，服装华美夸饰。"若沪上京剧之所谓海派者，专以点缀之工，掩饰其技艺之短，直无一可取之异派，宜比之于道家之有旁门也。……譬如歌曲（指唱腔），正宗尚行腔，重板眼，海派则专以花腔取胜。倘能悦耳动听，走腔脱板，非所计也。又如武术（指武打），正宗尚功架，重解数，海派则专以迅疾欺人，在台上多绕数匝，或持械多闪几手，亦能称事。下而至于被服，在正宗虽一鞋一带之微，咸有定数，而海派则满身花绣，光彩照人，张冠李戴，不以为病。且一戏而数易其衣，亦足以夸长于侪辈（此风至今犹然，实违戏情，殊不足取）。"①

对此，张庚早年就曾在《旧戏中的海派》中写道："尽管正统批评家如何轻蔑它不承认它的地位，它却获得了多量的观众，造成了势力，与京派形成分庭抗礼的局面。……从京派的眼光中看来，海派是'不学无术'的；他们在唱工上既不讲究'韵味'，在咬字上尤其错误多端；在身段上不依照严格的规矩，而自行加上一些'不伦不类'的东西；最主要的，他们只知卖好观众，而不怕识者耻笑，与他们所自来的渊源态度完全相反。"文中进而分析了作为观众的上海市民阶层的特点，指出"市民进戏园的目的不是为了欣赏，而是为了愉快。……海派的基础，就不能不建筑在这上面；他们就不能不抛弃了需要根底才能认识的技术，而从外表的刺激、情节、机关不惊、演作的夸张、噱头等等上面去用功去了"。说到底，两者的不同就在于：京派是"自足"的，海派则以"观众"为中心。②

显然，前述城市化进程中的市民阶层的兴起，和由此互动而

---

① 菊屏：《海派之京剧》，《申报》1925年2月28日。
② 张庚：《旧戏中的海派》，载《张庚文录》第一卷，湖南文艺出版社，2003年，第66—68页。此文原载《生活知识》1936年第2卷第4期。

来的城市文化的各种世俗化走向，也都为海派京剧的得势营造了充分的条件。随着剧场规模空间的扩大，观众群落在阶层空间上也逐渐向下延展，而由此带来的观众整体上的文化修养和欣赏趣味的变化，也就决定了海派京剧日趋世俗而风行无阻的局面。1920 年代，时人点评海上名伶"麒麟童"（周信芳）："论其技艺，则唱作皆非，嗓音既若破竹，做工满身火气。但三层楼之顾客，则异常欢迎也！"[1] 此处所谓"三层楼之顾客"，大体是指处于社会下层的普通市民观众，乃至少部分来自劳工阶层的观众。当时戏院为求最大利润，规模越做越大，空间利用率也越来越高，三层楼看戏效果较差，票价低廉，故而吸引了更多的中下层市民。印证于如此态势，正统持论者即便有所苛评，从另一面看来倒也在情理之中："南班之所以以武事见长者，观客历来之好尚致之然也。窃谓观剧好尚之不同，颇可以潜察其戏剧知识之高下。好观歌剧（指唱工吃重的戏目）者，其知识必最高；好武行者次之；其好观打情骂俏者，则为毫无知识之流矣！"[2]

上海市民喜看新剧之风，促使来沪京角也不得不加演新戏。1913 年梅兰芳首次献演沪上，即发现每当贴演《宇宙锋》时上座"总不能如理想的圆满"，其原因在于剧本故事交代得不够清楚、场面冷清、身段表演简单等等。因而此次演出四十五天中，他只贴演了两次《宇宙锋》。后来受命演压台戏，大家一致认为原先专重唱工的青衣老戏是压不住的，建议他现学几出刀马旦的戏，取其扮相和身段生动好看。最后学演《穆柯寨》，果然大受欢迎。这是梅兰芳演刀马旦的开始，也是他第一次唱大轴戏。[3] 回京后他

---

① 金碧：《海上最近之名伶》（三），《申报》1925 年 2 月 16 日。

② 菊屏：《沪上京剧之三派》，《申报》1925 年 2 月 24 日。

③ 王长发、刘华：《梅兰芳年谱》，河海大学出版社，1994 年，第 45—46 页；梅兰芳：《舞台生活四十年》，第 135—148 页。

说对新戏"有了一点新的理解。觉得我们唱的老戏，都是取材于古代的史实。虽然有些戏的内容是有教育意义的……可是，如果直接采取现代的时事，编成新剧，看的人岂不更亲切有味？"7月他就根据北京本地实事新闻编写新戏《孽海波澜》。1915年从上海回京后，他"更深切地了解了戏剧前途的趋势是跟着观众的需要和时代而变化的。我不愿意还是站在这个旧的圈子里边不动，再受它的拘束。我要走向新的道路上去寻求发展"。1920年梅兰芳第四次到上海，排出40多人的大阵仗，50个日夜场演出中就有《天女散花》《上元夫人》《麻姑献寿》《黛玉葬花》《嫦娥奔月》《木兰从军》《邓霞姑》《春秋配》等新戏27场，其中如在演出间隙赶排出来的《上元夫人》得到特别追捧，"卖座极盛"。[①] 此外演出皮黄13场，而原本最擅长的《祭塔》《孝感天》等开蒙童子功正工青衣戏一场都未演。尽管票友们深知这些旧戏更见功力，而对上述新戏也颇有微词，但仍对梅呵护有加，不忍指摘过甚。[②]

当时备受青睐的新编戏，就是京剧连台本戏。1922年，程砚秋首次来沪演出（时名艳秋），以《玉堂春》打炮，亦舞台接连十多天爆满，局面如此可观而罗瘿公深知"旧剧既可叫座不必再排新戏之说不妥"，主张"新戏必不可无"，"应一星期增一新戏"。这一主张由来有自，据吴富琴回忆：剧场老板几次找我们，说明戏票已全部定出去，每出戏都是五场满堂，观众要求我们赶快上演新戏。黄金荣也来警告说剧场定出了戏票你们就该上新戏啦，要是违背了观众意愿，以后路子怕不好走。种种压力，究其根源

---

① 春醪：《梅兰芳束身綦严》，《申报》1920年5月16日。

② 邹元江：《从尝试新潮演剧到回归"旧剧的途径"——对梅兰芳1912—1935年表演剧目转圜的反思》，《首都师范大学学报（社会科学版）》2020年第2期；参见邹元江《票友族群与梅兰芳表演艺术的"创新"——以〈梅郎集〉为研究个案》（上、下篇），《民族艺术》2015年第2—3期。

乃是上海城市商业文化竞争之激烈。据罗瘿公书信记载，程砚秋《玉堂春》开演大吉之日，"是晚，各舞台拼命以新排之四五本《狸猫换太子》为抵制，白牡丹则新排之第一美人昭君也"；而上演《能仁寺》《芦花河》之日，"是晚，丹桂第一台六本《狸猫换太子》第一次出演，告白预登一星期。新舞台二十本《济公活佛》第二次出演，共舞台白牡丹《狸猫换太子》初次出演，皆以全力猛攻，亦舞台仍然毫不受影响而且十分踊跃，可见其力量之伟大也"。① 如此好戏对台，真可谓短兵相接，足见京海颉颃之激烈，新旧交汇之迫近。

1920 年代也正是作为海派标志的新编京剧连台本戏风行沪上之际，其特点就是戏目情节惊心动魄，文武场面精彩热烈，机关布景精巧新奇，处处极尽声色娱人之能事，故而勾魂摄魄，雅俗共赏。1927 年，周信芳加入"素以新戏名于时"的天蟾舞台，同年 5 月首次编演连台本戏《龙凤帕》头本二本，剧情紧张，唱做吃重，卖座相当鼎盛，最冷落时也有七八成。1928 年 6 月天蟾复演该戏，并继续开演三本四本《龙凤帕》，到 8 月演至七本八本时，观众对周信芳推崇日隆。热心票友还组织了"麒社"，竭诚为麒派张目。《申报》也刊登《龙凤帕》广告："特烦周君信芳新编轰动南北、万众欢迎、文武唱做、机关布景历史新戏。"②

连台本戏的登峰造极，则是 1928 年 9 月至 1931 年 8 月，周信芳又在天蟾连续三年编演十六本连台本戏《封神榜》。天蟾舞台为此不惜耗资数万，筹备历时半年之久，宣传推广也不遗余力，除巨幅广告外还多次在《申报》上整版刊登《〈封神榜〉特刊》，鼓噪舆论，扩大影响。譬如，有人惊羡筹演的声势，"牺牲巨万金

---

① 程永江编撰：《程砚秋史事长编》（上），北京出版社，2000 年，第 93—99 页。
② 《申报》1928 年 6 月 6 日。

钱""购置全新行头",并延聘置景专家精心制造"特别机关布景",邀约名角"极一时之选""此诚破天荒之神怪好戏也";① 有人抉发该戏的宗旨,"利用高台教化""彻底憬悟皇帝对于本身的切肤之害";② 有人称赏主演担纲、分工合作的编剧方式,"收事半功倍之效,故出品迅速,幕幕饶精彩,人人富精神""麒麟童辈之编剧才亦足贵已矣";③ 也有人赞誉周信芳浑身是戏的高超演技,"好得本台有的是扮什么像什么,演什么好什么的全才生角麒麟童""有了他这么一个领袖艺员,什么戏不好编排";④ 还有人称道其艺术完整性,说其他角色也"各有各的天才,各有各的特技。人家想请这么一两位都请不到,我们却把他聚在一处,排在一出戏里,真可谓珠联璧合,相得益彰";等等。⑤ 礼拜六派名士周瘦鹃也撰文凑泊其趣:"吾国神怪的故事,确有一种迷惑人的魔力。天蟾舞台真会揣摩各种人的心理,竟把一部迷惑人的神怪老故事《封神榜》,在舞台上搬演起来。……自怪不得连演两个多月,夜夜要关铁门了。讲到这一出戏呢,虽说是怪诞不经,然而揆诸神道设教之意,对于世道人心也多少有些裨益,称之为民间的好戏,亦无不可。"⑥ 盛况种种,顿成街谈巷议之热点,不仅本地市民呼朋引类,争相观看,外埠人士也专程来沪一睹为快,故其"卖座之久之盛,开舞台界的新纪录"。⑦ 但此一种狂热态势,

① 刘豁公:《天蟾舞台〈封神榜〉之特色》,《申报》1928 年 8 月 30 日。

② 瘦竹:《天蟾为什么排演封神榜》,《申报》1928 年 9 月 15 日。

③ 秀卓:《天蟾佳剧〈封神榜〉》,《申报》1928 年 9 月 8 日。

④ 《麒麟童的姜子牙与梅伯》,《二本〈封神榜〉特刊》,《申报》1928 年 12 月 2 日。

⑤ 豁然(天蟾职员):《二本〈封神榜〉的优点在那里》,《申报》1928 年 12 月 1 日。

⑥ 周瘦鹃:《民间的戏剧》,《申报》1928 年 12 月 1 日。

⑦ 《排〈封神榜〉所得的教训》,《二本〈封神榜〉特刊》,《申报》1928 年 12 月 2 日。

也频频招致那些意在维护京剧传统之人士的非议。

对此，《申报》上也就不断有识时务者载文予以回击，譬如下文所言："有些骨董式的顾曲家，他不明白这是时代的趋势，硬要鼓着板板六十四的面孔，不说这是魔术文明戏变相，便说这是破毁京剧成规的东西。这种论调我认为没有研究的价值。因为一成不变的旧式京剧，已经算是时代的落伍者了。试看一般的舞台花了很多的包银，请十几位京角来，不见得就能卖多少钱；而那些不添京角的舞台，只要费点脑筋排出一部新戏来，再花点本钱，置办些机关布景就能够轰动一时，要像天蟾舞台的《封神榜》，戏情既好，角色又齐，更有许多精巧玲珑的机关彩景，簇崭全新的精彩行头，特别改良的异样歌舞，处处都能够引人入胜。再加一番文字的鼓吹，那就不但是轰动一时，简直是风靡全国了。你想一成不变的旧式京剧，如何敌得他过？又怎怪一般舞台都趋向排演新戏一途呢？"[①] 显然，受五四新文化运动的激进反传统的思潮影响，在众多开明人士眼中，求新求变即意味着时代的进步，反之便是保守和落伍：此种线性历史观不能不使人坚信，时代的更新与进步必定是大势所趋。"迨于清室既亡，帝制推翻，人的关系先随之消灭，而外江戏逐渐来京。其来自沪上者，昔日谓之海派，近且大受欢迎，如真山真水，五色电光，均为都中人士所未习见，故民国以来演戏者不能不趋迎时尚，凡所新编者，无不采取外江演法。"[②] 在如此不容置疑的大势面前，任何传统的力量都显得格外心虚气弱，唯有退守之力，几无招架之功。

有意味的是，同年 9 月 5 日，上海伶界联合会机关报《梨园

---

① 伯温：《由〈封神榜〉说到时下舞台的趋势》，《申报》1928 年 12 月 1 日。
② 周志辅：《北平皮黄戏前途之推测》，转引自苏移《京剧二百年概观》，燕山出版社，1989 年，第 213 页。

公报》创刊，该刊由夏月润、李桂春、赵如泉、欧阳予倩、周信芳等人倡导，孙玉声主编，创刊号上还有孙中山特赠伶界联合会的"现身说法"牌匾照片。10月31日，伶界联合会在会长周信芳主持下，邀请南国社田汉、唐槐秋等人商讨戏剧改进事宜。11月8日，《梨园公报》发表田汉的《新国剧运动第一声》，呼吁消除所谓新剧旧剧之成见，"建设新的国剧，使其成为民众全体的东西，而不是专供某一阶级的消闲品"。①

种种史事和评论，集中突显了崛起于20世纪初叶的海派京剧的风格特点及其文化特质，要而言之就是开放性、时代性、商业性、通俗性、娱乐性和西方现代戏剧艺术意义上的艺术完整性。很显然，此间综合融汇了上海这座城市的政治、经济、文化、生活习俗、民众心理及社会舆论等方面的诸多因素。海派京剧活动所集中体现的海派文化冲击力，无论从城市文化建构的何种向度来看（诸如市民文化、通俗文化、流行文化、娱乐文化、商业文化），都可能对长期居于正统地位的种种文化向度诸如传统文化、精英文化、雅文化等等构成挑战，其间不乏中西古今交汇而来的都市特质所促成的雅俗对流与合流。

一个世纪过去，对于海派京剧的风格与特点，评论界至今纷争不息：褒者谓之突破陈规，勇于创新，唱做大胆，表演真实；贬者谓之华而不实，肤浅庸俗，一味迎合市民趣味，是资本主义商业化的表现。事实则表明，海派风格为人或褒或贬之处，恰因其同根同源而彼此夹缠不清，可谓是成也萧何，败也萧何。其根源，简单说来就是伴随资本主义市场机制而来的城市大众文化、商业文化、娱乐文化等等的兴起，特别是其间蕴涵的民主思想、新的文化艺术观念，以及与之相应的表现形式的渐入人心：各种

① 《中国戏曲志·上海卷》，中国 ISBN 中心，1996 年，第 55 页。

力量此消彼长，而又共同作用，其结果即造就出令人莫衷一是的"海派京剧"。

四、集成与创新之上的担当：周信芳
作为海派京剧之"利剑"

　　麒派宗师周信芳，就是海派京剧的杰出代表与集大成者。"六十年来磨一剑，精光真使石金开"，田汉曾把周信芳的艺术人格和艺术成就比喻为一柄利剑，以其精诚之光开启观众心扉，令人为之感奋。有学者进而分析，"这柄利剑的质地是少有的'特种钢材'，是由多种艺术元素熔铸而成"：就京剧内部来说，"三派并峙"而能"融通超越"，即与南派京剧的渊源，对谭鑫培艺术的深刻体认，以及对海派京剧既汲取它的开新和灵动，又逐渐摆脱其芜杂与浅薄。就外部而言，对昆曲、对徽调、对梆子、对绍剧、对评弹、对话剧，都有吸收与借鉴。如果研究演出广告，不但可以把周信芳艺术发展的阶段性看得比较清楚，还可以观察到表现题材的惊人丰富，包括其读史书、看小说所作的改编与创作。与此相关，1931 年《梨园公报》曾论及旧剧界新戏人才中有四位称得起南方四大金刚，就是常春恒、李桂春、周信芳与刘筱衡，其他三位都是排演《狸猫换太子》而享盛名，"周信芳君则以编排老戏新做、新戏老做，富有艺术意味、潮流色彩而博人欢迎"。①

　　受近代戏曲改良运动的影响，同时也为了呼应时代的发展态势与观众的趣味倾向对于戏曲的特定要求，周信芳从 1913 年起就演出时装新戏《宋教仁》、《王莽篡位》（针对袁世凯复辟帝制），此后不断追随时代编演新戏。他特别推崇编演新戏、改良京剧的

---

　　①　龚和德：《"麒派"之外，还应有"麒学"》，《文汇报》2015 年 1 月 15 日。

先驱们，对于针砭时弊、改造社会所发挥的影响力，盛赞"汪笑侬的《党人碑》《博浪锥》《献地图》《受禅台》和《马前泼水》《琵琶泪》，哪一出不含蓄深意。潘月樵的《明末遗恨》及新舞台的《新茶花》，对于宣传革命，都有很大的功绩"。由此也更坚定了他对戏曲的人文价值与社会功用的体认和践行，即"无论古典、浪漫和写实的戏，都是人间意志的争斗，如能够把剧中的意志来鼓动观客，那才是戏的真价值"。①

相对于前文提及的其他戏曲革新力量而言，无论在剧目内容和演出形式上，周信芳所带动的这支京剧改良力量的革新步伐较大，涉及方面较广，运用现代舞台科技方法也较多，表演上更强调人物形象的刻画，唱做念打的结合，更重视"做"与"念"在完整的艺术创造中的作用，以纠正京剧发展到20世纪初变得单纯重唱而偏废表演、故事情节及其艺术完整性的倾向。基于对京剧传统的浸淫，和对各家各派的熟谙，他能根据新戏表现真实生活的内容需要而大胆突破京剧的传统程式，使程式翻新为内容服务，而不是刻板地限制内容，这就逐渐改变了京派"唱人不唱戏"的"角儿"习气和所谓"形式主义"的倾向：此种新变，在当时京剧正统的畛域内简直不可思议。

据周信芳后来的回忆："我觉得自己对舞台表演艺术的革新过程，也正是一个艰苦复杂的斗争过程。这一过程，并不是通行无阻的顺利发展的过程，虽然得到人民大众的支持和欢迎，但也遭遇到很多保守分子的反对，长期间受到文字上的讽刺和语言中的嘲笑。"② 人们对"海派京剧"的莫衷一是，也集中体现在对周信

---

① 周信芳：《谈谈学戏的进步》（署名士楚），原载 1928 年 11 月《梨园公报》，转引自《周信芳全集》（文论卷一），上海文化出版社，2014 年，第 20 页。
② 周信芳：《衷心感谢党和毛主席的培养和领导》，1955 年 4 月 14 日《人民日报》。收入《周信芳文集》，中国戏剧出版社，1982 年，第 9 页。

芳演艺创新能力的评价中。同是 1920 年代，前引《申报》有评"论其技艺，则唱作皆非，嗓音既若破竹，做工满身火气"；而周在京演出《苏秦张仪》时，京剧界争往观看，一次演出中同行观众竟达百余人之多，当时北京有名的里子老生张春彦看后言道，"把北京所有的名老生放在一只锅里熬膏，也熬不出一个麒麟童来"。① 这句话，横瞧竖看，意味深长。

有学者感叹，作为表演艺术家的周信芳最了不起的地方，就是"在全面传承京剧生行的技术规范上堪称出类拔萃，却又不被其拘束，能灌注人生体验于其中，使之具有情境的真实感和人物性格的多样性，并贯穿着一种刚健遒劲、豪放洒脱、富于激情和感染力的独特风格。他久站上海，成了江南人民戏曲生活中向往的一个流派。他又多次北征，也赢得了京剧根据地观众的称赏，以至有人说：'南伶北上，能得全名者，除周信芳外，盖无他人焉。'（1940 年 5 月 4 日第 84 期《立言画刊》）"。②

而不同于时人想象中的名角儿，一向勤于读书、敏于钻研且敢于直言的周信芳，就从怎样理解和学习谭派入手，正面谈到他自己所看重和追求的"真艺术"：

> 要知道戏曲的价值，和其中的真义，非得读书不可。譬如要作文章，须多读、多看、多做；要唱戏也得多读、多看、多研究，不读书怎么会找到古人的历史和性情？自己不知道历史，表演起来，能够感动人吗？不能了解真义，就不能把剧情介绍给观众，与傀儡有什么分别呢？伶人即使不易博古

---

① 张春彦：《聪明而浑身是戏的周信芳》，转引自《京剧二百年概观》，燕山出版社，1989 年，第 214 页。

② 龚和德：《"麒派"之外，还应有"麒学"》，《文汇报》2015 年 1 月 15 日。

通今，也要略知文字，明达人情，演起戏来方能够合乎情理，体贴入微；要是懵懵然的，内心没有感触，不但对于艺术无所创造，恐怕所演的戏，观众也觉枯涩乏味哩！不晓得古今世情，没有感觉着人生苦乐的人，他就不能算是个唱戏的；倘要了然一切，将古人演得出色，非得学问帮助不可！

譬诸文人的诗歌之类，都是讽刺惩戒，抒写性情者多。西方的进步文学家也是如此，并还注重在戏剧上，宣传人生的苦闷和不平。……演戏的能够把剧本中的真义表现出来，或者创造个新的意思，贡献给观众，那才算是真艺术。①

除了对京剧传统本身的深入钻研、广泛继承和大胆创新，周信芳还在 1927 年参加了田汉的南国社，并与洪深、欧阳予倩等人合作展开京剧、话剧等各类演剧活动，其间所濡染的西方现代戏剧艺术观念，直接影响了他一生的艺术实践和麒派艺术的最终形成。1940 年，孤岛上海的进步人士为救济难民，举行联合义演，周信芳率移风社参与演出，在话剧《雷雨》中饰演周朴园。当时就有报刊评论道，"关于表情的神态，依旧保持他在过去旧剧上的荣誉""麒派喉咙分外加强了剧情的紧张空气"。他自己感触也很深，"对于人物性格的分析和角色的内心活动，话剧在这方面抓得很紧，演员的体会亦深，京剧如果也能够这样，那就好了"。② 此外，1920 年上海商务印书馆影戏部将周信芳的《赵五娘》中两折戏拍成电影。1937 年华安公司又拍摄了他的《斩经堂》全剧，公映后反响热烈。得益于诸如此类的同上海话剧界、电影界的密切联系和交流，周信芳不仅提升

---

① 周信芳：《谈谈学戏的进步》（署名士楚），原载 1928 年 11 月《梨园公报》，转引自《周信芳全集》（文论卷一），上海文化出版社，2014 年，第 19—20 页。
② 《中国戏曲志·上海卷》，中国 ISBN 中心，1996 年，第 803—804 页。

了戏曲内容和表演水平，也较早地在艺术制度上实行了"导演制"，这是他改革传统戏曲界盛行的"角儿制"的有效步骤之一。

张庚早在 1936 年就曾评价周信芳在海派京剧中的地位和意义：海派最伟大的功绩是"解放了伶人的戏剧观念，而且也解放了他们封建的世界观"，从而"发展了一种新的、市民的戏剧，展开了自己的特性，在整个戏剧史上，是一个演变""这演变的文化价值差不多会成为不足道的，如果没有麒麟童（周信芳先生）出现的话。但我们也得说，不是在海派中，也不能孕育麒麟童""京派中间不会产生《明末遗恨》和《韩信》这样的脚本，而海派中可以产生，这正是海派可以自豪的地方"。而在戏剧的中心到底是建筑在"观众"还是"自足"的区别上，周信芳显然属于前者。①

1937 年，周信芳在黄金大戏院上演新戏《明末遗恨》，旨在表现"亡国之痛"，由于正逢其时，观者踊跃，连演数月场场满座，经久不衰，创造了高记录的票房收入。鉴于此剧的持久火爆而引起的社会反响，又因先后递送到周信芳手中的夹带子弹、手榴弹以示警告的两个包裹均未能奏效，日本总领事馆不得不向法租界公董局发出照会，声称该剧"煽动反日"，要求饬令禁演，否则不利于租界安定，云云。租界当局明白日方在施加压力，但又不愿意公开禁演，一则如此屈尊听命于日方，恐怕有失体面，二则黄金大戏院乃上海滩大亨黄金荣所开，以其在上海的实力和影响，当然也不宜得罪。于是，由法国总领事出面向黄示意，希望能配合了结此事。黄也是八面玲珑之人，权衡再三，忍痛割爱，最终以"国难当前，不宜娱乐"为由歇业停演。当时局势紧张，物价上涨，大中型戏院中还在营业的，只剩下以连台本戏机关布景

---

①　张庚：《旧戏中的海派》，载《张庚文录》第一卷，湖南文艺出版社，2003 年，第 68 页。原载《生活知识》1936 年第 2 卷第 4 期。

为号召的天蟾、三星、新新、大舞台、共舞台等寥寥数家，许多戏院迫于市场压力纷纷停业，名义上都是"国难当头，暂停娱乐"。

1938 年，"八·一三"事变爆发，眼看局势瞬息万变难以逆料，周深知无法按原计划将编好关于南宋抗敌的四出大戏后一齐推出（以便同时制造一个浩大的宣传声势，即便不能让所有市民都来看戏，至少也要让四出戏名家喻户晓），如果不即时上演已经编好的《徽钦二帝》和《宗泽》，恐怕就此失去上演的最佳机会。于是他决定连夜赶排《徽钦二帝》，在卡尔登戏院上演，并且不惜工本在全市各大报刊上刊登广告宣传介绍这部新戏，同时计划演满一月之后再换《宗泽》。结果，从首演到被禁，《徽钦二帝》总共抢演了 21 天。其间连场满座，每次开锣前戏院门口还挤满了等退票的观众。然而，战事平息后的 1946 年，当周承租经营黄金大戏院后发愿再度上演《徽钦二帝》时，尽管举行了招待上海新闻界的茶话会，还展开大量的宣传造势活动，但时过境迁，观众心理亦随之改变，卖座自然不理想，通常只有五六成。不仅《徽》剧，就连上演看家戏目《明末遗恨》也是如此。周意识到了问题的症结所在，随即更换戏码，改演那些堪称麒派代表作的衰派老生戏，如《生死板》《赵五娘》《九更天》《清风亭》《一捧雪》等深入人心、百看不厌的传统戏目，上座率才逐渐恢复。[1]

就在这样的进退转圜中，周信芳实践着真正与时代与社会共振的海派京剧。如前所述，此间综合融汇了上海这座城市所体现的政治、经济、文化、生活习俗、民众心理及社会舆论等方面的

---

[1] 关于《徽钦二帝》《明末遗恨》的上演波折，参见树棻《麒麟童生死情缘——周信芳与裘丽琳》，南海出版公司，2000 年。证之其他史料，如陈琨编《周信芳演出剧目一览》："1941 年后，他主要是重演一系列麒派代表作。因已深入人心，观众百看不厌。新剧目很少。"《周信芳艺术评论集续编》，中国戏剧出版社，1994 年，第 503—507 页。

诸多因素。而世界局势的瞬息变幻，租界统制的错综复杂，文化市场竞争的紧张激烈，市民观众趣味的求新求异，戏曲艺术主体的内在制约，等等，都从各自不同的方向对海派京剧的生存发展构成了极大的驱动力和制约力。面对此等如临如履的不安局面和复杂情势，尤其是来自伶界乃至社会舆论的非议、责难甚而威胁，周信芳却仍能以其非凡的抱负和识见，从中看到了"暮落和新生的桥梁，也就是新的戏剧来临的前夕"：

> 现在爱好戏剧的，分为改良和保守。皮黄剧本身，又分京朝和外江。不错，高呼二十余年的改良平剧，并没有什么成绩使得观众信仰，有些人讥笑它是硬干无益，徒遭失败。可是一桩艰巨工作，不是一时之失败成功可以定评的。且看五四运动，白话和文言曾一场论争，如今白话文利于全国，就是铁证。要知道高喊改良的人们，都是抱着一片真诚，务使整个戏剧觅取一条新的途径，不使它趋向暮落。再看北平这个古老地方，犹且是保守平剧的大本营，却也演《红莲寺》、《周公桃花斗法》一类彩头戏，并不是看戏的知识低落，也不是肯定这类戏毫无价值，由此可以看得出观众的意旨，许是求新的意念自然而生，所以饥不择食地抛弃了认为有价值的古老戏，去欣赏这稍有生气混杂不清的彩头班。上海的《劈》、《纺》，任你如何反对，还是有人要看，这是什么缘故呢？也就是因为它虽然混杂不清，但还蕴藏着不少生气。主张改革者，对于这些现象也斥为恶行。我倒觉得这是暮落和新生的桥梁，也就是新的戏剧来临的前夕。时代的变迁，自然的潮流，保守也保守不住。

在周信芳看来，"改良和创造新戏剧，是爱护戏剧的共同任务。不但莫歧视保守，犹且希望合作选择，去芜存菁。这就是希望对于今后戏剧的进展，要扫除偏见，确立公正批评和理论。"①

周信芳在艺术实践中表现出的自由开放的格局，博采众长的气度，善于创新的活力，当然也与其特殊的个性及经历有关。他出身传统戏班，根基深厚，从小走南闯北，跑遍大大小小的码头，前后在各种演出方式中跌打滚爬，什么京朝戏、地方戏、新老剧种、各色名角都有所接触，可谓阅历广、眼皮杂、肚子宽、吸收快、记忆强，再加表演次数多、形式多、环境变化多，种种历练使他更擅长将全部精力都焕发于舞台创造中。而正是当年海派文化这个历史大舞台所提供的多元熏陶和多重打造，最终使周信芳在其创新实践中成为编导演兼于一身的京剧全才，成为中西交汇、古今集成式的艺术大师。②

五、人民文艺与人民城市：从新中国戏曲 改革看新上海的文化改造

新中国戏曲改革运动，包括改人、改戏与改制，是一场由政府主导的整合度极强、辐射面也极大的社会主义文化政治实践。这场发生于 20 世纪五六十年代的戏改运动，并非中国共产党执政后的突发奇想，而是有其深广的历史情境和渊源：一是晚清戏曲

---

① 周信芳：《剧史剧照剧评的重要》，根据 1946 年 11 月《半月戏剧》6 卷 1 期刊印，转引自《周信芳全集》（文论卷一），上海文化出版社，2014 年，第 56 页。

② 关于周信芳与麒派艺术，主要参阅下列文集或论著：1.《周信芳文集》，中国戏剧出版社，1982 年；2.《周信芳艺术评论集》，中国戏剧出版社，1982 年；3.《周信芳艺术评论集续编》，中国戏剧出版社，1994 年；4.《周信芳评传》，上海文艺出版社，1996 年；5.《周信芳与麒派艺术》，周信芳艺术研究会编；6—8.《麒艺丛编》，第一至三辑；9.《梅韵麒风——梅兰芳周信芳百年诞辰纪念文集》，中国戏剧出版社，1996 年；10.《周信芳全集》（文论卷），上海文化出版社，2014 年。

改良运动以降的近现代戏曲改革；二是中国共产党主导的大众文艺改造，从以"新秧歌"为标志的"延安文艺运动"，到以"样板戏"为标志的"文化大革命"；三是上述改造运动的社会文化背景，即中国主流社会在民族国家建构及其现代转型中的社会生活治理，包括对民众生活世界之纷繁形态中所含异质成分的清理、整饬与消解。从"延安新秧歌"到"文革样板戏"，中国的大众文艺实践在民族国家建构中表现出鲜明的本土意味，同时也融铸着新的文化政治和现代性的深刻影响。而在极具文化改造意义的新中国戏改运动中，无论是艺人改造的国家体制化，剧目改编的政治意识形态化，还是传统表演形制的现代化，以及"现代戏"的生成与发展，都直接关涉到新中国如何通过大众文艺实践的"推陈出新"来创造社会主义新文化，以此重塑社会理想、培育文化认同、建构人民主体及其伦理道德秩序等重大理论与实践问题。

作为中国南方演剧中心的上海，自晚清以来凭借着政治、经济和文化等各方面的领先优势，为中国引进西方话剧，熔铸海派京剧，激活古老昆曲，重塑江南越剧、苏北淮剧，培育本地沪剧、滑稽戏……百年基业，来之不易。而在 20 世纪五六十年代，戏曲实力雄厚的上海又成为新中国戏改运动中的先行者与示范者。时势推动之下，上海各剧种根据表演形式和唱腔特点选择题材，积极上演现代戏、传统戏和新编历史剧，力求更好地体现剧种特色与潜质。特别是集中于国营剧团的京、越、沪、淮四大剧种的主要艺术力量，在推进戏改、提升水准、培养人才方面功不可没。而上海在剧团、剧场、艺术研究、会演交流、电影出版等文化管理体制和机制方面的突出优势条件，也促使一大批优秀剧目通过舞台演出、影音播放、剧本流传、评论推广、政府奖掖等途径在全国乃至海外产生了影响。作为中国社会伦理、精神价值载体的戏剧文化，在这一时期焕发出新生命新能量，并以鲜活的中国气派、民族风格和时代精神，为共和国推陈出新地传承发展民族文化作出了历史性的贡献。

有鉴于历来论者对"海派"的莫衷一是，不少研究者为确保政治正确，也为论述方便起见，倾向于在海派的整体风格中划分"良性"与"恶性"。所谓"恶性海派"，指的是戏曲为迎合资本主义的商业运作而出现的种种庸俗作风，即后来在新中国戏改运动中屡遭贬斥和批判的"落后的小市民趣味"，如连台本戏的粗制滥造，机关布景的竞奇斗艳，插科打诨的噱头主义，等等。在政府自上而下主导推行的新中国戏曲改革运动中，以政治宣传和文化整合为目的，国家主流意识形态突显了对大众文化的商业性质和娱乐功能的贬抑，这直接导致戏改部门对完善戏曲活动的市场机制的忽视，由此引发了对海派京剧的商业色彩和市民趣味的舆论批判和行政压制。一旦丧失了原有的经济、文化与社会基础，海派京剧几乎沦为"恶性海派"的简称，因其与商业、市场的紧密联系而被视为充满腐朽堕落之"毒素"的资本主义文化渊薮。

这就不能不提到1952年全国戏曲会演闭幕式上周扬对粤剧的商业色彩的严厉批评："资产阶级则由于它在文化上比政治上还落后，又加以本身所沾染的封建性、买办性，它对发展中国戏曲艺术的事业就从没起过任何独立的积极作用，而更坏的是，它竟使某些戏曲丧失了原有的民族传统，而染上商业化、买办化的恶劣风气，把艺术变商品，竞尚新奇，迎合小市民的落后趣味，将艺术引导到堕落的道路。比方，粤剧正走了这样危险的道路。……剧本创作粗制滥造，追求离奇的情节，每个剧中都要凑足六个主角同时登场，并不适当地以奇异服装相炫耀，这一切不但不是艺术，而且恰恰是破坏艺术。粤剧艺人中有不少有天才的、有创造性的、富有爱国心的，他们应当起来彻底改造这种恶劣风气，而建立一种真正适合于人民需要和艺术发展的新的、健全的风气。"① 长期在以广州、香港为中心的商业化环境里浸染出的粤剧，向来以新戏、华服、机关布景等优势赢得观众的青睐，却不幸而因此领受了新中国戏改运动的这一顿杀威棒。会演之后，广东省戏曲界立即举行两千人大会，宣布成立"参加全国戏曲会演传达学习委员会"，并在全行业展开了为期四月之久的学习后，粤剧界提出一个严正的口号："把帝国主义思想打下去，把优秀民族遗产拿出来。"② 来自中央的这种批评在戏曲界所产生的上述反响，对于曾经同样以新戏、华服、机关布景等等为时尚而竞相逐利的"海派"戏曲，无疑也有着强大的威慑力。

1953 年 6 月《人民日报》发表署名钟洛的长文《从上海戏曲界的一些不良倾向谈戏曲改革领导工作中的几个问题》，历数解放初依然充斥戏曲界的种种不良倾向，如"大部分私营剧团和评弹界在对待民族遗产上，一贯地表现了市侩作风""把优秀传统剧目当作摇钱树""发展了过去那种竞尚新奇、标新立异的作风，用离奇情节，或所谓'异国情调'来吸引观众""演出广告的庸俗化更是普遍现象"，等等。文章明确批评"表演上的形式主义、噱头主义和庸俗的'海派'作风"："机关布景，光片服装，闪闪发亮的镀镍道具，忽红忽绿的灯光，都越变越厉害了。为了迎合小市民

---

① 周扬：《改革和发展民族戏曲艺术——1952 年 11 月 14 日在第一届全国戏曲观摩演出大会上的总结报告》，《中国戏曲志·北京卷》，中国 ISBN 中心，1999 年，第 1360 页。而此前，田汉也曾在指导中南区汇演时提出过批评："粤剧华丽的服装不只是装饰了好人，还装饰了坏人甚至封建统治的工具，如'圣旨'、'惊堂木'一类的东西，这是无原则性的地方。"林榆：《记半个世纪我与粤剧的不解之缘》，载《新中国地方戏剧改革纪实》，中国文史出版社，2000 年，第 880 页。

② 傅谨：《新中国戏剧史（1949—2000）》，湖南美术出版社，2002 年，第 38—39 页。

的低级趣味，为了'票房价值'，僵尸也搬上了舞台。越剧《玉堂春》用两幕戏的地位来渲染妓院的'豪华场面'。这种恶劣作风是极端破坏艺术、糟蹋民族戏曲遗产的。"对于上海某些戏改领导的论调"上海是靠新戏过日子的"，作者认为其实质"即是对千百年来丰富的民族戏曲艺术遗产，缺乏正确的认识"。而在分析产生这些"由来已久"的"不良倾向"的历史原因时，作者毫不客气地揭示了海派戏曲的"恶性"根由："上海的一些主要剧种，有的十足是半封建半殖民地的社会的产物，有的虽来自农村，但在帝国主义的堕落的艺术商品影响下，早已浸透了小市民低级趣味和资产阶级的形式主义的腐朽毒素，丧失了原来的朴实的内容与形式。在解放前的长久的年月中，这些剧种抛弃了旧有的优秀剧目和传统的艺术方法。这样，也就必然使这些剧种的剧目思想内容和表演技术一天一天堕落。"此外文章也指出了现实存在的社会原因："跟着人民对文化生活的需要的增长，上海的剧团和剧场数量日增。小市民的低级趣味，使落后的剧目得到市场。到目前为止，据不完全的统计，在上海的剧种有二十八个，主要的（观众比较多的）剧种就有十个。大、中、小型的剧团，有一百六十八个；戏曲艺人，如包括流动的和少数失业的在内，一共有八千三百多人。这么多的剧团和艺人，大部分分布在近二百个剧场和书场里，每天接触到的观众，在十万人以上（从收音机里收听广播的，还不计算在内）。"面对如此复杂严峻的状况，作者深表焦虑："难道我们可以容许……那么多的封建的、色情的毒素，通过舞台和电台，灌输给人民大众吗？难道我们可以容许这些东西，每时每刻地侵蚀到占观众百分之五十的工人、农民和青年学生中来吗？从上海最近举行的工人文艺活动会演的一些节目看，上面所说的那些不良倾向，已经象瘟疫一样，传播到朴实的、健康的工人文艺活动中来，这现象是再也不容忽视的了。"①

　　自然，上述种种现象，后来都无一例外地经受了新中国戏曲改造运动的洗礼。其结果，一方面当然是在很大程度上清理和刷新了上海戏曲舞台的面貌，使之更加符合社会主义政治、经济与文化建设的要求，符合"新上海"作为"人民城市"的主体形象；但另一方面也大大降低了戏曲作为大众娱乐文化的活力和魅力，越来越简化为履行政治意识形态宣教功能的工具。换言之，戏曲与普通市民的联系越来越"正经""严肃"，那自然也就越来越疏远了大众的趣味和爱好，最直接的反映就是演出上座率的连年下降。据上海文化局的统计，全市民间职业剧团的上座率 1953 年为72.6%，1954 年为 62.7%，1955 年为 55.7%，1955 年比 1953 年的上座率降低 16.9%。② 这就是"改造"的代价。在此利弊得失考量之外，更耐人寻味的问题或许是，正因为文化承担着对历史和生活意义的重新解释的重任，势必要在全面改造并创造新的城市生活方式的实践中扮演主角。而从"十里洋场"到"人民城市"，上海改造之所以能够进行下去，关键就在于"文化改造"成为其重中之重。恰恰也是从 1953 年起，上海乃至整个中国都全面进入了"社会主义改造"阶段。谢和耐在《中国社会史》中有过这样一个论断："自 1950 年以来，新中国的需要活动是一种宣传和思想灌输运动，这种运动的物力和人力代价从未被作过估算，但肯定相当昂贵。……对于改造社会的重视几乎始终都要压倒经济发展和管理问题。"谢氏将这种不可思议的"改造"情结归因于

――――――――――

　　① 钟洛：《从上海戏曲界的一些不良倾向谈戏曲改革领导工作的几个问题》，《人民日报》1953 年 6 月 8 日。文中还提到：全国戏曲会演的一些优秀节目，在上海也同样被市侩主义者所任意涂改。忽而抢演《秋江》，忽而抢演《蝴蝶杯》，把民族遗产随便糟蹋，当作摇钱树。他们怕小戏不卖座，就硬加进一些乱七八糟的东西，拉长到三个半钟点。等等。

　　② 朱颖辉：《当代戏曲四十年》，文化艺术出版社，1993 年，第 163 页。

中国共产党乌托邦式的建国理想，归因于"信仰超越了常识"的"唯意志论"观念和"革命浪漫主义"气质。① 而置身在社会主义中国的文化实践历程中时，我们究竟如何理解这种"改造社会"的冲动，以及相应而贯穿新中国主流意识形态始终的政治对于经济的这种"优先性"？——从某种意义上看，这不也是一场更广阔背景之下的"京海颉颃"？作为中国现代化主流话语的核心部分，创造新文化、改造旧文化的共识和目标在此特定历史阶段激发了持续的文化运动与社会实践，由此也产生了不可估量的精神能耗。

与此同时，随着文化改造与文化事业的推进，新中国的政治实践具体落实到文化管理体制的实践过程中也表现出鲜明特征，进而形成了极为可观的辐射力：一是文化管理中强烈突显的政治意识形态色彩，导致主流文化产品和社会文化生活的高度政治化与同质化倾向；二是文化管理系统的高度组织化，任何文化方针政策均能由此得到高效的推广实施；三是国家对文化事业的干预度高，党的政治领导经由党政合一的管理体制直接介入到具体业务的管理，甚至常常以领袖意志作为政党、国家意志，并通过严密畅达的组织动员体系推广为群众意志，发起大规模的社会运动；四是由文化管理体制推动的各项文化实践所产生的巨大社会影响，也从思想、理论和精神上逐步改造了民众的世界观、人生观和价值观，从而更有力地推进了各项政治、经济的社会实践。②

值得一提的是，出于戏曲的现实生存与发展考虑，新中国的戏改政策仍有必要肯定"传统"，提倡"发掘优秀传统剧目"，故而批评者只能将戏曲活动与生俱来的商业色彩全然归咎于所谓

---

① 谢和耐：《中国社会史》，江苏人民出版社，1995年，第578—579页。

② 蒯大申、饶先来：《新中国文化管理体制研究》，上海人民出版社，2010年，第78—79页。

"帝国主义""资本主义"的堕落基因，致使海派形象更趋贬义，处境更为孤立。由于海派京剧在 1949 年后"一直被歧视"，周信芳也受舆论影响而强烈批评"恶性海派"，对以前那些具有鲜明海派特色的戏都没有再动，此后上海京剧界重新编演的新戏也未能继续发扬海派的特色与风格。[①] 如是而至 20 世纪 80 年代中期，主流文化界依然讳言海派。然而，令人踌躇的是，周信芳在新中国主流文化界的政治和艺术地位之高，实不亚于梅兰芳大师，所谓"梅韵麒风"，彪炳史册。[②] 为此，有人曾在正式场合采取一种较为策略而稳妥的说法：中国戏曲史上存在一个突破形式主义束缚而与现实生活相结合的"周信芳阶段"。[③] 直到社会主义市场经济全面勃发的 20 世纪 90 年代中期，特别是 21 世纪以来，再加新时代的倡导，海派才又打点精神，呼拥而出，意欲重整元气，再度使人弹眼落睛。然而时过境迁，海派京剧的复出显然不可能、也不应该是历史的迂回重演，这就需要我们在思想理论实践和大众文化实践中开拓更大的空间。

就大众文化体制改革而言，自 20 世纪 80 年代以来，上海文艺院团改革历经内部承包经营责任制改革、所有制和经营方式双轨制改革、院团全员聘任制改革、院团分类管理和领导管理体制改革、文广影视合并、院团委托新闻传媒和社会单位管理等一系列阶段。这些改革，初步建立了文艺院团责、权、利相统一的责任制关系，使院团成为文艺创作生产的经营实体；初步建立了国家确保重点、政府宏观调控的管理体制，做到了政事分离、政企分开、管办分离；

---

① 沈鸿鑫：《周信芳评传》，上海文艺出版社，1996 年，第 130 页。

② 建国后，周信芳曾担任中国戏曲研究院副院长、华东戏曲研究院院长、上海京剧院院长、上海文化局戏改处处长，还被遴选为全国政协委员、全国人大代表，历任中国剧协副主席、上海文联副主席、上海剧协主席等等。

③ 姜椿芳在周信芳诞辰 90 周年纪念会上的讲话，见 1985 年 4 月 3 日《北京日报》。

初步建立了文艺院团由新闻媒体和社会单位委托管理的新格局，强强联合发挥了市场资源、品牌宣传、人才整合、资金融通等方面优势。但是一切尚在过程之中，距离文艺体制改革的目标，即建立符合精神文明建设要求、遵循文艺发展内在规律、发挥市场机制积极作用的充满活力的大众文化体制，显然还有漫漫长路和各种不确定因素。

综上所述，可见海派京剧作为都市大众文化的特质及其与市民文化消费选择密切互动的关系，可见以海派京剧为表征的近代上海戏曲市场的形成及其对市民文化生活和戏曲自身发展的影响，亦可见戏曲文化市场构成的社会、经济及物质、文化要素，皆与都市化过程紧密相连。转思 1949 年以来的戏曲活动流变，则是在计划经济体制背景的社会、政治、文化诸因素影响下，戏曲文化由变异到回归其大众文化本质、回归市场机制的过程。总之，通过对上述历史语境的观照和梳理，我们不难看到，海派京剧的发展与市民的日常生活和文化娱乐生活的互动关系，及其对近代以来的上海都市大众文化建构的作用和意义。

而从更阔大的视野来看，上海作为中国城市文化的创生之地，事实上也在共和国文化现代化进程中起着全方位传播辐射现代文化与文明的历史性作用。特别是，从"十里洋场"到"人民城市"，1949 年以后上海对包括海派京剧在内的海派文化进行社会主义改造的丰富实践性与广泛争议性，也凭借其强劲的张力而在高度政治化的历史语境中裂变出多重文化政治能量。要而言之，上海文化改造与文化事业的新生，由外向到内向，由多元到一统，由服务于生活到服务于政治，形成了主流文化、精英文化、通俗文化的多元一体建构。其间尤其需要我们处理好传统与现代，本土与外来，普及与提高，变革与稳定，多元与一体，民主与集中，政治引领与社会互动等诸多关系问题。

第五章 海派文学的传承与突破：
一种学术史的考察

海派文学肇始于开埠后的上海，诞生于华洋杂处、中西交汇之地，其包容、开拓与创新精神与各类文艺形态的演进交织并行，形成一种吐故纳新、博采众长的文学样态，丰富了清末以来的中国文化图景。作为现代文学的重要构成，海派文学是中国现代化进程对西方文明的正面回应，文人在传统与现代两极间的进退取舍离不开上海深厚的商业氛围。在这种氛围初步形成的历史语境中，隐含着与传统乡土"人情"社会差异甚大的契约观念，在畸形膨胀繁荣的租界中提前预演了现代性的"衰败"。这也一度使海派文学饱受诟病——它被视为一种带有西方"异质性"特征的"杂糅文化"。尽管除了人们耳熟能详的新感觉派之外，海派文学也和左翼文学有所重合，但人们似乎更加倾向于将"十里洋场"中的"纸醉金迷"视为海派文学的典型表征。事实上，包括海派文学在内的海派文化从诞生起就伴随着争议，从异地同行对"海上画派"的讥诮，到 20 世纪 30 年代现代文坛的"京海之争"，后者如果没有战事的介入，鲁迅的"商的帮忙"之论可能还不会一锤定音。上海沦陷时期以"孤岛文学"延续海派文化的余脉，建国之后争议又起，直到党的十一届三中全会之后，海派文化逐渐恢复活力，海派文学的创作也重新开始焕发生机。如今的海派文化经过几次上海城市精神的讨论和重塑，已经成为上海城市文化不可或缺的重要构成。"海纳百川、追求卓越、开明睿智、大气谦和"的上海城市精神，呼唤着把握新时代脉搏、书写新时代人文精神的海派文学。

目前学界趋向于将"海派"视为一种文化现象和文化精神，而非某种特定的艺术流派。值得注意的是对于海派文学的定义一直没有明确的边界，与其相互交叠的关键概念还有上海文学、都市文学等。虽然我们依然可以借助地域、风格、主题等力争厘清这些概念，但是这个相对复杂的过程本身就说明了两个问题。第一，"海派"相对模糊的概念边界，正是其生命力和活力的一种体现，也是它的魅力所在。"海派"极强的"延展性"和"适用性"，可以追溯到其诞生时对于多元文化的包容性，这是一个不断吸收、借鉴、创新的动态过程，其概念的内涵和外延一直都在变化之中。更重要的是海派文学并非是对西方文学亦步亦趋的模仿，而是力图在新旧之间找到一个平衡点，这其中蕴含着国人的智慧，也体现了中国传统文化演进过程中顽强的生命力和韧劲。这种文化发展模式和中国的现代化进程紧密相关，与近代以来上海城市形象的变迁和城市精神的嬗变互为表里，渗透到了人们生活的各个层面。第二，"适用性"和"延展性"也带来了问题，就是会导致文艺生产和文化传播过程中缺少真正有质量的"标杆"式的作品或品牌。创作在踏准诸如"网络文学""科幻文学"之类的文坛新浪潮时，也要防止在"逐波踏浪"中产生"疲态"。全球化带来多元文化的同时，也和地方性发生一定的冲突。海派文学只有找到自己坚实牢固的精神"核心"，才不会被多元文化"反噬"，进而能够提升区域性的文化格局，在促进上海文化品牌建设的基础上，建立一种更加宏大的人文气象。

一、从"前洋场"到"沦陷区"：
海派文学的发生与演进

1989 年，严家炎的《中国现代小说流派史》面世，首次对刘呐鸥、施蛰存、穆时英、叶灵凤等新感觉派小说家的创作进行专门讨论，指出该小说流派的创作特色在于"在快速的节奏中表现半殖民地都市的病态生活""主观感受印象的刻意追求与小说形式技巧的花样翻新"以及"潜意识、隐意识的开掘与心理分析小说的建立"①。即便这本著作也设专章讨论了京派文学，但严家炎并未提出"海派文学"一词，而是将现在作为海派文学典型代表的新感觉派作为心理分析小说的一支进行讨论。配合严家炎编选的《中国现代小说流派史》，学界对于新感觉派的解读逐渐深入。吴福辉的《都市漩流中的海派小说》正式提出"海派文学"概念，并在导言《为海派文学正名》中指出符合"现代质"的海派文学创作只能在 1920 年末期以后发生，即所谓"最多地'转运'新的外来的文化""迎合读书市场""站在现代都市工业文明的立场"并且属于"新文学"②。颇有意味的是，吴福辉认为旧时沪地洋场产生的文学，只是才子佳人小说的"横移"，充其量算是属于旧文学的"前洋场文学"，虽然有些现代特质，却并非"海派文学"。③根据吴福辉的定义，除了新感觉派和张爱玲、苏青、予且等人，现在学界普遍关注的《海上花列传》、鸳鸯蝴蝶派等创作都不能视作海派文学。而在许道明的划分中，"近代海派艺术"为"现代海

---

① 严家炎：《中国现代小说流派史》，长江文艺出版社，2009 年，第 140—152 页。

② 吴福辉：《都市漩流中的海派小说》，复旦大学出版社，2009 年，第 2—3 页。

③ 同上。

派文学"的诞生创造了条件,但是后者的成熟依然要从 1920 年代开始。①

钱理群等人主编的大学教材《中国现代文学三十年》为"海派小说"单独设立一节,意味着"海派文学"已经在公认的文学史和学术史中占得一席之地。即便如此,关于海派文学的争论从未停歇。一般来说,学界对海派文学的关注总要涉及现代文学史上的"京海之争",似乎如果没有这个事件,谈论"海派"显得名不正言不顺,即便新感觉派的创作从 1920 年就开始了。诚如李今所言,"借用 30 年代京海之争中的'海派'概念来指称今天研究者重新提出的'海派文学',与其说是要'为海派文学正名',不如说是一次文化上的新的命名活动。它反映了人们试图通过理解和认识往昔文化现象,来理解和认识今日的都市化和现代化所引起的社会、文化、价值观和人生观等一系列变化而采取的一种策略"。② 陈子善也认为,时过境迁,没有必要拘泥于现代文人对海派的命名,海派文学需要"创新",需要"描写上海的都市生活"。③ 要对海派文学的发生进行全方位的观照,首先还是要回溯海派文学的肇兴,还原上海开埠时的文化语境,从清末民初的"过渡"文学中抽丝剥茧,梳理出"海派"起点的原初面貌。这是讨论海派文学"创新"的基础。

(一)作为五四文学"前理解"的鸳鸯蝴蝶派

杨义在《论海派小说》一文中,把鲁迅描述清末民初上海文学变迁的公式"才子 + 流氓"替换为"才子 + 浪子",试图对海派

① 许道明:《海派文学论》,复旦大学出版社,1999 年,第 8—11 页。
② 李今:《海派小说与现代都市文化》,安徽教育出版社,2000 年,第 4 页。
③ 陈子善:《海派文学与海派文化的来龙去脉》,《上海高校图书情报工作研究》2018 年 01 期。

文学做出更加客观的分析。① 该文将海派文学的发展归纳为三个
阶段：第一个阶段，是半旧不新的旧海派，继承了《红楼梦》《花
月痕》的审美观念和传统的创作技法，又掺杂了一些《茶花女》
这样的译介小说的调子，被"不务正业的游荡子弟"描绘出来，
还带着几分"行事浪漫、不拘形迹"的意味；第二个阶段，是五
四新文学运动兴起之后，昔日的"浪子"变成了"文丐"，而此时
活跃在文坛的海派作家是新感觉派和现代派；第三个阶段，是孤
岛沦陷时期，文网密布的环境中上海作家的创作展现出一种夹缝
中的智慧。可以发现，杨义的划分在现在看来虽然较为粗疏，并
且简单化了早期海派的文学实践，但是从研究实际操作的层面上
看，还是最易操作的分类法。直到现在，尽管学界对海派文学的
研究已经十分丰富，但基本上还是按照这样三段式的文学史分期
展开。

　　第一个阶段的典型代表，就是"鸳蝴派"的创作，包括《花
月痕》《玉梨魂》《孽冤镜》《霣玉怨》《广陵潮》等，沾带着黑幕、
狎邪的特点。其中，《海上花列传》被范伯群等学者誉为海派文学
的开山之作。这本 1894 年出版的小说为韩邦庆所作，不仅描绘了
十里洋场中的妓院文化，也通过灯红酒绿下人情世故的生动描写
把握住了上海转型期间的文化历史风貌，将官场、商界的景象一
一道来。提及《海上花列传》，都会提到另一位海派传奇作家张爱
玲对这本小说的特殊情结，她不仅推崇这本小说，还将其由吴语
方言翻译为国语，命名为《海上花》。而当代作家金宇澄的《繁
花》一出，便有人将其与《海上花列传》进行比较，足可见这部
开山之作的文学影响力。范伯群认为，《海上花列传》率先注意到

---

① 　杨义：《论海派小说》，《中国现代文学研究丛刊》1991 年 02 期。

了现代大都会，虽以商人为主角，但围绕其间的女性并不是才子们的陪衬，打破了"才子佳人"的既有模式，并植入了都市人的一种现代想象。① 该书首次有了人作为主体的现代意识，这也是为什么对它的评价高过描写相似题材的《海上繁华梦》。鸳蝴派的文坛势力以《礼拜六》杂志为阵地，包天笑、周瘦鹃、徐枕亚等人皆是鸳蝴派作家。值得注意的是，1920 年代初茅盾作为《小说月报》主编，开始本着文学研究会的创作宗旨，正式将原本登载鸳蝴派作品的《小说月报》改编成了五四新文学刊物。这成了鸳蝴派被新文学"扫地出门"的标志性事件，但其实鸳蝴派作家作为清末民初通俗小说的代表，其文坛霸主地位一度不可撼动，虽然规模一直在收缩，但依然拥有数量庞大的读者。文学审美观念的"新陈代谢"，绝不是一蹴而就的过程，新文学初生时的应者寥寥和旧文学迟迟不离开历史舞台，都是海派文学由发生到成熟的重要历史背景。

（二）施蛰存与新感觉派

海派文学第二个阶段的典型代表是刘呐鸥、穆时英、黑婴等人的新感觉派，以及施蛰存的心理分析小说，包括这批作家共同的文学阵地——《现代》。新感觉派的诞生，虽然直接受到日本新感觉派的影响，但是和本土的文化现象紧密相关。王向远认为刘呐鸥、穆时英等人更多是在追赶新潮，事实上对日本新感觉派的看法都是"雾里看花"，甚至没有意识到日本新感觉派和普罗文学之间的对立，而是将二者作为新兴文学混同在一起。② 的确，中

---

① 范伯群：《〈海上花列传〉：现代通俗小说开山之作》，《中国现代文学研究丛刊》2006 年 03 期。

② 王向远：《新感觉派文学及其在中国的变异——中日新感觉派的再比较与再认识》，《中国现代文学研究丛刊》1995 年 04 期。

国的新感觉派更多的是与上海的电影院、舞厅、赌场、码头等场所连接，如《都市风景线》《上海的狐步舞》《白金的女体塑像》等等，多用流动的画面和蒙太奇的拼接手法进行文学实验。虽然也有学者试图从穆时英等人向往田园生活的文字中寻找新感觉派的"乡土情结"①，但张英进、李今、吴福辉等学者更多认同新感觉派的另外一种意义，即将长期以来和乡土世界对峙的城市空间抽离出来，赋予其色彩斑斓的想象，拥抱这个充满了异变的空间，打破了中国有都市而无都市书写的困局。穆时英等人无疑也是清醒的，他们意识到城市拜物教产生的虚假人格，但却无法摆脱迷醉和沉沦。他们背后作为殖民地畸形繁荣的上海，被嵌入民族解放运动的元叙事中，从旧洋场到租界，再到摆脱殖民地身份和资产阶级残余，成为社会主义现代化进程中的成功案例，不仅说尽了上海的历史，更是说尽了民族解放运动的历史。至此，海派文学取得了某种世界主义的元素，"在对上海城市文化身份的叙述中，现代性整体叙事往往代替了特定的上海叙事"②。

　　虽然都被统摄在现代主义的流派中，施蛰存和新感觉派的关系却有些复杂。擅长心理分析的施蛰存，虽然一度受到沈从文、叶圣陶等人的赞赏，但是以楼适夷为代表的左翼文人，认为其创作"乃是一种生活解消文学的倾向，在作者的心目之中，光瞧崩坏的黑暗的一面，他始终看不见另一个在地底抬起头来的面层"，楼适夷批评施蛰存"只是张着有闲的眼，从这崩坏中发见新奇的美，用这种新奇的美，他们填补自己的空虚"。③ 由于左翼文学给

---

① 黄献文：《论新感觉派小说的乡土、传统情结》，《福建论坛（文史哲版）》1999 年 05 期。

② 张鸿声：《文学中的上海想像》，《文学评论》2005 年 04 期。

③ 楼适夷：《施蛰存的新感觉主义——读了〈在巴黎大戏院〉与〈魔道〉之后》，《文艺新闻》1931 年 10 月 26 日。

施蛰存的定性，加上施蛰存的现代主义创作理念与传统的现实主义创作有所出入，在遭遇了很长一段时间的冷落之后，直到新时期施蛰存的文学成就才终于被学界重新发掘。同时，也是因为楼适夷这篇著名的批评文章题为《施蛰存的新感觉主义》，施蛰存就被归入了新感觉派，即便他自己一度试图解释自己和新感觉派的差别。1985 年，在对施蛰存的文学成就进行重新发掘的时候，严家炎发表在《中国社会科学》上的《论三十年代的新感觉派小说》，也将其作为新感觉派进行讨论。而施蛰存本人的回应，也显得意味深长。潘颖对施蛰存的相关回应做了梳理①——1933 年，作为对楼适夷等人的回应，施蛰存在《我的创作生活之历程》中声明："因了适夷先生在《文艺新闻》上发表的夸张的批评，直到今天，使我还顶着一个新感觉主义的头衔。我想，这是不十分确实的。我虽然不明白西洋或日本的新感觉主义是什么样的东西，但我知道我的小说不过是应用了一些 Freudism 的心理小说而已。"1982 年，时过境迁，施蛰存又在给吴福辉的信中写道："'新感觉派'是 30 年代初期在日本盛行的创作流派，我和刘、穆都受到一些影响，楼适夷同志熟悉日本现代文学，他大约当时也多看这一派的作品，因此他把我列入新感觉派。我不反对，不否认，但觉得我和日本新感觉派还是有些不同。"到了1990 年代他又反复强调："他们总说我是新感觉派，其实我的小说是心理分析小说。"而即便是楼适夷，也对自己年轻时的言论做出了诚恳的反思。施蛰存在给李欧梵的通信中说："（楼适夷）这位先生十分老实，他从日本回来，觉得我的小说很像日本的'新感觉派'，因此写了一个书评，发表在《文艺新闻》上，当时并无什么反应。近年来，我分辩了几次，我说我不属于这一

---

① 潘颖：《施蛰存与新感觉派》，《文艺报》2015 年 10 月 28 日。

类，他就写信来表示歉意。"可以发现，施蛰存对自己的定位前后是有反复的，但他的创作确实与新感觉派的有所不同，不论是《春阳》、《梅雨之夕》还是《将军底头》，都与新感觉派充满电影画面质感的浮杂和斑斓不同，而是更着重对人物内心的深度剖析。在钱理群等人的《中国现代文学三十年》中，施蛰存终于以自己"堪称独步"的写作风格，以"心理分析小说"留名文学史。

之所以反复强调与施蛰存创作相关的学术史，是因为为施蛰存正名的新时期，也就是1980年代，正逢文化界开始为海派文化正名。在大环境的影响下，对施蛰存文学价值的重新发现是海派文学重获新生的一个缩影。心理分析小说也好，新感觉派也罢，对于曾经发生在上海的现代主义文学实验重新审视，予以认可，也是找寻海派文学之根的必经过程。

（三）"孤岛不孤"与海派文学的两种传统

"孤岛"沦陷文学，得名于郭沫若，茅盾在一篇短文《后土》中做了说明——

> 沫若兄把上海比拟为孤岛，经他一提倡，所见到的上海刊物，旁及上海通讯之类，终有孤岛字样，已成为一个"流行性"的"名辞"。我以前说过上海是东方的巴黎，一天比一天"繁荣"了，说这句话的时候，虽然是有感于畸形发展，但没有料到会一"孤"至此，有这么一天。上海是文化人的集合地，现在听说留沪的很少，书局出版界，也"缩减阵线"，但是文学没落，听说已代之以跳舞，跳舞场反而比战前更发展，皇天后土（有注），我即使溘然回沪，仍旧受不了这

种精神上的"威胁"。冰独编上海报,胡诌几句以应。注
皇——是××,后是舞后。①

1937 年 11 月日军占据华界,租界被沦陷区包围,成为"飞
地",直到 1941 年 12 月珍珠港事件爆发,日军彻底占领了上海租
界,维持了四年零一个月的"孤岛"随之湮灭。"孤岛"文学在格
外艰难的历史环境中,依然和抗战区、国统区的文人志士相呼应,
除了张爱玲、苏青等大众耳熟能详的作家外,还有于伶、阿英的
剧作,师陀、钱钟书等人的讽刺小说,巴人、唐弢、柯灵、周木
斋等人的杂文创作,并有《鲁迅风》《鲁迅全集》《西行漫记》等
重要的文学期刊和文学著作。

对于"孤岛"文学的文学史撰述,在 20 世纪 80 年代出现过
一波高峰,主要围绕上海社会科学院文学研究所的"孤岛"文学
研究展开。在 1979 年第 4 期的《社会科学》杂志上,特辟"'孤
岛'文学回忆录选"栏目,刊登了高君箴、赵景深、钱君匋、吴
岩的一组回忆文章,而《新文学史料》在 1980 年第 4 期也发表了
一组相关的回忆文章,两本刊物都登载了署名"上海社会科学院
文学研究所现代文学研究室"的《前言》,回溯了《上海"孤岛"
文学回忆录》的成书起因,留下了开拓者的印记。1979 年 7 月,
上海社科院文学所组织力量,正式开始了"孤岛"文学的研究工
作。一是对相关的作品和刊物进行筛选整理,经过初步的史料编
选后刊印《上海"孤岛"时期文学史料选辑》;二是通过采访、调
研,与当年参与"孤岛"文学的老一辈作家学者当面沟通,撰写
回忆录。徐开垒、闻雪舍、吴泰昌、柯灵、杨幼生等陆续撰写相
关文章,后来均编入《上海"孤岛"文学回忆录》(上、下,中国

---

① 茅盾:《后土》,《上海报》1938 年 2 月 23 日。

社会科学出版社，1984 年）。随后又有《上海"孤岛"文学作品选》（上、中、下，上海社会科学院出版社，1986 年）、《上海"孤岛"时期文学报刊编目》（上海社会科学院出版社，1986 年）、《上海"孤岛"文学》（杨幼生、陈青生，上海书店，1994 年）等书相继面世，囊括了小说、诗歌、散文、杂文等各类文学创作，呈现出"孤岛"文学的丰富图景。1981 年经由王元化倡议，组成以巴金为名誉主编，楼适夷等人为主编的编委会，以及杨幼生、陈梦熊等人为成员的编务组，对抗战时期的上海文学进行全面的梳理和钩沉，历经三年，编成五辑五十本的《上海抗战时期文学丛书》。

"孤岛"期间，各种政治势力盘根错杂，相互牵制，但对文学生产而言却有了夹缝中的"自由"空间。因为有租界的关系，使当时留在上海的一大批文人得以继承左翼文学的批判精神，以文学创作为武器，以文学期刊为阵地，与祖国其他地方的同胞同休共戚，如"抗战派"的金性尧（主编《鲁迅风》）、楼适夷（主编《文艺阵地》）。但同时也有学者注意到，一部分非左翼背景的报刊销量也令人艳羡，对上海文坛的繁荣有着重要影响，如发行量达到每期两万份的《西风副刊》构建起沦陷区、国统区和"孤岛"文学之间的联通渠道，还有徐訏风靡上海滩的畅销书等。① 这些来自不同派别和阵营的"众声喧哗"，似乎也在冥冥中回应着曾经"十里洋场"的喧嚣，并为海派文学的未来留下注脚。需要说明的是，上海不仅是现代文艺的试验场，也是左翼文学诞生的摇篮。这意味着海派文学中始终有一部分革命文学的基因，两种看似不同倾向的文学创作在"海派"的框架内冲突、融合。有学者将其

---

① 妥佳宁：《"孤岛"何以孤，又何以不孤——上海"孤岛"文化空间的多样呈现》，《中国现代文学研究丛刊》2020 年 08 期。

归纳为"海派文化的两种传统"——"一种以繁华与糜烂同体的文化模式描述出极为复杂的都市文化的现代性图像，姑且称其为突出现代性的传统；另一种以左翼文化立场揭示出现代都市文化的阶级分野及其人道主义的批判，姑且称其为突出批判性的传统。"① 都市奇观一方面使作家们讶异于光怪陆离的现代景观，为刻画都市风景线创造出一种全新的笔触；另一方面也不可避免地暴露出上海现代性历程中的畸形和血泪，亟待深刻有力的批判式书写。"由于语境的特殊性，'孤岛'文学本身也难免存在着若干不足之处，当时曾有所谓'抗战八股'之讥。就根本方面说，即是在强调文学与抗战主体最直接的联系的同时，又往往把文学基本上与宣传混为一谈，这就在客观上强化了一种文学的泛政治化的倾向。与之相适应，即是对于文学的主体的要求（包括审美要求）有相当的忽视。"② 这既可以解释 1930 年代现代派和左翼文学的共生与隔膜，也可以解释"孤岛"及沦陷时期的创作中看似矛盾的"遁世"与"入世"。

二、海派文学的审美机制

在 1843 年"五口通商"之前，上海的港口青龙镇（今青浦区旧青浦镇）已是人潮涌动。上海文化沿袭了江南文脉，又因海上贸易之故，总能得时代风气之先。1845 年英国领事与上海道台签订《上海租地章程》建立租界，上海从此成为中西文化交融碰撞之地。先是各地画家聚集于上海，在中国画的基础上吸纳民间绘画技术和西洋的绘画技法，形成独树一帜的海上画派。又有中国

---

① 陈思和：《论海派文学的传统》，《杭州师范学院学报》2002 年 01 期。
② 邱明正主编：《上海文学通史（下）》，复旦大学出版社，2005 年，第859页。

传统戏曲和西洋剧同时在上海上演，与晚清学人"旧瓶新酒"的戏剧改良衔接，诞生了海派京剧。陈思和对海派文学的定义和审美风格有过提纲挈领的论述——"其一，是开埠以来发生于上海地区的各种类型、流派的文学现象；其二，是中外文化交流、融汇和冲撞的产物，产生了偏离中国传统的新元素；其三，美学上与新兴市民阶级的文化趣味联系在一起，呈现出现代都市文化的特殊形态；其四，海派文学不是孤立发生的，它与整体的海派文化、海派艺术（戏曲、绘画）等一起在变化发展中形成鲜明特色的地方文化。从文化审美风格而言，开放、杂糅、新异、叛逆构成海派文学的四大元素"①。海派文学的肇兴当然离不开这种华洋杂处、包容并蓄的文艺创作环境，而海派文学的审美机制也离不开城市空间的塑造、市民精神的延续以及商业气息的浸染。

（一）清末报业的勃兴与城市空间的生产

上海一直都是近代报业的中心。在租界建立之后，法国传教士在上海徐家汇土山湾一带定居，并建立起教堂、学校、藏书楼等，更重要的是，建立了土山湾印刷所，引入了外国的石印技术，比赫赫有名的点石斋石印局还早了三年。② 石印技术比雕版印刷更有效率，为报刊的大规模发行提供了技术支持。戊戌前后文人志士的启蒙热潮又使报纸如雨后春笋般涌现，其中如晚清白话文运动带动起的白话报风潮，以浅近文言或较为粗糙的白话文面向普通大众，结合全国多地的讲报阅报，极大拓展了报纸的受众面。其中，上海的报纸发行在全国位居前列。1872 年《申报》在上海

---

① 陈思和：《谈谈上海文化、海派文化和上海文学、海派文学——答〈上海文化〉问》，《上海文化》2021 年 02 期。

② 参见吴福辉：《中国现代文学发展史》，北京大学出版社，2010 年，第 3—4 页。

创刊，馆址原在江西路汉口路上，后迁至望平街（今山东中路），与宝善街（今广东路）、福州路形成了极为繁华的文化商业圈。不可忽视的是，启蒙维新运动固然是上海出版业繁荣的重要因素，但是上海出版业在商埠的殖民地气息中更加注重迎合读者。尤其是 1905 年科举制度废除之后，传统的仕途晋升之路彻底断绝，大批文人士子不得已卖文为生，形成了一种商业文化语境中的文学市场化特质。在这样的氛围中，也不难理解海派文学为了迎合大众，总是不断追求新式题材和新式审美，而一旦把握不好分寸，"趋新"容易变成"媚俗"。在《申报》《时报》《新闻报》《苏报》《东方杂志》《小说月报》等大型报刊之外，上海的小报更加不避讳"趋新"和"媚俗"，成为贴近市民文化的俗文学试验场。1897年 6 月，中国近代第一份小报《游戏报》在上海创刊，1952 年 11月《亦报》的停刊为小报的时代画上了句号，据学者统计，这半个多世纪上海小报的数量有一千多种。① 虽然比起运营稳定的大报，小报的运营周期通常较短，且主办这类报纸的人员繁杂，除了新旧文人外，也有商贩、党派、各类社团等。其登载的街头巷尾、市井里弄的小道消息和秘史八卦，还有各种诙谐幽默的游戏文章，特别受到平民百姓的欢迎。也正因为如此，上层知识分子对此类报纸嗤之以鼻，认为是报界不入流者，"《游戏》《采风》《笑林》 《繁花》诸报，但足佐茶余酒肆之谈，不足侧于报界也"②。小报是根植于市民文化的产物，有关"上海摩登"的声色犬马多有夸张和变形，而因为小报受众范围极广，小报文字在构建市民价值观念、营造都市想象的过程中起到重要的作用。"小报文化的日常渗透潜移默化地影响着市民的价值观念，从不同层面、

---

① 秦绍德：《近代上海报刊史论》，复旦大学出版社，1993 年，第 195 页。
② 李维清：《上海乡土志》，上海古籍出版社，1989 年，第 105 页。

不同角度直接或间接地影响了他们的生活取向和行为方式的转变，在不经意中实现了市民文化的现代性"①。

近代以来上海的大报和小报相互补充，从不同面向共同推动了本埠的现代化进程，其中自然也包括海派文学的诞生。值得重视的是，这些报纸构成了"众声喧哗"式的公共场域，印证了文学现代性的发生并不只是出自"铁板一块"的上层知识精英。正如李欧梵所说，当时参与办报撰文的都是一些仕途受阻的"半吊子"文人，"这些人并不像梁启超那样有雄才大略，想象力丰富，他们基本上都是文化工作者，或画画，或写文章，从大量的文化资源中移花接木，迅速地营造出一系列意象"，但正是这些人"完成了晚清现代性的初步想象"②。且不论知识分子内部的分化，就是通常意义上所认为的平民大众，也是一个不断流动延展、充满活力的群体。而就是这个群体，成为推动城市空间生产的主体。

海派文学中的空间叙述，一直以来是学界关注的焦点。以《海上花列传》为例，小说人物的活动范围支撑起了近代上海城市地理的一部分。从扬子路的"义大洋行"，到静安寺的"明园"，再到法租界的新街和英租界的后马路，以及大东门外的咸瓜街和城郊的徐家汇。这些区域围绕着小说的结构中心"四马路"，构建起当时上海滩的地理图绘。而清末以四马路为中心展开的叙述，在现代性的语境中，在民国期间很快被置换成了另一种"都市风景线"。正如叶中强指出的那样，"上海国际航运、金融中心地位的进一步确立，在联通内外、振兴百业的同时，促进了一种近代大商业模式的形成。新商业模式不仅将上海'市中心'的位置，

---

① 洪煜：《近代上海小报与市民文化研究》，上海书店出版社，2007 年，第338 页。

② 李欧梵：《李欧梵自选集》，上海教育出版社，2002 年，第 276 页。

从四马路北移至大马路（南京路），亦将行走于上海的中国文人，引进了一个与其士大夫传统疏离的城市空间。"① 此中所指的"新商业模式"，是以大型百货公司为代表的商业模式，标志着一种资本的丰裕，而作家文人流连于这种新型空间，一定和徜徉在报馆林立的四马路上的感觉不同。前者是东西方文明碰撞的产物，是西方强势文明改写上海商业进程的结果，也是根植于殖民地语境的异质性存在，而后者虽然也受近代出版业发展的影响，并多多少少带有某种前现代的特质，但总还有着残存的士大夫精神，即便是沉沦在游戏文章和黑幕哀情的旧文人，也还带着对逝去旧价值观的哀悼。白驹过隙，四马路一度代替了以"宝善街"为中心的五马路（广东路），五马路上的酒馆、妓院和赌场等"老派"的休闲方式，被四马路上兼做书场、戏院、弹子房的茶楼等综合性消费空间取代，而到了百货大楼兴起的时候，茶馆的喧嚣也渐渐淡去了。城市空间背后的情感变化，映射在文学中，构筑起不同的审美范式。

（二）现代性审美与"大众"消费

上海城市空间的急剧转型和大规模的人员流动，改写了市民的消费日常。学界对于近代以来上海消费文化的大众化倾向有较为一致的表述——"上海大众文化生活及其公共空间的形成，是商品经济、城市社会的伴生物，是建筑在近代生产与消费之上的文化行为，在一定程度上，它们构成了上海这座城市的文化底色"②。

---

① 叶中强：《上海社会与文人生活（1843—1945）》，上海辞书出版社，2010年，第61页。

② 王文英，叶中强：《城市语境与大众文化》，上海人民出版社，2004年，第18页。

在我们回望海派文学、特别是 20 世纪 30 年代的新感觉派作家作品时，都会感叹其与消费文化结合之深。作为一种新兴的欲望表达，基于日常审美的文学创作重新定义了文化价值，沉浸式的感官体验固然为文学带来了一种别样的书写方式，但同时也在世俗化的过程中丧失了前瞻性和超越性，换言之，缺乏洞察和自省。而在消费文化盛行的今天，会发现历史竟然惊人地相似。

20 世纪初，佩特、王尔德等人提倡的唯美主义传入日本，而鲁迅、周作人、郭沫若、田汉等留日作家在最初译介唯美主义时，将其与救亡启蒙的话语关联，进行了理论上的在地化尝试。但是显然，从 1920 年代开始，海派作家邵洵美、章克标等人"为艺术而艺术"的尝试，穆时英、刘呐鸥等人对现代个体心理的剖析，包括颓靡、孤独、倦怠等，都是在租界场域内依据唯美主义理念进行的文学操演，即鲁迅所说的"其为文人也，又必须是唯美派，试看王尔德遗照，盘花纽扣，镶牙手杖，何等漂亮，人见犹怜"[1]。审美理念上的差异已经为海派文学（此处取狭义）与左翼文学日后的矛盾埋下了伏笔。1931 年，水沫社解散，施蛰存、戴望舒、杜衡等人从左翼文学的"同路人"渐渐变成了左翼文学批判的"第三种人"。这其中当然有意识形态的因素，其中一个表现便是文学审美根本理念的严重分歧。对于左翼文学倡导的"普罗大众文艺"，刘呐鸥的一番评论颇有意味——"社会，阶级，意识，不管三七二十一都尽量地赶入无支持的破屋里去。于是作品便大众化了，其实哪知道这种大众化是极其小众化的东西。从'城市的大众'这句话的内容我们最起初想得出的，我看不是那站在小钱庄的柜台边算铜子儿的学徒，便是这班人出身（或者发了财）的小商店老板吧。这种大众的脑筋既忙于圆的东西的追求，

---

① 鲁迅：《登龙术拾遗》，《申报》"自由谈" 1933 年 9 月 1 日。

根本就没有所谓大众的意识，至于乡下的大众我看还是识字为先。"① 这番评论对普罗文艺的理想读者提出了质疑，同时也暗示了作者自己对于"大众"的定义——第一，并非所有人都是"大众"；第二，"城市的大众"并不存在，至多只是小资产者；第三，真正的"大众"在农村，但绝不是能够看得懂普罗文艺的人。

围绕"大众"展开的研究，若从现代文学史的角度切入，常以如下几条论述路径展开：新感觉派或者狭义的海派与左翼文学的矛盾；广义的海派文学框架内，两种对于"现代性"的叙事模式的冲突；1930 年代左翼文学与自由主义文学的论争。这些角度对于近代文学中"国民"话语的锻炼、对当代文学中大众消费的延伸都涉及甚少。学界对于"大众"表述的考察，囿于片段式的研究，这也相对窄化了海派文学研究，使其成为在革命文学兴起语境中的另类存在。左翼文学自然不缺少对"大众"的定义，但刘呐鸥关于"大众"的理解，显然不是以阶级论作为基础，而更倾向于一种西方市民文化框架中的解读。后者的解读与清末民初的"新国民"形象有着千丝万缕的联系，而海派文学的"大众"又多了一重商业性，使其与如今的消费文化可以构成历史的对话。在 1934 年黎锦熙的《国语运动史纲》中，为了辨析"大众语""国语"和"白话"的区别，根据王述达的《中国大辞典》对"大众"一词作了详细的词源考释——上古指的是被征发而当兵作工的农民；中古指的是和尚尼姑以及居士女居士们；近代的普遍用法便与"众人"相同；到了现代则相当于英语的"the Masses"，有了阶级性。② 而在雷蒙·威廉斯看来，"大众"对应的"Masses"最早是描述一个民族大部分人的轻蔑语（乌合之众），经由消费市

---

① 呐鸥：《中国电影描写的深度问题》，《现代电影》1933 年第 3 期。
② 黎锦熙：《国语运动史纲》，商务印书馆，2011 年，第 1—46 页。

场的洗涤，转变为依凭数量造就品味的价值传递。现在常与"大众文化"对应的"popular"（受欢迎的）一次最早也具有"低级的"含义，但是现在变成了"浅薄"但受很多人欢迎的用语。①有趣的是，如今的"大众文化"通译为"popular culture"，似乎"大众"和"受欢迎"是不言自明的组合，但海派文学和左翼文学在争取"受欢迎"的同时，却对"大众"各有不同的阐释。近年来开始有学者关注到"大众"这一概念贯穿了近代、现代和当代文学，颇具张力，并在不断变动的历史语境中进行着内涵和外延。正如罗崇宏所论，近代在批判"臣民"的基础上建立起"新民"的观念，"新民"的现代化过程是"大众"现代化的起点，而到了五四文学时期，"民主"话语变为一种"平民主义"的言说，直至1920 年代"工农"被整合进"大众"话语。②

由此可见，在我们强调现代主体的表达成就了海派文学的现代特质时，在我们从文学审美梳理海派文学的审美特质的渊源时，还需要进一步追问：在城乡视域下，现代性主体究竟由哪些要素构成？城市消费空间的更迭创造出了哪些消费群体？"大众"消费和海派想象的"大众"以及左翼文学的"大众"之间，存在哪些勾连？或许，彼时对于"大众"的解读，可以成为现在讨论大众语境中文学发展的原点。

（三）"京海之争"：对海派文学起点的再考察

1930 年代的"京海之争"，作为对海派文学乃至现代文学造成深远影响的文学事件，相关的研究不可胜数。严家炎、杨义、

①　参见雷蒙·威廉斯：《关键词：文化与社会的词汇》，刘基建译，生活·读书·新知三联书店，2016 年。

②　参见罗崇宏：《近代以来中国"大众"话语的生成与流变》，社会科学文献出版社，2019 年。

钱理群、王爱松等学者都被视为论争的发起人。

沈从文于 1933 年 10 月 18 日《大公报·文艺副刊》上发表《文学者的态度》，尖锐地指出当时文坛"白相人"的怪象——"一面是一群玩票白相文学作家支持着所谓文坛的场面，一面却是一群教授，各抱着不现实愿望，教俄国文学的就埋怨中国还缺少托尔斯泰，教英国文学的就埋怨中国无莎士比亚，教德国文学的就埋怨中国不能来个歌德"，并提出真正的文学家应该"能明白得极多，故不拘束自己，却敢到各种生活里去认识生活，这是一件事。他应觉得他事业的尊严，故能从工作本身上得到快乐，不因一般毁誉得失而限定他的左右与进退，这又是一件事。他做人表面上处处依然还象一个平常人，极其诚实，不造谣说谎，知道羞耻，很能自重，且明白文学不是赌博，不适宜随便下注投机取巧，也明白文学不是补药，不适宜单靠宣传从事渔利，这又是一件事"。沈从文在该文中尚未指名道姓，但圈内人士几乎都能够自行对号入座。到了 1934 年 1 月 7 日，沈从文在《大公报·文艺副刊》再度发文，直接抨击"海派"——"'名士才情'与'商业竞卖'相结合，便成立了我们今天对于海派这个名词的概念。但这个概念在一般人却模模糊糊的。且试为引伸之：'投机取巧'，'见风转舵'……一看情形不对时，即刻自首投降，且指认栽害友人，邀功牟利，也就是所谓海派。因慕渴出名，在作品之外去利用种种方法招摇；或与小刊物互通声气，自作有利于己的消息；或每书一出，各处请人批评；或偷掠他人作品，作为自己文章；或借用小报，去制造旁人谣言，传述摄取不实不信的消息，凡此种种，也就是所谓海派。"①

对于这样激烈的攻击，曹聚仁第一时间在《申报·自由谈》

---

① 沈从文：《论"海派"》，《大公报》1934 年 1 月 7 日。

上回应："'京派'和'海派'本来是中国戏剧上的名词，京派不妨说是古典的，海派不妨说是浪漫的；京派如大家闺秀，海派则如摩登女郎"，"若大家闺秀可嘲笑摩登女郎卖弄风骚，则摩登女郎亦可反唇讥笑大家闺秀为落伍"，"穿高跟鞋的摩登女郎，在街头往来，在市场往来，在公园往来，她们总是社会的，和社会接触的。那些裹着小脚，躲在深闺的小姐，不当对之有愧色吗？"①紧接着，海派文人和京派文人大致以《申报·自由谈》和《大公报·文艺副刊》为阵营，徐懋庸、苏汶、师陀、胡风、姚雪垠等人纷纷加入了这场论争。最终以鲁迅的分析一锤定音："北京是明清的帝都，上海乃各国之租界，帝都多官，租界多商，所以文人之在京者近官，没海者近商，近京者在使官得名，近商者在使商获利，而自己也赖以糊口。要而言之，不过'京派'是官的帮闲，'海派'则是商的帮忙而已。但从官得食者其情状隐，对外尚能傲然，从商得食者其情状显，到处难于掩饰，于是忘其所以者，遂据以有清浊之分。而官之鄙商，固亦中国旧习，就更使'海派'在'京派'的眼中跌落了。"②鲁迅的这番言论，没有卷进两派的争斗，而是巧妙地从文化环境切入，既解释了海派文人的"市侩气"乃是出于谋生的需要和得天独厚的商业氛围，又点明京派的"闲适"多少也是不愁生计的官场文化造就的结果。一直以来，学界都依照着沈从文抨击—海派回应—两派争论—鲁迅定性这样的文学史叙述来回顾这次事件。但越来越多的学者发现，这次因为抗战而仓促结束的论争本身，蛰伏着诸多线索，京海之争的主线并非如此单一而明晰。

　　"京海之争"，看似是京派和海派因为文学旨趣不同而产生的

---

① 曹聚仁：《京派与海派》，《申报》1934年1月17日。
② 栾廷石（鲁迅）：《"京派"与"海派"》，《申报》1934年2月3日。

论争，实则是反映出不同的文学生产场域导致"文以载道"的传统文学价值观受到挑战。孙琳在考辨"海派"的历史多面性时，认为苏汶的辩驳是在"为一种生活方式'正名'"，即在商业资本的操控下，自谋生路的文人必须要在保持独立性和迎合市场之间做出艰难的选择。① 不难看出，在资本和市场重新定义"名士才情"之后，苏汶等人试图摆脱所谓"商业竞卖"的污名。此时的海派文人已经和鸳蝴派的老旧文人不同，如果说后者是科举废除的历史遗留物，虽然沉迷哀情黑幕，但还带着没落士大夫的道学观念，那么前者已是在较为成熟的现代性试验场里成长起来的文人，依附于科举选拔的文学观念的最后一点约束，早就在市场的步步紧逼中烟消云散了。京派文人对于文人"玩票白相"的憎恶，其实是来自于商业化侵入文学生产的隐忧。而刘涛、黄德志更是将京海之争放置在文学南北之争的大背景中，认为"'京海之争'看似仅是一场偶然，但是它所折射出的中国近现代文化中的地域差别和新文学内部之间的矛盾斗争又足以证明它产生的必然性"②，这场论争由此成为了新文学内部争夺话语权的事件。

在当下网络文学兴起、纯文学读者群日益萎缩的时代，再考察"京海之争"中苏文等人的无奈和沈从文等人的担忧，可以发现这次文学事件的意义已经溢出了文学史，而成为当今人文精神危机的一个寓言。

三、新时代海派文学的新变与展望

一般来说，尽管对于海派文学的审美特征和历史演变，学界

---

① 孙琳：《"海派"的历史多面性研究》，《当代文坛》2016年05期。
② 刘涛，黄德志：《"京海之争"起始考辨》，《南京师范大学文学院学报》2019年04期。

已经有了多次探讨，也能在某种程度上达成一致，如"消费主义""市民文化""通俗文学"等历史语境和文学资源为海派文学"杂糅""开放"等特点提供了有力的学理支撑，但海派文学依然是一个歧义丛生的概念，诸多新兴的文学实践也在模糊不清的"海派"框架中自由生长。有学者犀利地指出："以'海派'为关键词，对'京海之争'进行历史考古便呈现出一个'吊诡'的困境——今天'海派'文学命名的所指与当时那个历史时间点中的'海派'几乎毫不相干"。① "京海之争"作为给"海派"命名的标志性历史事件，有着特定历史时期的烙印。这次"命名"的影响十分深远，与后来海派文化的"正名"和海派文学在学术界的讨论不无关联。学者提出的"海派"命名的"后置性"，一方面给海派文学的繁荣带来了自由丰厚的土壤，但另一方面，命名的危机从未解除，海派文学和带有海派特色的文学之间并没有泾渭分明的界定，这导致"海派"作为起源于上海本土的特定审美范式，却时刻有被多元的文学生产"消解"的危险。

（一）为海派"正名"

1947 年，杨晦的《京派与海派》、夏康农的《是该提出人民派的称呼结束京派与海派的无谓纷争的时候了》《论海派北移》等文见于《文汇丛刊》等杂志，重提海派文化，但基本上沿用的还是鲁迅对京派和海派的总结。夏康农补充道："是要到'海派'的进取精神和'京派'的有所不为发现了协调的统一，才是新的文化的开始。"② 1980 年代中期开始，随着市场经济的深入推行，

① 孙琳：《海派文学研究的困境及其转机——以"海派"的命名为视点》，《社会科学战线》2017 年第 3 期。
② 夏康农：《论海派北移》，《文艺新辑》1948 年第一辑。

"上海文化界正在大张旗鼓地进行'文化发展战略'和'海派文化'的讨论,学者们认真地探讨伏案与'海派'的定义、特征、正负面的影响,写出许多美文。商人们则不失时机地将每一种商品都贴上'海派'的标签。于是,在海派文化、海派小说、海派影视之外,不仅有海派家庭、海派丈夫之类,也有海派住宅、海派家具、海派袜子的等等。'重振大上海雄风'成为一时流行的新口号。"① 以致许道明感叹,"'海派'种种的再度崛起,虽迎来了非凡的热闹,却始终无法熨平人们多少有些慌乱的心律"②。究其原因,是对于"海派"的认识太过泛泛,而在浮躁的经济氛围中,海派文学的"杂"成了一把双刃剑。1985 年 11 月,上海市委宣传部思想研究室、《解放日报》《文汇报》《社会科学》杂志联合发起召开"海派"文化特征学术讨论会,上海理论界、学术界和文艺界的七十多位专家学者对海派文化进行了新一轮的审视。会议对"海派"文化的定义、"海派"文化的特征、对"海派"文化的评价以及"海派"文化的前途进行了讨论。会议将海派文化的特征归纳为"创新""开放""多样""崇实""善变"。参会的大多数学者在展望海派文化未来时持乐观态度,"只要我们继承和发扬'海派'文化的优良传统,吸收'京派'以及其他各派之所长,克服自己的弊端,加强马克思主义理论和现代文化素养,坚持面向现代化,面向世界,面向未来,根据上海政治、经济、人文、地理优势,完全有可能重振上海文化半壁江山的声威,创造出具有'海派'特色的社会主义新文化"③。现在看,这次具有前瞻性的

---

① 杨东平:《城市季风:北京和上海的文化精神》,东方出版社,1994 年,第 1 页。

② 许道明:《海派文学论》,复旦大学出版社,1999 年,第 2 页。

③ 魏承思:《"海派"文化特征学术讨论会综述》,《社会科学杂志》1986 年 01 期。

会议对于重建上海城市形象、丰富上海人文底蕴、加强海派文化认同产生了深远影响。

时光荏苒，2018 年，上海市委宣传部会同全市各相关单位，围绕打响"上海文化"品牌，用好用足上海丰富的红色文化、海派文化、江南文化等宝贵资源，以打造文化品牌优势为重点，形成了《关于全力打响"上海文化"品牌加快建成国际文化大都市三年行动计划》（下文简称"《三年行动计划》"）。《三年行动计划》明确了打响"上海文化"品牌的四层级体系：第一层级为顶层目标，即打响红色文化、海派文化、江南文化三大品牌任务。为了使奋斗目标更为清晰，更为具象，市民的感受度更高，总目标又细化为五个分目标，即城市特质更加彰显、文化事业更加繁荣、文创产业更加发达、文化交流更加频繁、优秀人才更加集聚。在该行动计划中，打响"红色文化品牌""海派文化品牌""江南文化品牌"是三大重点任务。其中，打响海派文化品牌提出要大力弘扬上海城市精神，重点结合"上海文创 50 条"，打造一批全国乃至全球知名的海派文化品牌。2019年，在全国政协十三届二次会议上，习近平总书记看望了文化艺术界和社会科学界的委员并发表了重要讲话，指出"一个国家、一个民族不能没有灵魂。文化文艺工作、哲学社会科学工作就属于培根铸魂的工作，在党和国家全局工作中居于十分重要的地位，在新时代坚持和发展中国特色社会主义中具有十分重要的作用"。这段精辟的论述，不但阐明了文学艺术和社会科学的重要地位，也指明了文学艺术和社会科学的根本性任务，就是为时代培根铸魂。

改革开放以来，海派文学在不断吐故纳新，实现自身的突破与创新。海派文学的研究起点，以近现代文学史的观照为主。虽然近年来陈啸等学者对京海派散文的梳理和发掘，将丰子恺、章克标、钱歌川等人的海派散文带入公众视野，但绝大多数关于海派文学的研究依然以小说为主，倾向于通过对文学"故"事的回溯，在文学史中找到确凿的"海派"标杆。而当代海派文学的讨论，总是被放置在城市文学、上海文学、地方文学、世界文学等概念中进行讨论，其中折射出"城与人""人与物""人与人"等诸多命题，既贴近时代脉搏，又在字里行间有着历史的回响。对于海派文学的解读，既是"重写文学史"的"文化寻根"，也是对新时代上海城市精神的重塑。

（二）"地域"与"超地域"的海派文学

1996 年，王德威在《海派作家又见传人》一文中，将王安忆笔下的市民日常划归为历史变动后的海派创作。该文刊于《读书》杂志，与其说是一个单纯的作家作品论，不如说是一种重拾海派文学学术史的尝试。"半世纪已过，不论是张爱玲加苏青式的世故讥诮，鸳鸯蝴蝶派式的罗愁绮恨，或新感觉派式的艳异摩登，早已烟消瓦灭，落入寻常百姓家了。然而正是由这寻常百姓家中，王安忆重启了我们对海派的记忆。"① 市井里弄的生活日常，构成了宏大叙事的另一面，这种 1990 年代海派创作的重要特征，远承近代以来的通俗文学传统，也一直延续到新世纪的海派小说创作。虽然王安忆不太认同自己是"海派"作家，而除去她的《长恨歌》等一系列具有典型"海派"特征的创作，她也逐渐向失落的人文历史深处进行探索，试图将部分文字抽离市井生活语境，如《遍地枭雄》《启蒙时代》《匿名》《天香》《一把刀，千个字》等。因而也有学者认为，"王安忆的小说创作，实同时受到了海派文学传

---

① 王德威：《海派作家又见传人》，《读书》1996 年 06 期。

统和'五四'文学传统的影响"①。

除了王安忆的作品，如果说陈丹燕的"上海三部曲"、唐颖的"双城系列"，薛舒、滕肖澜笔下的小人物心事，都带着浓浓的老上海"味道"，那么小白、路内、张怡微、王占黑等年轻作家眼中的上海，早已是另一种风景。值得注意的是，海派文学研究一方面带有强烈的地域文学色彩，另一方面，对于网络文学这样新兴的文学创作而言，文学的地域特征在互联网空间中已经模糊化，而原本寓居于都市空间的海派文学，到了网络平台上可能会被贴上都市、情感、职场等新型的标签。换言之，海派文学需要适应一种新型的互联网分类学。金宇澄的《繁花》，即是一个典型的案例。这部"沪语"小说面世后受到大量读者追捧，让人有些意外的是，在 2018 年的"中国网络文学 20 年 20 部优秀作品"中，《繁花》也榜上有名。这次的评选由中国作协网络文学委员会、上海市新闻出版局、上海市作家协会、阅文集团联合推选，带有官方色彩，而《繁花》最初确实也是网上连载的。2011 年 5 月，金宇澄以"独上阁楼"为网名，在弄堂网开帖《独上阁楼，最好是夜里》，每天连载一段，一直更新到同年的 11 月。金宇澄也坦言，虽然弄堂网主站已经撤销，但是说到修订过的《繁花》，昔日的第一批读者们依然喜欢初版的上海"味道"——"直到现在，弄堂网不少的上海网友，还是觉得初稿的语感最好，沪语味道更浓。但我在《上海文学》做了三十年文学编辑，要给隔壁邻居、最权威的长篇小说杂志《收获》投稿，就得接受专业要求，包括以后在上海文艺出版社出单行本。在我眼里，我在网上搞的是文字游戏，现在我要回家，家有家规，有我最熟悉的各种习惯，首先它是一个普通话或北方方言的世界，大量非沪语的读者，

---

① 胡红英：《在海派文学与"五四"文学的传统之间——王安忆小说创作的继承性问题》，《当代文坛》2021 年 01 期。

因此我做的最大修改是语言的修改。现在大家提起《繁花》都说是‘沪语’小说，其实它是‘改良沪语’做的一本小说。比如，这小说里没有侬——沪语的‘你’，常用字，假如我小说里用了这个方言字，就满篇都是，读者不是不懂，肯定是不喜欢的，我因此去掉，要改良，要拿捏转换，一部三十五万字的小说没有第二人称，读者没发觉，这就是我的改良。"① 金宇澄所说的"回家""家规"，其实针对的是以普通话及标准语法规范为参照的纯文学世界，但《繁花》意外"破圈"，无意中揭示了地域性写作和网络写作的复杂关系。一方面，"上海网友"限制了本来地域性较为模糊的网络读者，他们的审美趣味指向彼此十分默契的"上海味道"；但另一方面，海派文学需要扩大自己的影响力，就必须使用通行的语法规则进行自我约束，而这个过程中的"海派"元素也削减了。

杨扬在谈及作为文学类型的海派文学时，曾经指出"海派文学具有地域性文学的特色，它是一种南方文学。但它同时又是超地域的，因为海派文学身上表现出现代都市文学的特征，它是中国现代都市文学经验的最早也是最集中的尝试与示范，表现出中国文学现代性复杂多样的现象"②。在城市的边界越来越模糊、人口流动已是日常景象的当代中国，海派文学的都市书写映射的不仅是上海故事，也是改革开放以来全球化浪潮中的中国地方书写。而现在的海派文学所经历的媒介剧变，不亚于清末民初经历的出版业腾飞。当网络文学、科幻文学、人工智能写作的热潮接踵而至，如何在文学创作自我革新的同时，提出既是地方的、又是世界的审美范式，这对海派文学而言，既是机遇，也是挑战。

---

① 罗昕：《金宇澄也是网文作家？他说：网络文学和纯文学其实是殊途同归》，https：//www. thepaper. cn/newsDetail_forward_2052377。

② 杨扬：《城市空间与文学类型——论作为文学类型的海派文学》，《学术月刊》2008 年 04 期。

第六章 海派生活文化与域外文明：近代上海公共文化空间的形成

　　被称为"东方巴黎"的上海，顾名思义，汇集了世界的文化，异彩纷呈。换一个今天的词语，大概就是"全球的上海"。然而，"海派文化"不仅仅是与"京派"戏曲、文学、电影、绘画相区别的一个名词，更是多国文明在此交汇，与本土、江南、吴越文化相融合而生发出来的气质。外滩的万国建筑、居民的小洋楼、旗袍与摩登的西服、西式教育的格物致知、洋泾浜英语、各式大餐西点……

　　"海派文化"作为城市文化的一种类型，是很接地气的市民文化。它是上海近代化过程中的产物，而影响其文化构成的主要因素，一是中西文化碰撞、认同与排拒的产物，二是移民文化融合的结果。[1] 处于近代裂变期的中国，在各方面都受到了西风的冲击，上海之所以有别于其他城市而凸显自有的文化气质，很重要的一点是因为租界文化，这是中西文化在上海的传播、交融体现之一。[2] 还有一点是传教士文化。

　　海派文化产生于民族危机与国家存亡之际，这个时期，传统

---

[1]　张仲礼主编：《近代上海城市研究·文化篇》第 7 章，上海人民出版社，1990 年。

[2]　熊月之：《西学东渐与晚清社会》，上海人民出版社，1994 年。

士大夫、文人、精英新知识分子以及一般大众通过文学、教育、政治等活动肩负起"救国保种"的重任，也遇到了一些主客观上的限制与风险。而拥有行政自治权和治外法权的租界，享有一定的豁免权，在一定程度上保护了这些文化活动，保持了相对独立的政治态度；而且享受各种货物值百抽五的进口税率和 2.5% 的子口税率，[①] 为海派商业经济的发展提供了宽松的竞争环境。

海派文化（在形成过程中）所受的域外文化的影响，主要是晚清至民国十年的 20 年间左右，其中，日本作为东西方的"中介"发挥了重要作用：早期维新改良思潮深受日本影响；20 世纪第一个十年，文化类的关键词是小说和戏剧，二者均受到日本的巨大影响；第二个十年，是海派文化的发展的第二个阶段，娱乐性世俗化商品化日渐增强；30 年代是南国社、左翼与新感觉派两种海派文化传统并行发展的时代，海派文化充分借鉴了工业化和商业化的文化娱乐形式，而在苏联等影响下的左翼大众文化运动则推动海派文化的启蒙教化功能和革命性进一步强化。[②]

这是我们通常研究的海派文化的"文化"对象，学界的研究成果极为丰富。不过还有一种文化可能受到的关注不是那么大——生活文化。笔者认为，相对于其他戏曲、电影、文学的"文化"来说，这一点可能更清楚地解释上海之所以获得别称"东方巴黎""全球的上海"的原因。

那么，在生活文化中，本章将要关注什么问题？

"生活"文化的影响，有直接的也有间接的。有传教士在华开展的宗教、学校教育、音乐、体育、公共卫生等文化；也有从租

---

① 邹振环：《清末的国际移民及其在近代上海文化建构中的作用》，《复旦学报（社会科学版）》1997 年第 3 期。

② 详见郭骥：《近代上海的海派文化》，上海人民出版社，2020 年。

界的世界移民生活中发展出来的商业、印刷、报刊、通讯广播、饮食、现代化设施、趣味娱乐、公园、音乐等文化，虽然有着地域上的分界，华洋分居，但是以上海城市来看又是华洋杂处的，西方的生活方式和行为准则在与中国本土文化的碰撞、排斥、融合之中，逐渐形成了上海独特的文化。由表及里，逐渐影响到上海（人）的思想与气质，形成了上海的价值观与世界观。

生活文化的影响，还有第三种来源，就是留洋归来的国人以及在上海的国人自主地引进西方文明。这些文化主要进入上海及作用的时间，匹配了"海派文化"与域外文明关系密切的三个阶段，即晚清的思想界、清末的小说戏剧、民国初年的西化娱乐化、民国三十年代的工业化商业化娱乐化。这三种来源中，第一、第二种虽为被动，但亦有交互接受与影响；第三种则为主动，且目标明确。本文拟从三种来源入手（租界、传教士、国人），抽取其中对"海派"生活方式和行为准则（价值观）的形成具有影响力的要素进行梳理，阐释西方的风俗习惯、物质文明、制度文明、精神文明是如何与上海固有的文化融合起来形成了"海派文化"的精神气质的。主要内容为：移民文化的商业与文化趣味；传教士文化的教育与宗教；陈之佛的海派商业美术设计与日本。

一、移民文化

开埠后的上海，成了世界各国"冒险家的乐园"，冒险家们最多时来自 58 个国家。经常被引述的这段话充分体现了上海海纳百川的丰富性。

走在南京路上的时候，你会觉得好像在参加世界各族大聚会。路上走的有高高的大胡子俄国人、胖胖的德国佬、没准你一头撞上一个瘦小的日本军官，他显得趾高气扬，认为自己是优秀的大和民族的一员，征服整个欧洲都不在话下。老于世故的中国人坐在西式马车里，精瘦的美国人则乘人力黄包车。摩托车飞驰而过，差点撞到一乘帘子遮得密密实实的轿子，轿中坐的是中国的官太太。一个法国人在狭窄的人行道上向人脱帽致敬，帽子正好打在一名穿着精美黄色丝绸外套的印度人脸上。耳中听到的是卷舌头的德语夹杂着伦敦俚语。穿着巴黎新款时髦衣衫的人旁边站着近乎半裸的穷苦小工，一对水手踏着双人自行车飞驰而过，两名穿着和服、趿着拖鞋的日本仕女转身避让，显得有点恼怒。着一身灰袍的和尚手肘碰到了一名大胡子罗马传教士。出于对祖国的热爱而不是商人那种唯利是图的本性，一位俄国店主店里的商品标价牌一律用俄文书写，使人看了茫然。对面是一家日本人开的理发店，店主用了生硬的英语写了广告语，保证大家在此理发，价格低廉。①

这段历史性的叙述生动得好像文学作品一般。近代上海华洋分居，各国移民带着各自的文化因子，在上海生根发芽。他们的职业五花八门，活动贯穿于整个上海，为上海的城市文化繁荣打下了基础。"清末国际移民在保持与发扬迁出地文化优势的同时，或多或少总会吸收迁入地文化的养料，而迁入地原有的本地居民，也会有意无意、直接间接地吸收和整合外来文化，异质文化互相冲突、碰撞，渐渐融汇为一种独特的上海文化。"② 这种独特的文

① 卢汉超：《霓虹灯外》，上海古籍出版社，2004 年，第 31 页。
② 邹振环：《清末的国际移民及其在近代上海文化建构中的作用》，《复旦学报（社会科学版）》1997 年第 3 期。

化被称为"海派文化"，其独特性就在于它是东西方文明冲突与融合的产物。

据统计，清末上海的国际移民人口从 1843 年到 1910 年增长了 500 倍，虽然在移民人口（国内国际）中所占比例很小，但产生的影响却很大。"由于上海没有属于纯粹本地文化的生活习俗和主流生活方式，因而国际移民较容易在上海长期保全迁出地的文化模式。"[①]　于是，英、美、法、德、日、俄、印度、葡萄牙、意大利、奥地利、丹麦、瑞典、挪威、瑞士、比利时、荷兰、西班牙、希腊、波兰、捷克、罗马尼亚等世界主要国家都来到了上海，50 个国家就是 50 种文化，为这座城市增添了如许多的文化内涵。

（一）"重商"文化

这么多的世界移民，虽然其职业情况未留下清晰的资料，但据研究，从事商业活动、商人的比重最为突出。通过 1850 年、1870 年、1930 年、1935 年、1946 年的外侨数据统计，可见上海的外国人中以经营商业者为众。[②]

上海的工业、商业和金融活动大多在公共租界进行，大部分的学校、几乎所有的报馆、也都设在公共租界或法租界内。20 世纪二三十年代，租界内的外滩原先简陋的建筑更新重造，黄浦江边自北向南，高楼巨厦如群峰突起，与以 24 层楼的国际饭店、四大公司为代表的南京路楼群形成一个"T"字形，并由此向外辐射，与周围的商贸经营型大楼构成了一幅"万国建筑博览会"的

---

① 邹振环：《清末的国际移民及其在近代上海文化建构中的作用》，《复旦学报（社会科学版）》1997 年第 3 期。

② 张晓慧：《近代外国移民与上海城市文化的发展（1843—1937）》，宁夏大学硕士学位论文，2013 年，第 9 页。

壮观画面，成为上海这个国际大都会奢华而气派的一种象征。①
因为有租界的保护，不同于其他内地城市，上海得以维护了工厂
生产及商业贸易环境，以及稳定而大量的移民人口，成为集商贸、
金融、工业于一体的国际大都市。

中国传统上是一个农业大国，有着"重农抑商""重文轻武"
的义利观。但是，在上海，随着租界文化、商业文化的发展，这
种态度向着现实主义、实干主义方向发生了转变。开埠以后，港
口城市相较于其他城市来说，具有地理上、贸易政策上的优势优
惠，并且上海在交通最便利的市中心设置了租界。各种洋行、银
行纷纷进驻，再加上传教士的来华，带来了一套不同于传统中国
的市政建设模式与新的生活文化、娱乐教育。

"与近代工业文明承认世俗生活的合法性、鼓励追求财富的奋
斗理念相似，江南地区崇尚物质享受的市民文化在近代也有了很
大程度的发展，追逐声色货利，追求新奇，讲究饮食衣着，蔑视
礼教，在明清时期的江南已是普遍现象。"② 不同于中国其他内陆
城市，上海原就具有较为开放的观念与较为发达的经济基础，因
此能够较快地接受西方的服饰文化、饮食文化、建筑文化，并接
受其背后的审美与精神文化，形成了崇尚自然、开放包容的心态。
既有基盘，又耳濡目染，上海养成了务实精神、竞争意识，曾处
于"士农工商"底层的"商"的地位有所提升。并且，随着外国
资本势力的进入，外国货的倾销压制了中国民族工商业的发展，
反而推动了爱国主义精神的迸发，"国货潮"与"重商"的实干精
神不谋而合。

---

① 钱文亮：《论近代上海城市转型的历史与文化》，《首都师范大学学报（社会科学版）》2018 年第 6 期。

② 同上。

（二）"世界大餐"

民以食为天。19 世纪 50 年代上海出现了多家西餐馆，据说后来多达上千家。① 正是因为租界的移民群才带来了法式、英式、美式、俄式、德式、意大利式以及印度咖喱。"'往食'的华人正是在对各种西餐的品味中渐渐认识不同的异质文化。"② 有了见闻自然就会吸取，创造出"西餐中吃""中菜西吃"的新饮食方式。

1866 年上海的美华书馆刊印了美国传教士高第丕夫人编写的《造洋饭书》，这是目前知道的中国最早的西餐烹饪书籍。在这本书里，高第丕夫人创造了许多译词，如 Chocolate "知古辣"（巧克力）、Coffee "磕肥"（咖啡）、Curry "噶唎"（咖喱）、Lemon "来门"（柠檬）、Sada "稣哒"（小苏打）、Pudding "朴定"（布丁），今天看起来这些词语似乎与我们有点隔阂，但其实译词很接近原始发音，只不过当时西餐尚未流行，尚未形成约定俗成的译字罢了。而一些不是音译的词语，有研究者指出对应得很不错。如 Cake "糕"（蛋糕）、Cakes "饼"（饼干）、Dried Fruits "果干"（干果）、Jelly "冻"（果冻）、Yeast "酵"、Ham "火腿"、Omelette "荷包蛋"等词语都比较合适，至今还在使用。③ 美食家沈宏非最欣赏《造洋饭书》中高第丕夫人将西餐的甜点 Syllabub 译成"雪里白"，他认为这种译文比现在的通译"奶油葡萄酒"等都要恰当传神，是可以媲美"可口可乐"的翻译。④ 随着西餐西点在近代上海的流行，越来越多的译词传播开来，自然而然地进入了平常

---

① 吴承联：《旧上海菜馆酒楼》，华东师范大学出版社，1989 年。
② 邹振环：《清末的国际移民及其在近代上海文化建构中的作用》，《复旦学报（社会科学版）》1997 年第 3 期。
③ 邹振环：《西餐引入与近代上海城市文化空间的开拓》，《史林》2007 年第 4 期。
④ 刘楠、王富银：《〈造洋饭书〉的文化拓扑研究》，《大众文艺》2020 年第 4 期。

百姓的生活，被汉语所吸收。哈斗、白脱、西番尼、拿破仑、别司忌……都是今日大众熟悉而喜爱的甜点。

咖啡进入上海的时间很早，大概在 1844 年，而最晚至 1876 年咖啡已进入市民的日常生活中，到了 20 世纪 20 年代上海更衍生出了一股咖啡馆文化热潮，如《申报》设"咖啡座"专栏、张资平开了上海咖啡馆、田汉开了 caféla Midi、很多文化名人创作了以咖啡店为主题的作品。咖啡馆扮演了"上海观察世界之窗口"以及"世界进入上海之港口"的双重角色。[①] 情调比味道重要，咖啡馆的现代沙龙氛围才是咖啡文化走红的原因，促进了公共社交的形成。

民国时期上海的生活消费水平明显高于北京、天津等城市，自清末至 20 世纪 30 年代，上海人的消费发生了可以称之为"消费革命"的质变，上海市民的消费表现出明显的现代趋向，呈现出全新的消费模式与形态。[②] 这得益于外国货在上海的大量使用，进口商品以其价廉物美吸引了消费者，改变了生活。"洋货作为西方文明的一种物质载体，在进入中国的时候，就把西方生活方式也带到了东方，逐渐改变着上海市民的消费心理和消费习惯，也使传统文化观念发生了巨大的变化。"[③] 以肉禽蛋奶为主料的西餐，营养价值高，到了节假日，市民去环境优美的龙华路"游法国花园、吃法国大菜"，[④] 或者去"凉爽卫生、价格低廉、洋酒冷

---

① 包亚明：《多维度打造咖啡文化，全方位演绎上海气质》，《文汇报》2021 年 3 月 30 日。

② 忻平：《从上海发现历史：现代化进程中的上海人及其社会生活（1927—1937）》，上海大学出版社，2009 年，第 268—277 页。

③ 徐赣丽：《建构城市生活方式：上海近代文明化及其动因》，《民俗研究》2020 年第 5 期。

④ 《方济》，《生活》周刊第 6 卷第 29 期，1931 年 7 月 11 日。

食、应有尽有"① 的华安饭店。

20 世纪 30 年代，文坛上有一个著名的"新感觉派"，以穆时英、刘呐鸥等为代表。这批受了外国文艺影响（主要是日本）的作家描绘了上海大都市的现实性欲望生态图。而其引介的日本新感觉派，正是大正时代流行的"摩登""虚无"情绪之下的产物。"高高地装在一所洋房顶上而且异常庞大的 NEON 电管广告，射出火一样的赤光和青磷似的绿焰：LIGHT，HEAT，POWER!"则是著名的茅盾的小说《子夜》的开场。

（三）文艺的趣味

社交娱乐的丰富，营造了清末上海城市的多样性对话，而广泛对话是城市发展的关键因素。

1850 年英国人成立了上海英人业余剧社，在上海新皇家剧院演出了《势均力敌》《飞檐走壁》等西洋话剧；1860 年在沪英美移民成立了上海西人爱美剧社，1867 年在兰心剧院首次公演《银鱼在格林威治》。国际移民还从西方请来了魔术团、马戏团，举办了赛马、赛球、赛船等游艺活动，开设了健身房、运动场、游泳池，举办运动会，引进了西洋交际舞，举办了舞会，这些丰富多彩的娱乐活动逐渐受到了中国人的喜爱与参与，形成了清末上海城市的多样性对话。②

以舞蹈为例。原本是外国移民的一种休闲活动，慢慢地这种私人舞会的规模与范围扩大，促生了营业性舞厅。1921 年英商开

---

① 　《华安饭店》，《生活》周刊第 7 卷第 34 期，1932 年 8 月 27 日。郭佳男：《20 世纪二三十年代上海市民日常生活现代化研究——以〈生活〉周刊报导为中心》（哈尔滨师范大学硕士学位论文，2019 年）通过《生活》周刊，对近代上海的衣食住行生活文化做了详细考察。

② 　参见邹振环：《清末的国际移民及其在近代上海文化建构中的作用》。

设在大华饭店内的舞厅成为中国第一家商业性公共舞厅，两年后中国影戏公司附设舞厅成为中国人创办的第一家商业舞厅，随后上海开设了十多家舞厅，文人知识分子自不必说，一般市民也是常客。"除爱看影戏外，近来又增加了一种娱乐，就是喜欢跳舞。近来居然于星期日傍晚常到大华饭店去加入大跳而特跳。"①

1930 年代的报纸上更布满了"冷气舞厅"的广告。《申报娱乐专刊舞艺特辑发刊勗舞艺界》称："歌舞之在吾国历史上可谓悠久……世界各大民族，无论其已未开化，莫不各有其民族性之歌舞，盖爱好音乐，爱好歌舞为人类之天性，似非人力之所能遏止者也。……欧战以还，各国以英国式交际舞，姿态自在，文雅大方，纷纷采用，即俗称所谓标准式。"② 同版上的《舞场巡礼》记："所谓东方巴黎的上海，有摩天大楼·跑马厅·跑狗场·回力球·电影院·舞厅。关于夜生活方面，霞飞路·四川路各有各的异国情调，咖啡馆·酒店，变相的人肉市场，尤其是舞场，虽然有几家维持不了而停业，可是还不断像雨后春笋般的产生着。"③

租界的消费娱乐，为上海的都市生活带来了新的娱乐设施；社交舞、古典舞曲、爵士乐，带动了学习舞蹈的热潮，改变了上海人的生活娱乐习惯，提高了人际交往的程度与素质。这一点功能同样也反映于生活娱乐中另外一个公共文化设施——公园。中国园林多是私家园林，假山飞檐、奇花异草，符合文人雅趣，适合家庭家族内欣赏。而西式公园最初虽是贵族的家族园林，但随着工业革命的发展，逐渐开放为近代公园。园内活动内容丰富，不仅有体育活动、俱乐部，还有交际、集会演说的功能。近代上

---

① 邹韬奋：《访问胡适之先生记》，《生活》周刊第 3 卷第 5 期，1927 年 12 月 4 日。

② 伯樵：《申报娱乐专刊舞艺特辑发刊勗舞艺界》，《申报》1937 年 6 月 19 日。

③ 楠：《舞场巡礼》，《申报》1937 年 6 月 19 日。

海的西式公园内便设有儿童娱乐设施、动物展览区、植物标本园，经常会有各个国家的戏团与个人表演，或者举办庆典活动，比如英国领事馆、英美租界、英王加冕、上海开埠 50 周年庆祝活动、法租界、天皇即位典礼，甚至还有英法日等国在公园内操练军事的活动。

在建筑设计以及管理系统上，上海的公园采用了西方最先进的理念，成立公园管理委员会等管理部门。在这些规则规范的指导下，游客逐渐养成了遵守法则的习惯，公园形成了合理的收费制度，还建造了公共厕所。从"私"家园林到"公"众花园，个体在公共场所的言行举止随之有所约束，培养了较高的公共文化素质。

（四）西乐与公共性

今日上海，拥有上海大剧院、上海东方艺术中心等文化地标，它反映了城市文化形象与大众的文化品位，更体现出深厚的人文气息和文化底蕴。

其最初的西乐熏陶可以追溯到教堂音乐。开埠后，随着基督教的进入，教堂陆续建造，相应配置了西方的乐谱、手风琴、钢琴等西乐器物。后来，在传教士文化的宣扬浸染下，慢慢渗透到了市民文化之中。教会的音乐也促进了近代上海的学校教育，很多学校内都设置了音乐教育课程，1927 年成立了国立音乐院。俄侨、犹太人对上海西洋音乐的发展也发挥了重要作用。十月革命后，一大批"白俄"来沪，这批人在国内时大多从事艺术职业，从而将西方的文学、音乐等艺术带进了上海。

西洋音乐从进入上海起就是一种"公共"的文化：1850 年英国人组成了业余乐队，到 1879 年发展为上海公共乐队；1876 年徐家汇花园设定西洋音乐演奏会，对社会公众开放；1879 年（一说 1881 年）上海工部局铜管乐队成立。至于剧院，1866 年英侨在圆明园路诺门路建造了中国第一家西式戏院——兰心戏院，并于 20 世纪初被中国经营者吸纳，至 20 世纪 30 年代，又陆续建造了中国大戏院等剧场，为上海的音乐活动提供了场所，推动了西乐的传播。世界著名音乐家也从 20 年代起纷纷来沪献艺。[①]

与上海市民生活密切相关的《生活》周刊上，便有很多关于市民喜爱音乐的报道。"装一架无线电话，听开洛公司的播放，或者备一架留音机听剧曲，音乐。便宜些的，自己备一二种乐器，学弹奏，学唱。一只笛，一只二胡，要不了二三角钱。"[②] 1917 年法商东方百代公司在上海法租界徐家汇路 1099 号建成投产，中国拥有了自己的留声机和唱片制造企业。唱片公司也在《生活》上大做广告。无线电话、广播电台、留声机、唱片，这些舶来品的国产化也意味着西洋乐与传统乐曲的融合，并且对于从个体的兴趣爱好到通过媒体媒介传播而发展成为广泛的市民一般娱乐文化，具有积极的意义。

二、传教士文化

在 1850 年外籍人员的职业统计中，传教士 13 人，占职业比重中的第二位。1855 年洋人的职业分类中，男女传教士 32 人，在 1875 年法国人职业的领事报告中传教士竟达到 132 人，人数之多为其他职业总数的一倍半以上。[③] 传教士在上海办教会、学校、

---

① 胡思慧：《上海城市公共音乐空间研究》，华东政法大学硕士学位论文，2017 年，第 19—20 页。
② 俞子夷：《业余消遣》，《生活》周刊第 1 卷第 9 期，1925 年 12 月 6 日。
③ 《上海检疫风潮始末纪》，《东方杂志》第七卷第十一期，1910 年。

医院等，对上海的教育、文化发展做出了重要贡献。从西书翻译、出版到西式学堂教育、外语学习，从宗教信仰到文明结婚，都与上海普通市民的生活紧密相连。

（一）印刷出版与新知教育

鸦片战争之后，上海成为中国输入西学的中心。1840—1898年间，中国出版西书 561 种，其中上海出版的至少有 434 种，约占总数的 80%；拥有全国 2/3 以上的翻译机构、出版机构；1898—1911 年间，中国国内出版的中文期刊 165 种，其中 42 种在上海；至 1927 年，全国有 63 家印刷厂，其中 32 家在上海。[①] 这一发达的印刷-出版网络，为新学、新知识、新思想在上海的传播提供了坚实的物质条件，各种报刊杂志发达。民国时期上海市民的受教育程度远远高于全国平均水平，1936 年上海小学入学率达 59%，中等学校各科教育质量高出一般的标准 40% 以上到 100%，高等学校占全国总数近 1/3。[②]

1843 年，麦都斯（印度·巴达维亚）在上海创办墨海书馆，采用铅制活字排版，铅印技术首次进入中国。1860 年，美国长老会的美华书馆取代墨海书馆。1876 年，法国人创设徐家汇土山湾印书馆，采用了石印技术。1879 年，英国人美查创办申昌书局、图书集成局、点石斋印书局，其出版物畅销多年。范约翰的清心书馆，傅兰雅的格致汇编社，韦廉臣的益智书会，克拉克的文汇报馆，韦廉臣、李提摩太、慕威廉的广学会，伊文思的伊文思图书公司，日本商人的乐善堂书局，修文印书馆……都是上海著名

---

① 周武主编：《二战中的上海》，上海远东出版社，2015 年，第 307 页。
② 苏智良主编：《上海：近代新文明的形态》，上海辞书出版社，2004 年，第 15 页。

的出版机构。

其出版的书籍涉及宗教类、数理天文科学、西学等诸多领域，在整个中国占有主导地位。例如，英国传教士韦廉臣与李善兰翻译的《植物学》，是中国最早一部介绍近代植物学的译著。英国传教士、著名汉学家艾约瑟与李善兰等人合译了《格致西学提要》《光论》《重学》等物理科学书籍。艾约瑟与麦都思、慕维廉等传教士创立的墨海书馆培养了一批学贯中西的学者，王韬、李善兰等人的合作翻译、出版了许多介绍基督教信仰、西方政治、文化、历史、科学等方面书籍，为中西文化思想交流做出了巨大贡献。

上海最早的外文报刊是 1850 年创刊的英文周刊《北华捷报》，后来随着移民人口的增加而改成日报，改名为《字林西报》。开埠后，多国籍移民的进入带来了多种需求，各式报刊应运而生。1911 年以前，中国境内出版的 136 种外文报刊中上海有 54 种，占39.7%。在 54 种中，英文 34 种、法文 10 种、德文 3 种、日文 7种。① 这些外语报刊都附带了其母国的价值观与文化宣传意图，形成了多语种的国际社区与丰富的语言文化环境。同时，其出版与发行促进了上海的报刊媒体的繁荣，比如最早的中文杂志《六合丛谈》和影响最大的中文报纸《申报》都是外国人（伟烈亚力、美查）所办。

在外国人、传教士开创的繁荣的出版业背景下，中国的民族出版业也逐渐进步。中国政府创办的第一家西书翻译机构——江南制造局翻译馆，聘用了伟烈亚力、傅兰雅、林乐知、金楷理等众多外国优秀学者，五四以后，大部分传教士进入高校与出版机构，为近代上海学习吸收西方文明奠定了重要基础。

---

① 汪幼海：《〈字林西报〉与近代上海新闻事业》，《史林》2006 年第 1 期。

（二）学堂与外语

传教士以传播教会福音为目的创办了很多教会学校，所带来的客观影响便是新式学堂蓬勃兴起。其教材与教学管理，为中国传统教育提供了新的模式；而多数学校演变为今天上海依旧在使用的高中、大学、小学。教会学校培养出来的新型知识分子，在近代上海城市文化的发展中多方面地发挥了功能。

有研究对近代上海外国人创办的学校进行了整理，从表 6-1 中清楚可见，传教士所办新式学校占了大半，这些小学、中学、甚至还有大学很多都是名校，今日依旧在上海的教育界占有重要的地位。[①] 值得一提的是上海的外文教育，就像今天上海的高考英语大概是中国各省市程度最高最难的英语一样，其百年教育史以及开放的城市对外文的需求，培养了一代代卓越人才。

表 6-1　　　　近代上海外国人创办学校之举要

原学校名称	现学校名称	创办者	年份
怀恩小学	上海市四川中学	美国圣公会，文惠廉	
徐汇公学	徐汇中学	徐家汇圣依纳爵天主堂，晁德莅	1849
裨文女塾	上海市第九中学	美国圣公会、公理会管理，格兰德女士	1850
文纪女塾	上海市第三女子中学	美国圣公会，琼司女士	1851
明德学校	上海市蓬莱中学	天主教耶稣会	1853
清心书院	上海市市南中学 上海市第八中学	美国长老会，范约翰夫妇	1860 1868
经言学校	上海市第四中学	法国耶稣会	1867
圣芳济学堂	上海时代中学	法国天主会	1874

---

①　张晓慧：《近代外国移民与上海城市文化的发展（1843—1937）》，宁夏大学硕士学位论文，2013 年，第 16—17 页。

（续表）

原学校名称	现学校名称	创办者	年份
圣约翰书院	各院系分别并入复旦、华东师范、同济大学等	美国圣公会，施约瑟主教	1879
圣玛利亚女校	文纪女塾与裨文女塾的一部分合并而成	美国圣公会，施约瑟主教	1881
中西书院	东吴大学	美国监理会，林乐知	1881
东洋学馆	未满一年解散	日本人	1884
汉璧礼西童男学	上海市市西中学	汉璧礼	1890
中西女塾	上海市第三女子中学	林乐知美国南方妇女监理会，海淑德	1892
汉璧礼西童女校	上海市幼儿师范学校	汉璧礼	1892
震旦学院	学院并入各校	罗马天主教会，马相伯	1903
沪江大学（由1906年的浸会神学院和1909年浸会大学大学堂合并而成）	各系分别并入复旦、华东师范、上海财经学院等相关院校，上海理工大学的前身	美南浸信会，柏高德博士、万应远博士；美北浸礼会，魏馥兰	1906—1911
中法学校	光明中学	法租界公董局	1886
麦伦书院	上海继光中学	英国伦敦会	1891
东亚同文书院	日本投降后迁到日本	日本东亚同文会，近卫笃麿	1900
守真学校	上海市市立中学	基督教守真堂	1900
育才书社	育才中学前身	伊利·嘉道理	1902
华童公学	上海市陕北中学	工部局	1903
留学高等预备学堂		日本	1905
德文医学堂	同济大学	德国医学博士宝隆	1907
法国公学	抗战胜利后停办	公董局	1911
东吴大学法学院	1949年停办，1954年在台湾复校	美国基督教公会	1915
座堂女校		英国新教差会	1917
北区小学	闸北区第一中心小学	工部局	1928

（续表）

原学校名称	现学校名称	创办者	年份
华童女子中学	上海市第一中学	工部局	1931
萨坡赛小学	卢湾区第一中心小学	法国公益慈善会，公董局	1932
华人女子小学	并入汇山路小学	工部局	1933
雷士德工学院	1944年被日本海军占领，学校结束	雷士德	1934
喇格纳小学	上海市凌云中学	法租界公益慈善理事会，公董局	1935

　　法租界公董局于1886年创办的中法学校，现光明中学，是上海市重点高中，在这座百年历史的法式建筑里走出了一条优秀的法语教学之路，2015年成为中法两国政府合作的"法文课程班"项目学校之一，将国际通用语言法语、将优雅的法国文化传承了下来。再如1881年美国基督教圣公会创办的上海圣玛利亚女校和1892年基督教南方监理公会创办的上海中西女塾，成为上海市第三女子中学的前身。这所上海公办女子重点中学由匈牙利建筑名师邬达克设计了教学楼，宋氏三姐妹、张爱玲等名人辈出，以"独立、能干、关爱、优雅"为育人目标，英语及艺术教育尤其突出。徐汇公学（现徐汇中学），是上海开办最早的新式教会学校，不仅教授法文、英文和拉丁文，其音乐、美术、科学、体育教育在当时的中国教育界都处于领先地位。此外，清末民初的很多小说家、艺术家的经历中也都可以看到其在上海学习外文的经历，英文、日文、法文、德文等外语，为这些知识分子打开了世界之窗，将更多的西方文明引进上海，融入了市民生活中。

　　我们熟悉的上海人讲"洋泾浜英语"，通常是笑话一些普通老百姓说的不准确的英文，却恰恰体现了海派文化中的"域外"影响来之久矣。"洋泾浜"一词原为地名，是上海县城北面的一条小河，后来超越了地理概念而泛指"十里洋场"。当时中国人为与洋人沟通，使用一种以中国方法英国字音拼合而成的蹩脚"Pidgin"英语，并附加各种手势来与洋人沟通。久而久之，这种"Pidgin"英语依靠约定俗称被固定下来形成了另一种混合英语。[①] 这一方面体现了外国移民在上海之多，另一方面也反映出当时上海的商业环境对于外语人才的需求。

上海亦大量吸收了西方的新式教育模式与教材，1902年清政府实施教育改革，采用新式教科书，其主要来源是传教士在上海成立的"学校和教科书委员会"所编的书；民国后开始自编部分文科教材，但高校多数采用日本、欧美等国翻译的书，例如上海交大购买使用美国麻省理工、哈佛的教科书。在开设课程中，诸如数学、格致、天文、地理、世界历史、生物、音乐、体操、外语；缝纫、纺织、工艺、印刷、烹调、园艺等实践课，都以全新的知识与技能，改写了从前旧式学堂的空谈与考据的治学模式，拓宽了上海人的视野，促进了积极进取的精神。徐汇公学也是最早开办西洋音乐教育的学校。大概在1860年，天主教徒兰廷玉[②]建议在徐汇公学设演出班，并派人从法国运来铜鼓洋号，由兰廷玉负责教授中国学生，培养了中国第一代西洋人才。[③] 其组建的汇学西洋乐队的演出多次引起轰动，到1889年西洋音乐教育在徐汇公学已极为繁盛。

（三）宗教与文明结婚

上海有很多教堂。1640年出现了一座中国庙宇式的天主教堂"敬一堂"，它是上海地区最早的一座正规教堂，也是上海最老的

---

① 季压西、陈伟民：《中国近代通事：语言障碍与晚清近代化进程（一）》，学苑出版社，2007年，第257页。
② 兰廷玉（Franciscus Ravary S. J.），法籍耶稣会士。
③ 薛理勇编著：《上海旧影老学堂》，上海人民美术出版社，1999年，第25页。

天主教堂。后来变成了关帝庙，传教士就重新选址，建造了董家渡天主堂。著名的徐家汇天主堂，由建筑师陶特凡（W. M. Dowdall）设计，法国上海建筑公司先期于 1896 年开始搭建工棚雕琢石柱，这座美丽的哥特式双尖顶建筑被誉为"远东第一大教堂"。位于市中心的沐恩堂，前身之一为"三一堂"，始建于 1874 年，由美国监理会传教士蓝柏在法租界郑家木桥（今福建中路延安东路附近）建造，20 世纪 20 年代末，请著名建筑师邬达克设计重建新堂。[1] 1936 年，一位美国教徒前来参观时，曾捐资在教堂的钟楼顶部安装了一座 5 米高的霓虹灯十字架，从而使该教堂成为当时上海乃至远东地区的著名教堂。

20 世纪 30 年代之后，上海的基督教堂建筑风格更加走向多元化。"与上海近代的公共建筑相比，上海的近代教堂建筑呈现较为强烈的本土化倾向。……上海的近代教堂建筑脱胎于欧洲的原型，但又有自己的创造，表现出多元化的特点。"[2] 这些教堂，不仅紧随了世界建筑设计与审美的潮流，像前文提及的邬达克，其在上海留下了上百座大大小小的标志性建筑（国际饭店、诺曼底公寓、大光明戏院、宏恩医院、西门妇孺医院等）；而且也体现了上海与世界宗教文化的关联与交流。"基督教在上海的发展与城市、商业的发展紧密相随，一直以上海的社会乃至城市的发展为前提。"[3] 基督教、天主教、东正教、犹太教、锡克教等外来宗教在上海逐渐发展，到了民国时期，上海居民宗教信仰特点主要有两点：一是以洋教为主。据 1934 年、1943 年的统计，天主教、基督教信徒总人数在宗教信徒中分别为 75.9%、84.1%。二是女性

---

① 程家鹏：《上海滩的记忆——沐恩堂》，《绿色环保建材》2015 年第 3 期。

② 郑时龄：《序言》，周进：《上海教堂建筑地图》，同济大学出版社，2014 年。

③ 周进：《上海近代基督教堂研究（1843—1949）》，同济大学硕士学位论文，2008 年，第 162 页。

教徒比例极高。^① 这说明了上海市民对西学接受性较高,这与上海人的受教育程度较高有关,尤其是女性具有较高的知识素养。近代上海女性是中国近代史上醒目的存在,中国第一个女学堂、第一份女报、不缠足运动等都首开于上海。

基督教提倡一夫一妻婚姻模式,对中国传统的一夫多妻制提出了批判:"上帝创造人类,只容一男一女,胶漆配合,若违上帝之命,是行淫矣。"^② 这契合了接受了西方进步观念的上海人的思想。外国移民在上海的教堂举行的简单而庄重的仪式,体现了自由恋爱与婚姻自主。受其影响,上海市民剔除了其宗教性色彩之后,选择在公共场所结婚而非教堂,请德高望重的长者而非牧师主持,这种免除了繁文缛节的"文明结婚"在 20 世纪初很流行,促进上海人形成开放、自由的婚恋观念。^③

"文明结婚"是将西式婚礼和中国传统婚俗结合在一起而形成于清末的一种新式婚礼形式。更加上名人效应,如 1927 年 11 月 26 日,蒋介石在《申报》等上海各大报刊登出了将于 12 月 1 日与宋美龄举行"婚仪简单"婚礼的启事,文明结婚成为上海一种比较普遍的婚礼形式。其便利的优点可见于《申报》广告:"梳一东洋头,披件西式衣,穿双西式履,凡凤冠霞帔锦衣绣裙红鞋绿袜一概不用,便利一;马车一到,昂然登舆,香花簇拥,四无障碍,无须伪啼假哭扶持背负,便利二;宣传婚约,互换婚指,才一鞠躬,即携手同归,无候相催请跪拜起立之烦,便利三。"^④ 相应

---

① 张晓慧:《近代外国移民与上海城市文化的发展(1843—1937)》,宁夏大学硕士学位论文,2013 年,第 33 页。

② 《儒教辩谬:论纳妾》,《万国公报》1978 年 10 月 26 日。

③ 徐赣丽:《建构城市生活方式:上海近代文明化及其动因》,《民俗研究》2020 年第 5 期。

④ 是龙:《自由女子新婚谈》,《申报》"自由谈"1912 年 9 月 19 日。

地，《申报》还刊登了很多售卖文明结婚用品，提供文明结婚仪仗服务的广告，如中国图书公司售卖每张洋五角的"结婚证书"、先施公司出售"质地上乘轻轻欲飘，纱上绣有时式花样，洵属美丽颜色的"结婚兜纱、时和金银首饰老号推销文明结婚饰品等。[①]在种种出版的西书中宣扬了平等、自由、博爱的思想，让上海市民不仅从观念、意识、礼仪上接受了西方文明的简洁大方的审美，而且近代上海都市的商业经济亦提供了文明结婚的物质条件。

三、国人引进来的西方文明

清末民初的危亡情势下，新旧文人、知识分子、留学生以"救国保种"为要，积极引进了西方的文学、思想、教育等文化。"20 世纪 20 年代中后期，一大批最具有现代性、最具科技力量的知识分子，包括从日本、美国、欧洲、前苏联留学归来的文化精英纷纷来到上海，在教育、科研、文化、政府和企业单位任职。"[②] 这批人为"海派文化"的形成发挥了重要作用。

海派画家陈之佛（1896—1962）是一位工艺美术家。他在1918 年前往日本东京美术学校工艺图案科学习，是第一个到日本学工艺美术的留学生，回国后他将工艺加美术这一类型发展了起来。

（一）近代工艺美术的先驱者

陈之佛，生于浙江余姚。原名绍本，"之佛"是其日本留学归

---

① 蔡朝晖：《〈申报〉广告与民国都市婚礼》，《广东技术师范学院学报》2006 年第 3 期。

② 连连：《萌生：1949 年前的上海中产阶级》，中国大百科全书出版社，2009年，第 83 页。

国后使用的名字。15 岁上中学，喜爱绘画。1912 年改名陈杰，考上了浙江省立甲种工业学校，以"特优生"的身份入机械科。

1918 年，22 岁的陈之佛在浙江省立甲种工业学校的推荐下，通过了浙江省官费留学考试，同年 10 月东渡日本。1919 年以优秀的成绩考入东京美术学校（今东京艺术大学）图案科，成为东京美术学校的第一个留学生，也是第一个专业学习日本工艺图案的中国人。1923 年回国后，在上海创办了中国第一个图案设计事务所"尚美图案馆"，发表了很多关于工艺美术的论述及著作，历任上海艺术大学、上海美术专科学校、南京中央大学艺术系、南京大学艺术系教授。

陈之佛不仅在中国传统美术花鸟画中运用了日本浮世绘等技法而使之产生了新的魅力，更将在日本学习的工艺美术介绍到近代上海，创造出海派商业美术。我们熟知的徐悲鸿是留学法国学习西画的大家，其机缘在于他先在上海考入法国天主教会主办的震旦大学，又结识了著名的油画家周湘、高剑父等人。陈之佛直奔日本学习图案，也是得益于其在浙江省立甲种工业学校的学习经历。

1910 年 11 月 26 日，浙江巡抚增韫专折上奏清廷，获准筹办浙江中等工业学堂。1911 年 3 月 27 日，浙江中等工业学堂正式开学，1913 年更名为浙江省立甲种工业学校（浙江大学的前身学校之一）。浙江中等工业学堂位于杭州，是一个工业学校，创办者是许炳堃，当时他刚从日本学习染织回浙。学校开设了机械与染织两个专业，培养了很多艺术家，如被称为"敦煌保护神"的美术家常书鸿、画家与艺术教育家陈之佛、近代工业家都锦生、戏剧家夏衍。①

---

① 参考 sher 的博客：http://blog.sina.com.cn/s/blog_4d0227fc010008my.html。

　　许炳堃（1878—1965），字埏甫，号缄甫，1903年年初赴日本留学，考取东京高等工业学校机织选科，1907年7月结业，同年9月至1908年9月先后在东京麻布区日清纺织株式会社纺纱工场和京都捻丝工场实习，随即回国应清廷留学生考试，考取优等，给工科举人，1909年春应清廷殿试，考取一等，后来回浙办理教育和实业。[①] 许炳堃深感中日两国染织工艺的差距，他认为必须培养新型人才，才能实现产业向工业化的转型。于是借鉴了母校——东京高等工业学校的模式，创办了这所学校，并聘请留学回校的朱光焘和蔡经贤两位同仁，分别担任机织科和染色科主任。

　　清末教育改革以日本为模范，清末民初中日教育交流频繁，中国不仅派遣留学生出国，还招聘日本人教习进来，派遣教育视察者出访，翻译日本书籍。"许炳堃氏于宣统三年创设甲种工业学校，养成地方工艺厂之教员，附以机织传习所，养成职工徒弟，可称百端尽力矣。惟开办之初，技术未精善，乃招致我国京都模范织工、意匠图案工、穿纹工等之各专门技术家，以求制品之精良，始能着着进步。"[②] 这是1911年受聘来到该校的日本机织家佐藤真所言。不仅专业教师，连艺徒班的技师亦请自日本。[③] 正是在这样一个"开风气之先"的学校里，陈之佛选修了"机织科"，涉足工科与艺术两个领域。在日籍教师的教授下，学习图案、用器画、铅笔画等新课程。他以优异的成绩，毕业后留校任教。他所教的图案课，也是中国未曾有的机织法和织物意匠课。[④]

　　日本的美术，一般以浮世绘为传统美术的代表，属于风俗画

---

　　① 陆建德：《许炳堃与民初北大浙籍教授》，《文汇笔会》2020年3月16日。
　　② 佐藤真：《杭州之丝织业》，王士林译，《东方杂志》1917年第14卷第2号。
　　③ 袁宣萍：《从佐藤真的观察看民初丝织业的转型与纹样嬗变》，《艺术设计研究》2019年第1期。
　　④ 张道一：《审美之匙——〈陈之佛全集〉总序》，http://www.360doc.com/content/20/0115/06/35641324_886258682.shtml。

版画的题材，其与更偏向于产业工业的工艺美术似乎是两种审美情趣。在陈之佛留学之际，日本乃至欧洲为什么有发达的工艺美术？

（二）明治"美术"的崛起①

1. 万国博览会中的日本美术

"日本"第一次出现在世界级别的博览会是 1853 年的都柏林产业博览会，但仅仅是当地把自己所有的日本产品拿出来进行展示。1862 年伦敦世博会，英国驻日公使阿尔克（Sir Rutherford Alcock）展示了自己收藏的陶器、漆器、景泰蓝等日本产品，这也不是真正意义上的日本参与。

1873 年，明治政府第一次参加了维也纳世博会。对于跨进"近代"不久的明治来说，世博会不仅是学习技术、扩大贸易的一个绝好机会，更是宣传"日本"的场所，并时刻积蓄着本国举办的能力。展品以陶瓷、扇子、团扇、浮世绘、和纸等美术工艺品为中心，这成为 19 世纪后半席卷欧美的日本美术潮流的原动力，也是在增殖产业、富国强兵的明治国策、不平等条约改正的大目标下诞生的产物。对于明治政府来说，要树立"日本像"首先需要改变"清国附属像"，宣布其乃独立的"帝国"。日清战争之后，日本又以亚洲新盟主的身份及其近代化的成功宣传美术，目的在于向世界展示"开明"。

1900 年巴黎世博会，日本制定的第一条出品原则就是美术品，要求"体现开明"——知识、文明、开化。在选择展品时，日本事务局制定了两条出品方针，一以促进贸易为目的，二以获

---

① 本小节主要内容出自拙论：《从"日本史"到"美术史"——近代日本世博参与的政治》，黄忠顺、田根胜主编：《城市文化评论》第 5 卷，花城出版社，2010 年。

得名誉为目的。日本的展示品向来以陶瓷器、描金画为主，但是这些被日本人视为"美术品"的展品在欧美却被认为是"美术工艺品"，即艺术的、美丽的工艺品。这样的分类引起了日本的极大不满。世博会事务局副总裁、帝国博物馆长九鬼隆一等人在世博会召开之前向欧洲阐述了西洋美术与东洋美术的区别，终于被认可为"美术品"，将展品陈列于美术馆内。这一努力的背后，不只是东西方审美观念的差异，更表现出日本试图通过"美术"的观念将"日本"灌输给欧美。

2. 世界背景下的工艺美术与日本的致力

有意思的是，纠结于"美术"与"工艺"之定义的日本，很快便认识到了二者结合的益处。在维也纳世博会上，日本尚未有"design"概念，纳富介次郎使用了"图案"一词。纳富介次郎曾在捷克、法国学习陶瓷制作，回国后为振兴日本出口工艺做出了贡献。

因为在 1876 年美国费城世博会上日本的美术工艺获得了高度评价，这让日本强烈认识到在传统产品出口、产业振兴中"应用美术"的重要性。1900 年巴黎世博会成为日本传统产业改革的重要转折点。据中村隆文研究，甲午战后，日本政府便开始了参会的准备，其规模及经费都超过了以往，但是展品却并不吃香。当时西欧流行的是利用花草植物的有机形态的新艺术（art nouveau），这对日本的设计提出了风向标，开始引进"图案"教育。①

其实，在文明开化的时代口号下，日本政府早在明治 3 年（1870）便建立了旨在引进西洋技术的工部省，翌年设立工学寮（后改称为工部大学校）；明治 9 年又下设工部美术学校作为附属

---

①　中村隆文：《「視線」からみた日本近代——明治期図画教育史研究》，京都大学学术出版会，2000 年。

设施，从意大利聘用专业教师，指导"画学"与"雕刻"。继
1887 年第一所设计专业机构金泽工业学校（今石川县立工业高
中）创办后，富山县工艺学校、香川县工艺学校、有田工业学校
相继成立。明治时代，东京美术学校、东京高等工业学校（今东
京工业大学）、京都高等工艺大学都开办了工艺图案教育，冈仓觉
三、岛田佳矣为领军人物。

1894 年日本政府制定了实业教育费国库补助法，1897 年东京
工业学校设置附属教员培训所、1899 年设置了工业图案科。在明
治三十年代，实业教育中真正开始实施图案指导。明治四十年代，
关于"图案法"即设计方法论的书籍相继出版，小室信藏《一般
图案法讲义》《一般图按法》、岛田佳矣《工艺图案法讲义》、森田
洪《装饰图案法》、原贯之助《新编图案法》。值得注意的是，小
室信藏建构了图案学习方法的体系，他直接采用了官立设计学校
的地方分校的管理者詹姆斯·伍德、弗兰克·G. 杰克森的记述为
底本，而这些理论的根本则是该校的克里斯托·德雷萨德设计
论。① 小室在《一般图按法》第 5 章说明了自己是以英国为中心
研究了很多设计图书，从欧美引进了设计的技巧及方法论。

就像清末民初的文学一般，中国借助了日本这一中转站吸收
了很多西方文学，在工艺美术领域亦是如此。

3. "东洋的理想"

1900 年，日本在世博会上派发了关于日本美术变迁的介绍书
（*Histoire de L'Art du Japon*）。翌年翻译成日文《稿本日本帝国美术
略史》，主要编纂者有冈仓天心、九鬼隆一。佐藤道信在《明治国

---

① 绪方康二：《「東京高等工業学校図案科のデザイン啓蒙活動」》，《叢書·近
代日本のデザイン明治篇第 7 卷》，ゆまに書房，2007 年，第 652 页。转引自吴越：
《中華民国期における日中近代デザインの交流と変遷——陳之佛に至るまで》，《京都
精華大学紀要》第 53 号。

家与近代美术》一书中指出："终极目的在于为避免被殖民地化的危机，面对不平等条约的改正，增强国力，整备能与西欧为伍的'一等国'应有的历史文化。官方制作的'日本美术史'首先面对国外编纂的原因正在于此。"

在序论中，九鬼隆一写道："支那印度原是世界上最古老的国家。然而，目下情势如何？只令人感慨不已。事实上，二国往昔虽文华焕发，今日仅辨千古残影……吾日本帝国，尽存文物华美"，因此，日本美术虽说是日本特有的情趣，但更可以说是汇集了东洋美术之精华，是"世界的公园，东洋的宝库"。不难看出，日本试图提醒西方社会，他们所熟悉的中国和印度文明已经没落，现在取而代之的是日本文化，并暗示了"东洋"即"日本"的等式。当时，日本国内出现了以志贺重昂《日本风景论》、内村鉴三《地理学考》、冈仓天心《东洋的理想》为代表的日本论、日本人论，影响深远。在美术史的阐释中，从自然、风土到文明、民族的剖析，不仅向世界展示了近代国家"日本"的实现，更因之成功摆脱了数千年来中国文化圈的影响，成为能与西方并列的文明国。代表着"东洋"新盟主地位的日本，体现出其与"西洋"竞争的态势和海外扩张的强烈欲望。

在这一"理想"的指导下，日本政府对工艺建设投入了力量：学校教育、"帝展"第四部（即工艺美术）对个人及团体全力资助、明治二十一年（1888）设置了保护并奖励美术工艺加的"帝室技艺员"制度。至1944年的55年中共计任命79名帝室技艺员，涉及陶瓷、七宝、漆工、染织、金工、刀剑、绘画、雕刻、建筑、写真、篆刻、图案等多领域。外务省、工商省不断向国外派遣工艺专家，调查外国人对于用品形式、意匠、色彩的喜好，据其报告作为出口产品的标准。国内工艺界不断研究，再根据国外的信息改进，"是以日本货不胫而走尽天下"，① 日本每年出口率迅速增长。

日本人研究中国工艺美术不遗余力。明治四十一年农商务省商工局刊行由士塚本靖调查的清国工艺品意匠调查报告书，并重述了明治三十七年由小室信藏调查的清国染织刺绣之图案报告书。小室说："日本工艺品之输出，以中国为大宗，故其对中国人之嗜好与购买力，无不悉心研究。"傅抱石②称："日本陶瓷器之式样，时刻不停其变化，迎合购买者心理。"并且，在该年二月四日有一惊人发明，即"陶瓷器曲面印刷机"宣告完成，他认为这将是中国陶瓷器销行上一绝大致命伤。

"忆我国数年前，曾限制各酒楼菜馆必用国货陶瓷器皿，窃以为此举过于治标。夫人民孰不爱其国家，其所以甘心购用外国货者，绝非无理由可寻。如若干物品，国货尚未制造，又如国货既有矣，但外国货式样，甚或价格反较廉贱。吾人不从纯工艺教育之途，求其挽救之道，则将来前途，不堪设想。"③ "尚望国人速起抛弃旧法，根本加以改革，吾国工艺，固卓绝古今，复兴固易易也。日本不时有吾国工艺品展览会，第不曰：'支那朝鲜'即曰：'印度支那……'。吾中华民族，以五千年光荣之过去，竟与印度朝鲜相并，作者实不忍倾其恸怀。……政府当局，亦不妨仿日本之例，严行监督励行奖进……"④

出于爱国主义而提倡国货是身为中国人的义务与责任，但不能限于狭隘的爱国主义，更应该从源头上寻求原因，找到本国的

---

① 傅抱石：《日本工艺美术之几点报告》，《日本评论》1935 年第 6 卷第 4 期。

② 傅抱石（1904—1965），"新山水画"代表画家、篆刻家。1933 年 3 月，入东京帝国美术学院，师从美术史家金原省吾。1935 年回国后执教于南京中央大学。

③ 傅抱石：《日本工艺美术之几点报告》，《日本评论》1935 年第 6 卷第 4 期，第 81 页。

④ 同上。

立足之道。同为美术家且在日本学习美术的傅抱石，指出了中国工艺美术进取的方向。

（二）近代留日美术学生与海派美术

1. "美育救国"与日本

1917 年 8 月，《新青年》杂志发表了蔡元培的《以美育代宗教说》。这一演讲针对的是当时宗教救国思潮和复古尊孔的言说，蔡氏通过揭示宗教的本质"宗教之原始，不外因吾人精神之作用构成。吾人精神上之作用，普通分为三种：一曰智识；二曰意志；三曰感情。最早之宗教，常兼此三作用而有之"，迨后社会文化日渐进步，科学发达，而宗教家之演绎法已全不适用。因此，他提出，"鉴激刺感情之弊，而专尚陶养感情之术，则莫如舍宗教而易以纯粹之美育"，美育可以培养高尚纯洁之习惯。

此后，1919 年 1 月《新青年》发表了吕澂、陈独秀的文章《美术革命》，主张采用西洋画的写实精神，以改良中国画。1920年，徐悲鸿发表《中国画改良论》，提出："古法之佳者守之。垂绝者继之。不佳者改之。未足者增之。西方画之可采入者融之。"[1] 1922 年，梁启超在北京美术学校做演讲《美术与科学》，他说美术与科学相通的关键在于"观察自然"，热心和冷脑相结合是创造第一流艺术品的主要条件，而这同时也是科学成立的主要条件；美术之于对象的分析精神，又是科学成立的主要成分。另一方面，科学根本精神，全在养成观察力。而养成观察力的方放虽多，却没有比美术再直接的了。因此面对着美校的学生，梁启

---

① 徐悲鸿：《中国画改良论》，《绘学杂志》1920 年第 1 期。

超希望中国将来有"科学化的美术",有"美术化的科学"。①

这一系列文章与观点之所以强调"美术""美育",正表明了近代中国在西风下对于本国传统文化艺术的反思及新的阐释。对美术有很深造诣的鲁迅,一直都反对脱离现实的艺术至上主义,他在《拟播布美术意见书》中说:"美术之目的,虽与道德不尽符,然其力足以渊邃人之性情,崇高人之好尚,亦可辅道德以为治。"这与蔡元培将美术视为一种宗教道德而"救国"的宗旨相似。

美育何以救国?美育以何救国?对此,研究者已做出充分的论述,认为工艺美术教育可以集中回答这两个核心问题。② 蔡元培将"美育"定义为"美感的教育",美育之于社会大众民生日用与心智启迪的作用,对整个社会思想文化的提升与促进的作用之大甚至可以取代宗教,在本质上可以看作道德教育的一部分,即"以美感教育完成其道德"。而工艺美术教育就是实现美育理想的途径之一。

在蔡元培主持的国民政府大学院艺术教育委员会第一次会议上通过了《筹办国立艺术大学之提案》,该提案预定国立艺术大学的建设中就包含了工艺美术院。1918年4月,中国第一所国立美术学校北京美专在其倡导下成立,建院之初因经费原因只开设了绘画与图案两科,已充分体现了对图案学科的重视。

"在民生凋敝、百废待兴的社会形势下,工艺美术教育能够迅速而广泛地展开,其根本原因在于外国资本主义对中国市场的商品倾销,使根基薄弱的民族工商业岌岌可危。为振兴实业,以挽救民族经济,与商品生产和销售直接相关的设计人才的需求变得

---

① 梁启超:《美术与科学》,《晨报副刊》1922年4月23日。
② 田君:《"美育救国"影响下的民国工艺美术教育》,《装饰》2011年第10期。

十分迫切。因此，从实用的角度出发，工艺美术教育势在必行。这种出发点，在民国工艺美术教育的办学宗旨上得到了集中反映。"① 既认识到了美育和工艺美术对国家民生的重要作用，便需要学习。早在甲午战争之后，1898 年张之洞在《劝学篇》中建议中国人去日本留学。并且在其倡议下，清政府为留学归国人员设立了官僚考试。在清政府的政策支持下，众多的年轻人前往日本留学，在 1905—1906 年间迎来了留日潮的第一个高峰，据《光绪朝东华录》记载，1906 年的中国留日学生数超过了 13 000 人。②

1902 年，管学大臣张百熙派遣吴汝纶、绍英去日本考察学制，依此报告上奏《学堂章程》，即《钦定学堂章程》。中国近代学校教育由此发端。1904 年发布了全国统一的学制《奏定学堂章程》，在实业教育中设置了工业教育，由艺徒学堂、中等工业学堂、高等工业学堂递进构成了工业教育结构，其中艺徒学堂的规则参照了日本工业学校，而大学设置工科也是取自日本帝国大学经验。③

据鹤田武良调查，④ 在中国近代及现代美术教育的发展中，日本的美术学校尤其是在东京美术学校（今东京艺术大学）留学的中国人发挥了重要作用。1911 年从东京美术学校毕业的李叔同被誉为近代中国吸收了西洋画教育的第一人；1921 年留学日本的丰子恺学习了西洋画与竹久梦二的简笔画，颇具文学气息。

欧洲兴起的"The Arts & Crafts Movement"（工艺美术运动），

---

① 田君：《"美育救国"影响下的民国工艺美术教育》，《装饰》2011 年第 10 期。
② 吴越：《中華民国期における日中近代デザインの交流と変遷——陳之佛に至るまで》，《京都精華大学紀要》第 53 号。
③ 吴越：《中華民国期における日中近代デザインの交流と変遷——陳之佛に至るまで》，《京都精華大学紀要》第 53 号。
④ 鹤田武良：《留日美術学生——近百年来中国絵画史研究》，《美術研究》第 367 号，1997 年 3 月。

目的是出于对工业革命所造成的同质化、缺乏个性的机器产品的批判，期望将艺术与工艺重新连接起来，用高水平的手工制作作为工业时代的技艺补充，以革除大工业机械的弊病。[1] 但是中国尚处于内忧外患之际，不具备近代化工业化的条件，因此面对西方的工艺美术，首先倾向的便是将其作为改良和促进近代民族工业和国家经济发展的使命。

2. 日本美术书籍的译介与传播

就像工艺设计刚进入日本时采用了"图案"的译词一样，清末民初出版的图案书籍几乎都是从日语翻译过来的。[2]

日本原本没有"美术"一词，这是明治 5 年日本为准备维也纳世博会而新造的词，而"工艺"一词，首次出现于明治 3 年工学部设置宗旨的文件，含有"工业"的意味。[3] 明治初年，日本政府便将工艺作为出口产业的明星产品进行打造。"美术工艺"的使用出现于明治时期，但是"明治初年，工艺与工业基本上是同义语"。[4]"美术工艺"与"美术工业"通常被理解为同一意思。

在中国，"工艺美术"一词大约出现于 1903 年，不过一般还是使用"美术工艺"。例如，1901 年第 80 期《清议报》载《东洋贸议论》中的"美术工艺品"，1903 年第 8 期《政艺通报》介绍日本美术学校"置绘画、图按、雕刻、建筑、美术工艺诸科"，1907 年第 18 期载《中国新闻：组织美术工艺所》中记："于邑邵伯镇，由薛君公睿、毛君禹声等，并设美术工艺传习所。教员为日本留学生刘君小波，系任义务。"

---

① 杭间：《"工艺美术"在中国的五次误读》，《文艺研究》2014 年第 6 期。
② 李有光、陈修范：《陈之佛研究》，江苏美术出版社，1990 年，第 14 页。
③ 佐藤道信：《明治国家と近代美术——美の政治学》，吉川弘文馆，1999 年，第 45 页。
④ 赵云川：《从"工艺"概念的演变看日本近现代工艺的变迁》，《艺术设计研究》2011 年第 4 期。

　　日本自明治 40 年代起对工艺设计关注倍增，如 20 世纪 20 年代出版的和田斐太《装饰文字》、藤原太一《图案化实用文字》、矢岛周一《图案文字大观》等书籍中都刊登了图案文字的样本。与此相对应的，20 世纪 20 年代，中国介绍外国艺术通史的书籍有：上海商务印书馆 1922 年 9 月出版的吕澂《西洋美术史》，该书据法国 S. Reinach "Apollo" 译出；上海商务印书馆 1926 年 7 月出版郭沫若著《西洋美术史提要》，以日本板垣鹰穗《西洋美术史》为蓝本写成；上海开明书店 1928 年 4 月出版丰子恺编《西洋美术史》，为日本一氏义良的《西洋美术的知识》一书的节录；上海中华书局 1928 年 6 月出版萧石君编《西洋美术史纲要》。另外，该时期介绍外国近现代艺术史论的书籍约有四种：上海商务印书馆 1922 年 9 月出版黄忏华编述《近代美术思潮》；上海金屋书店 1929 年 1 月出版倪贻德编著《近代艺术》；上海良友图书印刷公司 1929 年 3 月出版梁得所编译《西洋美术大纲》，据英国 Willian Orphen《艺术概论》（Outline of Art）一书译出；上海北新书局 1928 年出版鲁迅译日本板垣鹰穗著《近代美术史潮论》。[①] 可见，从日本翻译的书籍较多，而出版社也集中于上海。这与清末民初的小说发达及出版界的兴盛均在上海的性格相符。

　　上海开埠以后，外国的新事物新气象大量涌入。聚集了来自中国各地及外国的一大批文人知识分子，创办了各种各样的报纸刊物与出版社。与此同时，近代媒体技术得到了发展，从线装书（木刻雕版印刷）到平装书（石印、铅印）的模式转型有力地推进了作品的出版与流传。再加上自 19 世纪 90 年代起稿酬制逐渐确立，1910 年《大清著作权律》公布，对近代文人身份的转变提供

---

　　① 　高方英：《"一种新的试验"——鲁迅译〈近代美术史潮论〉及其他》，《纪念鲁迅定居上海 90 周年学术研讨会论文集》，2017 年 9 月。

了有力保障。这些都是促进晚清小说发达的客观条件，而晚清著名的四大小说杂志——《新小说》《月月小说》《绣像小说》《小说林》的出版发行都是在上海。此期的上海近代文学数量庞大，占了全国近代文学的一半以上。袁进指出，近代的文学"商品化"最初也是在上海盛行，由上海推向全国的，它从根本上改变了传统的作者、读者、文本、语言、文学体裁的形态。① 据笔者统计，上海成为出版日语小说作品的重地，并且在多种场合下与东京关联密切。②

3. 陈之佛的日本经验及其海派工艺建树

1916 年，陈之佛从浙江省立甲种工业学校毕业后便成为该校的教员，执教染织图案、机织法、织物构思、素描课程。他向该校的日本人教习菅正雄学习图案、构思法及摄影技术。在菅正雄的指导下，编辑了《图案讲义》，这是中国第一部图案著作。当时机织业日渐发展，图案的实用越来越多，但是人才匮乏，所需图案及意匠图都要向日本购买。③ 为了发展中国的工艺图案事业，陈之佛萌发了日本留学的念头。在出国之前，他还受到了日本水彩画家三宅克己的帮助：教其水彩画、安排日语学习、介绍其去白马会洋画研究所学素描、到洋画家安田稔画室学习人体素描。在报考东京美术学校工艺图案科时遇到困难，也是三宅克己找到了黑田清辉子爵（李叔同的老师）疏通关系。

---

① 袁进：《中国文学观念的近代变革》，上海社会科学院出版社，1996 年。
② 李艳丽：《晚清日语小说译介与上海的出版文化》，《上海文化》2015 年 10 月。
③ 陈之佛：《之佛图案集（第 1 集）》，上海开明书店，1929 年。丰子恺题书名，作者作序说明为什么要编写图案书。"在国内研究图案，要想找一册适当的图案集来作参考，非常难得。于是渴望这等图案集者，往往向日本书铺子里去购求。可是日本的图案，大多数总带些日本风味，不合我们中国人胃口，而且价值又昂，难期普遍。这种情形，大足阻碍研究者的兴味，中国图案的不进步，这也许是一种原因，为思弥补此缺恨，便选了些平日的图案，托开明书店付印。……这总算是我对于艺术界的小小的贡献。"

1918—1923 年在日本留学期间，陈之佛与丰子恺、关良、夏衍等留学生参加了中华学艺社，1922 年在农商务省第 10 届工艺展览会上展示了作品《陶瓷器皿图案》，1924 年作品《花鸟极彩色刺绣壁挂图案》获得农商务省第 11 届工艺展览会奖章。毕业后，陈之佛来到了上海，任东方艺术专科学校教授、图案科主任。

20 世纪 20 年代，上海的商业获得了极大发展，但是商业设计的人才很少。为了培养图案（工艺）设计家，陈之佛和朋友一起开办了中国第一个图案设计事务所"尚美图案馆"，旨在为丝织、染织厂培养图案纹样的设计人员。"尚美"意为追求更为高尚的美的心灵，这个意味来自纳富介次郎在创办富山县工艺学校时定下的校风，他为日本设计领域输送了诸多人才。深受纳富介次郎影响的岛田佳矣，自 1902 至 1931 年间担任东京美术学校图案科图案室主任，陈之佛就是在那里学习的。在"尚美图案馆"的引领之下，很多艺术学校纷纷开设图案课程，大大促进了中国工艺图案事业的发展，并且很多厂家使用了尚美图案生产的产品而大受市场欢迎。

"大正时期的日本，东京美术学校图案科的学生们为埃及印度等国家的图案深深吸引"，陈之佛自然也深受影响，尤其是《小小的心》（上海天马书店，1933 年），研究者指出其与长原止水装帧的《续一幕物》（森鸥外译，1910 年）相似。① 陈之佛介绍了很多工艺美术的精华图案，他以日本的图案书为参考编辑了《图案法ABC》（上海世界书局，1931 年），并列举了小室信藏、石井柏亭、山村诚一郎等人的参考书。日本当时积极引进了 19 世纪末欧洲盛行的以素描为基础的设计手法，在参考欧洲文献的基础上总结了日本自己的第一部设计指南《一般图案法》（明治 42 年），作

---

① 陆伟荣：《中国の近代美術と日本》，大学教育出版，2007 年，第 183 页。

者就是小室信藏。陈之佛的《图案法 ABC》也是受到了小室的启发。

在他著作的书籍中，《西洋美术概论》（现代书局，1934 年）序言记："本书是依据相良德三氏的《西洋美术史》，略加增删而编成的。"《影绘（二）》（天马书店，1937 年），采用了剪影的封面，很有日本特色，又有法式风情，更神奇的是，东野圭吾名作《白夜行》中文版①封面与其何其相似。《艺用人体解剖学》（开明书店，1934 年），序言里面写："本书原为中央大学艺术科的讲义。所参考的书本有中村不折的艺术解剖学，藤岛武二的人物画法……"《表号图案》（天马书店，1934 年）前言写道："本书材料大部取于小室信藏的图案之意匠资料。"《西洋绘画史话》（商务印书馆，1940 年）在序论之前写道："本书大部依据后藤福次著《洋画及洋画家》（日本昭和二年出版）并参考板垣穗鹰之《西洋美术史要》及一氏义良之《西洋美术之知识》编成。"

在书籍或论文中，也可以看到陈之佛直接引进了日本工艺美术专门用语。比如《现代表现派之美术工艺》（刊《东方杂志》1929 年第 26 卷第 18 期）中"工艺品本来是从考案和制作两方面完成的。考案制作者对于工艺品应该怎样的表现其个性？"中的"考案"便是日语词，意为"设计"。1937 年出版的《影绘（二）》（天马书店）序言记："影绘在西洋叫做 Silhouette。这名称是从十八世纪后半期法人薛劳德（Silhouette，1709—1767）画半面像而出现。""影绘"也是借来的日语词。

正因为有日本留学经验，陈之佛接触到了世界的美术教育、工艺的动向，将其介绍给国内并将运用于实际装帧设计中。

---

① 东野圭吾：《白夜行》，刘姿君译，南海出版公司，2017 年。与日文版原作（集英社 1999 年版）的封面完全不同。

（三）工艺美术的海派商业化与大众化

1. 报纸杂志之应用

上海是近代中国的金融中心、商业中心和出版中心，对商品的需求、生产、销售、流通促进了传媒业、广告业的蓬勃发展。

"西式的生活设施、明亮宽敞的空间、摩天大楼的高度造就了一个梦幻世界。对普通市民来说，原有的观念收到巨大冲击，东西方文化在冲突交融中，形成了一股现代城市文明的潮流 Art Deco 同'摩登'、'时髦'、'异域'、'高级生活'等联系起来，成为人们（多数新兴资产阶级、职员阶层及市民）向往的场景。从飞机、火车、轮船、汽车、建筑设计，到室内装潢、家具、家用电器、生活器皿、服装造型、商业广告，到音乐、绘画、戏曲、电影等都代有强烈的 Art Deco 精神富豪的设计思想，展现出 Art Deco 设计风格对几何图形交错排列的痴迷和对动感、曲折、圆滑、线条和细节的狂热，将装饰派艺术极度优雅化和时尚化。20世纪前期，受西方'新艺术运动'和'装饰艺术运动'的影响，'图案'、'装饰'、'美术工艺'或'工艺美术'成为中国艺术设计的主要形式。"①

这段话总结了上海的洋气与随之而来的西式情趣与审美。晚清以来，《点石斋画报》《良友》等影响深远的画报对中外时事、生活百态进行了生动而及时的描绘。1925 年起，陈之佛主要设计的杂志封面有《东方杂志》（1925—1930）、《小说月报》（1927）、《文学》（1933—1934）、《新中华》（1935—1937）。《东方杂志》的封面具有浓厚的埃及、波斯、希腊、印度风情，而这又是受了日本的影响。当时日本对埃及、印度美术很关注，像 1909 年和田英

---

① 李胜菊：《海派装饰艺术》，上海大学出版社，2014 年，第 7—9 页。

作《スバル》、1919 年《剧与诗》、1908 年杉浦非水装帧的小栗叶
《天才》都是如此。明治时代，欧风很盛，雕刻美术也以欧美为模
范。但是，到了大正后期开始反思江户时代以前的造型艺术，吸
取了传统与西洋两方面的精华，凸显了自我的个性，宣扬东洋艺
术的魅力。明治末年至昭和，日本的知识分子、美术爱好者、作
家，对中国与朝鲜半岛的东亚古典美术寄予了憧憬。

当时欧美最先进的学问是斯宾塞的社会进化论，但是毕业于
哈佛而作为外国人教员来到日本的 Eenest F. Fenollosa（1853—
1908）认为，古希腊的艺术才是最高境界。随着明治政府神佛分
离令的颁布，冈仓天心与 Fenollosa 携手走访了诸多寺庙，复兴了
日本近代佛教美术。日本在世博会上复制了法隆寺等建筑的华美，
而法隆寺正是具有古希腊建筑的共通性。1902 年冈仓天心从印度
归国，他认为以往将西洋美术为范本的美术史观是"西洋人的偏
见"，提出了印度、日本的亚洲美术的固有价值。[1]

1909 年刊行的周氏兄弟《域外小说集》的封面是一位弹竖琴
的希腊女性，"她"被理解为希腊女神缪斯，掌管学问与艺术。研
究者指出，虽然不能确定究竟是借鉴了日本的哪部作品，但毫无
疑问这一装帧也是受到了日本影响，如森鸥外《十人十话》、杂志
《文章世界》，看起来很相似。[2]

1904 年，商务印书馆创刊《东方杂志》，由杜亚泉主持，陈
之佛从 1925 年第 22 卷开始至 1930 年第 27 卷，创作了近 30 幅封
面。这些图画具有强烈的图案性与装饰性，及浓郁的亚洲风情。
"以壁画形式绘出人民劳动、贵族生活的古埃及形象；以佛陀、恒

---

① 外川昌彦：《岡倉天心とヴィヴェーカーナンダの反響するアジア美術史観：
インド美術史論争における ギリシア起源説と社会進化論の克服を通して》，《日本研
究》第 60 卷，2020 年 3 月。

② 陆伟荣：《中国の近代美術と日本》，大学教育出版，2007 年，第 161 页。

河女神、神鸟神兽等宗教信仰、神话故事为表现的古印度题材；或用斑驳残片效果以人物、动植物为题材，构绘出家庭、耕作的古希腊生活场景，或是以民间传说为题材，融合了大自然纹样的古代波斯题材，甚或以现代装饰风格构成的南美洲印加文化题材。"① 从这里可见陈之佛在创作时深受明治大正知识分子的审美趣味：印度、埃及、波斯。

《东方杂志》既冠名"东方"，必体现其东方的情调，表现出多元文化的特点。陈之佛的装帧，既吸收了日本对西方审美的经验，又融入个人风格而别具一格。例如他采用了亭台楼阁、雄狮、佛祖莲花等图案，吸收了刺绣中的盘金绣、漆艺中的勾金刀、民间版画等技术，"在变化多彩的形式中，保持统一风格，突出民族气派"，弘扬了中国工艺美术的优秀传统。据一些"老商务"回忆，当时《东方杂志》装帧设计的成功，在五四运动以后的新文艺书刊装帧中可以说是异军突起，影响极大。②

1910 年，商务印书馆创刊《小说月报》，陈之佛从 1927 年开始装帧，此期主编为郑振铎，杂志追求中西思潮交汇、审美并茂。陈之佛的配图充分发挥了图案的美，又多取女性形象，表现出年轻的风格。

例如，《小说月报》第 18 卷 5 号、第 18 卷 6 号的封面是年轻女性，服饰时髦，以花卉为背景，可以看出日本绘画的意境。有研究将《小说月报》与日本近代杂志《明星》进行了比较。《明星》是近代日本《画人月刊文学美术杂志》，《小说月报》则是中国新文化运动的中心杂志。1900 年创刊的《明星》，是与谢铁干

---

① 蔡仕伟：《陈之佛装帧设计探源与发展考略》，《南京艺术学院学报（美术与设计）》2019 年第 4 期。

② 李有光、陈修范：《陈之佛研究》，江苏美术出版社，1990 年，第 24 页。

主持的新诗社的机关杂志，延续了明治时代的浪漫主义，与洋画家藤岛武二合作密切。《小说月报》使用了很多女性画像，与《明星》如出一辙，而藤岛武二为《明星》创作的女性画封面《みだれ髪歌かるた》则模仿了捷克新艺术运动师匠穆夏（Alfons Maria Mucha）的插图。《小说月报》第 18 卷 5 号的封面上可见端坐的女性与螺旋状的花纹，借鉴了《白桦》第一卷第 8 号"罗丹专号"的封面。陈之佛所绘女性画像，其坐姿、朝向左（下方的视线、长发，与一条成美相比较，亦可以见很多相似之处。同日本的《明星》一样，《小说月报》也很喜欢使用女性主题，可以说《明星》是中国美术家的优秀范本。从《小说月报》第 18 卷第 10 号、第 18 卷第 11 号来看，日本倡导的"文字与美术"相结合的概念对陈之佛的创作产生了影响。在《文学》第 1 卷第 1 号、第 2 卷第 1 号，也可以看出 20 世纪 30 年代的未来派、结构主义的几何形态的设计图案。①

《小说月报》停刊后，1933 年郑振铎主编的《文学》杂志接棒，风格又截然一变。轮盘、工厂、火车、几何图案等充满了机械工业元素的画面。

1935 年，中华书局创刊《新中华》，以时事政治为主要内容。陈之佛采用了魏碑字体刊名，再加上回纹、螭龙纹，表现出端庄大气、复古的情调。在东京美术学校留学时，岛田佳矣看到陈之佛偏爱学习外国艺术，就跟他说："我一生酷爱中国艺术。日本的图案就是从中国古代艺术中发展来的。中国的固有模样实在比日本高明得多，希望你在图案创作中不仅学习他国艺术，更要吸取、

---

① 陆伟荣：《中国の近代美術と日本》，大学教育出版，2007 年，第 183—188 页。

发扬中国的优秀传统艺术。"① 陈之佛谨记教训，其作品中贯穿了浓郁的民族风。

"陈之佛在图案题材和技法的多元运用下，意图创造出一种东方和西方、现代和传统相互共融的'现代中国图式'，使得陈之佛作品的视觉语言不仅体现世界性更具有民族性。"② 正如 21 世纪的今天所追求的那般，"越是民族的就越是世界的"。在一个世纪之前的近代上海，海纳百川的"东方巴黎"就是东西文汇荟萃之处，在这里，陈之佛用工艺美术、图案美为这座城市谱写了海派风格的商业美术、应用美术篇章。正如欧洲近代艺术曾受到日本浮世绘的重要影响，而浮世绘又与中国明清版画具有密不可分的关联，世界的艺术终究是相互影响相互渗透而又扎根于本国的传统文化，终究获得带有自己印记的艺术风格。

上海开明书店、天马书店，都是当时很有影响的进步书店。开明书店由夏丏尊、章锡琛主持，组织了叶圣陶、胡适、茅盾、王统照、巴金、谢六逸、陈之佛等群贤。夏丏尊是陈之佛的好友，据称当时文化艺术界非常推重陈氏的艺术风格。天马书店的"天马"标志也是陈之佛设计的，还刊行了陈氏设计的《天马丛书》《流星丛书》《作家自选丛书》《国际文学丛刊》《中国民族学会丛刊》等丛书，《鲁迅自选集》《茅盾自选集》《郭沫若自选集》《苏联短篇小说集》、郁达夫的《忏余记》等名人书籍，这个设计生涯的黄金时期，为上海乃至全国的文学传播发挥了促进作用。

2. "国货"潮与民族工商业之振兴

与"美术"不同，"工艺"一词蕴含了日常性、平民性，在大

---

① 李有光、陈修范：《陈之佛研究》，江苏美术出版社，1990 年，第 20 页。

② 蔡仕伟：《陈之佛装帧设计探源与发展考略》，《南京艺术学院学报（美术与设计）》2019 年第 4 期，第 171 页。

正后期逐渐被人们所认识，日本的"装饰美术"团体便是参照了法国词汇 Art Décoratifs（装饰艺术），呈现出崭新的姿态——大正时代的特点之一就是"摩登"。

上海也是摩登都市。开埠后，西方资本主义国家在中国大肆倾销商品，扩大市场，加强剥削。面对这种经济侵略，有识之士提倡国货以抵抗洋货。但是光有口号是不行的，还必须有行动。洋货不仅在一直改良，还降低价格，通过广告等手段推销，对中国的手工业、机械工业造成了严重打击。

清末民初掀起了实业救国运动。1907 年 9 月 27 日，《申报》载《组织美术工艺学堂（江西）》："江西候补知县崔宝瑛被前藩司周浩参，即于去年赴东游学，今春毕业返赣，现在组织美术工艺十二种，开设学堂一区，招生四十名，入堂肄习，以为求实业之基础。"

中国的名瓷景德镇就在江西。但若一味躺在传统的位置上啃老本，势必被时代淘汰，哪怕是景德镇。陈之佛说中国瓷器失败的最大原因："完全在于形态的守旧，装饰的毫无进步，广告的无力，与璀璨夺目的外货一相比较之下，当然在市场上失却了战斗性，而显见得在时代之前落伍了。从这样看来，提倡国货，改造工艺形态，造成一个新兴的有战斗性的工艺势力，作积极的奋斗，才是正当挽回利权的途径。"[①] 说这话的时候已经是 1936 年了，但相比 30 年前似乎国货一直在奋斗之路上。1907 年的《农工商报》载《中国新闻：组织美术工艺所》，将美术工艺所教授的范围定为：写真、织布、造纸、造洋烛、洋碱、染色印花、造电灯、造花、造水果、造荷兰水、造粉笔墨水、镀金、音乐等科，并强调："今日为工艺世界，其国工艺有进步者必强，其国工艺仍守旧

---

① 陈之佛：《谈提倡工艺美术之重要》，《中央日报》1936 年 4 月 23 日。

者必弱……我国地大物博，无一不有……我国反不能取自有之生货，制造以供本国之用，亦由工艺之不兴耳。"[①] 1912 年《协和报》载《论国货之失败与将来》："工艺未能进步，实业未能发达，则国货尚何言哉。噫，吾言及此而滋痛矣。痛我国无实业也，痛我国货不如人也，痛举国上下未能振兴实业以强国货而又遇事奢靡，任意挥霍，喜洋货而轻土货，几成为一般习俗也。"[②] 中国有传统工艺，但是因循守旧，更不能运用到实际生活而成为产品成为一大工业。这不仅是尊重国民感情，更需要有政策、技术上的支持，与外国货争高下的国货改良，需要拿出切实的行动。

陈之佛的家乡浙江是养蚕缫丝的重要地区，他曾帮助同学建了一个"都锦生丝织厂"，用电机新法织造风景画片，销行全国。虽然这不是他的实业救国，但他将工艺美术运用到实际生活中。因为工艺美术是"实用之中同时又与艺术的作用相融合的一种工业"。[③]"适用、经济、美观"成为作为产品的工艺美术品制作的基本原则。近代国货运动与民族工业的发展、西方的设计艺术，都影响了中国近代设计的发展，陈之佛等先期留日学生及后来的留欧学生，对改良工艺美术、提高工艺教育做出了贡献。

1912 年，中国近代第一所私立美术学校上海美术专科学校成立。其建校宗旨为："造就纯正美术人才，培养及表现国人高尚风格；养成工艺美术专门人才，改进工业，增进一般人美的趣味。"明确指出了美术教育的三个培养目标：专业美术家、美术教育师资、艺术设计人才，目的在于改良国货，促进民生日用和民族工

---

① 《中国新闻：组织美术工艺所》，《农工商报》1907 年第 18 期。
② 群化：《论国货之失败与将来》，《协和报》1912 年第 2 卷第 42 期。
③ 陈之佛：《应如何发展我国的工艺美术》，《中国美术会季刊》1936 年第 1 卷第 3 期。

商业的繁荣。①

"工艺美术"在民国初年的流行，不仅仅体现在日常生活用具之制作上，还体现在美化生活环境的实际设施，涉及住宅、家具、市容、图书、交通等广泛范围。《第一次全国美展组织大纲》中记美术工艺部包括"图案、织绣、乐器、瓷器、陶器、漆器、竹木器、牙器、金玉器、玻璃器、制版及文具等"。② 1937 年的美展中，将"图案"的内容扩大为家具、瓷器、室内装饰等。陈之佛在阐释法国的美术工艺时，指出了"图案"所具有的公共性，而成为现代意义的生活美术——"现代的美术工艺是把生活全体拥抱着的——室内装饰，家具，服饰，舞台装置，街市公园等都市的美观，以及各种交通机关等等，一切都包含在里面的——装饰美术协会在 1901 年创立之后，就实现了所谓'现代'的真意义。"③ 这就是现代生活方式。陈之佛设计的图案非常重视中国传统表号图案，如中国历代纹饰和器物造型、古代建筑彩画上的纹样、秦汉瓦当花纹、汉砖铜镜上的纹饰、锦缎刺绣上的云纹、水纹，他将中国古代民族、民间图案在现代图案学上复兴利用，发扬了中国优秀的传统遗产，增强了民族自信心。在上海这座摩登的现代都市里，"不中不西""亦中亦洋"恰恰是海派都市独特的魅力。

四、结　语

"租界作为一种实体性存在，集体建构了与传统中国城市截然

---

① 田君：《"美育救国"影响下的民国工艺美术教育》，《装饰》2011 年第 10 期。
② 《全国美展组织大纲（附表）》，《国立大学联合会月刊》1929 年第 2 卷第 1 期。
③ 陈之佛：《现代法兰西之美术工艺》，《艺术旬刊》1932 年第 1 卷第 1 期。

不同的市政制度、城市景观、文化出版机制、消费时尚等，改造了租界人们的生活方式、价值观念、社会心理、审美观念、伦理模式，并凭借商业贸易、新闻传播、人口流动等方式扩大其影响的范围。"① 由租界到华界，由器物到制度，西方文明经过了租界这样一个缓冲带，在近代上海顺利扎根并生发。

"文化空间是指一个社会群体的文化需求、文化现象、历史记忆在一定区域内的空间展现，以及社会成员在这个空间内进行文化交往的一种表达方式。"② 在这一空间的形成过程中，以往属于王公贵族、特权阶层的文化艺术如音乐、美术、教育等，逐渐开放、下沉至一般大众阶层，使其成为公共文化，而这一空间也成为公共文化空间，描绘出整体社会成员的文化状态。近代上海的海派风格，正是在开放包容、多元融合的背景下形成的。

工艺美术不是富裕的、贵族气息的"纯艺术"，而是大众的生活艺术。1919 年以后，"手工艺"一词在日本流行开来，手工艺作品登上了流行杂志，进入了百货商店。日本代表性思想家柳宗悦发现了民艺品的魅力——健康美、平常美——这是属于大众的文化艺术品，他创造了"民艺"这一词语，发起了民艺运动。

作为海派文化之一的工艺美术，是一种生活化的艺术。本章通过对清末民初的中国留日学生经验、国内工艺美校的建设与日籍教员、工艺美术书籍的翻译与出版情况的梳理，清晰辨明了以陈之佛为代表的该领域的近代中日文化交流的实况，及其对海派商业美术的重要影响。近代中日关系研究涉及文学、历史、思想、艺术、文化等方方面面，这个关系指的是同处于近代裂变时期的

---

①　李永东：《租界文化与 30 年代文学》，上海三联书店，2006 年，第 15 页。
②　王少峰：《公共政策与文化空间》，载金宏图等《传统节日与文化空间："东岳论坛"国际学术研讨会专辑》，学苑出版社，2007 年，第 116—117 页。

中日两国历史上出现的一些相似的文学、历史、文艺等现象。这个关系可能是直接的，也可能是间接的，而整体来看，又是东亚面对西方冲击时产生冲突与融合的东西文明关系，因此具有普遍研究的意义。

晚清以降，在"中华""夷狄""海内""九州"这些寓意着国家概念的名词之外，新出现了"中国""世界""亚细亚""欧罗巴"等具有世界视野的新词。1881 年以后，"世界"打头的杂志有 41 种，如《世界政治》《世界论坛》《世界知识》《世界文化》，其中有 24 种在上海出版发行。① 如何看待西方的人和事物，如何从"义利之辩""重农轻商""重名轻实"转变成"务实""重商"，随着现代洋行、服务性商业设施、现代化公共设施逐渐完备，新价值观与市民社会逐渐形成，近代上海带着这些思考，向着现代化迈出了脚步。

---

① 上海市报刊图书馆编：《上海市报刊图书馆中文期刊目录：1881—1949》），上海市报刊图书馆，1957 年。

第七章 海派民俗：中西古今交融下的现代民俗形态

海派民俗是海派文化的重要组成部分。"海派文化"一词目前已经得到了较为广泛的认同，但"海派民俗"一词则半遮半掩，时隐时显，即使在民俗学界也尚未得到系统研究。这与海派民俗虽以"民俗"称之，但与传统民俗差别过大有直接的关系。海派民俗，无论是其概念还是内容，都表现出截然不同的新风貌，海派民俗事象的发生、发展，本身就是对传统民俗的巨大挑战，因而也是对传统民俗研究的挑战。但在上海提出打响"上海文化"品牌，要求努力发掘海派文化资源的新时期，我们有必要对海派民俗的概念、发展脉络、内容等问题进行一番新的梳理。

一、海派民俗的概念与特征

（一）海派民俗的概念

什么是海派民俗？它的内涵与外延究竟包括哪些方面？这些问题是开展海派民俗研究的重要前提。

海派民俗是一种与传统民俗差异很大的新概念。一般来说，我们将民俗理解为一个国家或民族中广大民众共同创造、共同享有、共同传承的文化现象。民俗文化历代相沿，积久而成，并在不同的历史时期随着政治、经济、文化等环境的变化，以及民众生产生活的需要而发生着变化。民俗一旦形成就具有较强的稳定性和约束力，对民众的语言、行为和心理都有着深刻的影响。传统民俗研究强调民俗的积淀性与传承性，需要长期的积累，所以传统民俗研究的对象一向是那种有着深厚历史积淀的文化事象，比如传统节日、传统服饰等。

与传统民俗相比，海派民俗表现出截然不同的新风貌。从时间上来看，海派民俗是一种发生发展历史较为短暂的地方民俗。从上海开埠（1843）算起，海派民俗的发展历史不足两百年；从内容上来看，海派民俗是一种在近代工业化背景下产生的民俗形态，属于城市民俗范畴，与传统农业生产生活没有直接联系。而很多传统民俗事象都是在农业社会形成发展的，具有鲜明的农业性特征；从形成过程来看，海派民俗虽然根植于中华文化的土壤，但在上海开埠的过程中受到了西方现代文化的影响，形成了一种东西杂糅、古今融合的新型民俗形态。

正因为海派民俗具有如此特别的风貌，使其在短期内难以被习惯了以传统民俗事象为研究对象的学界接受，很多研究成果都以"上海民俗"来称呼实质上的海派民俗事象。时至今日，真正冠以"海派民俗"的研究成果还相当少。

对海派民俗的误解，其实源自对中华民俗的误解。从初民社会开始，中华民俗就处于不断变动之中，比如今日被广泛认知的清明节其实是宋以后才逐渐从节气发展为传统节日的，而宋以前民众熟知的寒食节在当代几乎销声匿迹了。经典民俗事象之所以表现出历史悠久的特征，与其产生在生产生活节奏较为缓慢的传统农业社会密切相关。在以畜力为主要交通动力的古代，一则民间传说从南京传播到北京可能要花费数年时间，一种服装样式可能上百年都不过时，更不用说民居样式了。但进入近现代，交通工具、通信工具的发展速度远远超过了大多数人的想象，民间传说通过网络的传播完全可以忽略空间的限制，服饰潮流让人眼花缭乱，住宅修建和装潢的理念也不断更新。所以，我们不能以固化的眼光去看待民俗事象，即使在现代社会，民俗文化依然在自我调适，自我更新汰旧。比如央视春晚经过近四十年的发展，已经融入了春节民俗，除夕夜欣赏春晚成了中华春节民俗的重要组成部分，影响力不容忽视。又比如"吃瓜群众""打酱油"等当代流行语也进入了民俗语言，成为民众广泛使用的语言民俗的一部分。而海派民俗也不过是传统民俗在近现代特殊社会背景下产生的新民俗形态，它的产生和发展过程符合中华民俗内在发展规律，应该得到正视和重视。

首先，作为一种独特的民俗形态，海派民俗的产生首先与上海城市这一特殊的社会环境有关。"海派"之"海"指的正是上海，准确地说，是开埠以后迅速走上工业化、城市化道路的上海城市。海派民俗就孕育于开埠以后，接受了欧风美雨洗礼的上海城市中。但海派民俗的发展壮大实际上影响到了上海周边城市，苏州、常州、南京等城市也都开始流行以中西文化交融为主要特征的海派风尚。当然，上海依然是海派民俗文化的核心区域。

其次，海派民俗的产生与江南民俗有着前后相继的关系。海派民俗不是在开埠后的上海城市中突然产生的，而是在江南民俗的基础上转变发展而成的。

再次，海派民俗的产生与多元民俗主体有关。民俗的主体是民众，海派民俗的主体是从海派民俗孕育时期一直到当代，生活于上海城市中的民众。这个群体的构成经历了较长时间的变化，并且从开埠起就呈现出多元化的结构特征。有一个词——"五方杂处"很好地概括了近现代海派民俗主体的结构特征。1845 年，英国驻上海第一任领事巴富尔强迫苏松太道公布《上海租地章程》，将洋泾浜（今延安东路）北侧辟为"英租界"。不久，"美租界"和"法租界"也先后被强辟。英、美、法在租界内设立巡捕，建立工部局，实行完全独立的殖民制度。中国近代租界制度就这样建立起来了。在华界与租界共存的特殊格局中，上海民众的构成前所未有的多样和丰富起来。有统计显示，在沪的外国侨民来自英、美、日、法、俄、印度、葡萄牙、意大利、奥地利、丹麦、瑞典、挪威、瑞士、比利时、荷兰、西班牙、希腊、波兰、捷克、罗马尼亚、越南等几十个国家，1942 年已达 15 万人之多[①]。除了外国侨民之外，上海城市中还生活着大量的非户籍外地人口，形成了著名的移民城市。到 1949 年，上海非本地人口已经占据了总人口的 85%。根据统计，1950 年的上海移民中，江苏籍移民和浙江籍移民的数量都超过了 100 万，安徽籍、山东籍、广东籍的移民也都超过了 10 万。[②]

上述这些外国、外地的移民与上海本地民众一起构成了早期海派民俗的主体。他们中既有长期生活在上海城市中的传统上海人，也有初到上海闯荡的新上海人；既有社会地位较高，生活较为稳定的工商业者、公司职员、知识分子等，也有社会地位较低，生活动荡不定的工人、农民、手工艺人等；甚至也包括一些特殊职业身份的群体，如乞丐、妓女、无业游民等。这些民众既是海派民俗的创造者，也是海派民俗的享有者和传承者。所以，海派民俗从孕育开始，就是一种不同以往，异质化程度较高的新型民

[①] 熊月之等：《上海一座现代化都市的编年史》，上海书店出版社，2007 年，第 300 页。

[②] 葛剑雄：《海纳百川上海源》，学林出版社，2019 年，第 85 页、第 86 页。

俗形态。

综合上述的讨论，本书提出如下的"海派民俗"概念：海派民俗是近现代以来，在以上海为中心的区域中产生与传承的，以江南民俗为根基，又具有东西方文化融合特征和上海地域文化特色的新型民俗形态。

（二）海派民俗的特征

自 1843 年开埠以后，在近现代和当代社会的发展中，上海这座城市经历了剧烈的变迁与动荡，形成了独树一帜，极富特色的新型海派民俗。海派民俗既然是一种新型民俗形态，就具有不同以往的鲜明特征，主要包括以下几方面：

第一，海派民俗具有鲜明的东西文化交融特征。海派民俗产生于租界与华界共存的上海开埠之初，此后很长一段时间，不仅在城市管理方面中外分治，在城市建筑和景观上也是中西混杂。比如 20 世纪 20 年代上海城市中的很多建筑，明显地表现出罗马式、巴洛克式、文艺复兴时代等不同的设计风格，甚至还有小部分日式、伊斯兰式风格的建筑，著名的外滩建筑群就有"万国建筑博览会"之称。除了充满异域风格的城市建筑之外，还有不少中西合璧式的新建筑样式。比如里弄建筑最为公认的特色就是中西合璧。有人曾将上海里弄建筑概括为"中式的建筑与欧洲联排的布局方式的结合"，实际情况其实比较复杂。19 世纪末之前建造的里弄住宅沿袭了中国江南传统住宅的式样，但采用了西方商业运作手法。后来，巴洛克式等西洋装饰开始在里弄建筑的外墙表面、室内顶棚与墙面交接处出现。再后来，里弄建筑从平面制式、建筑造型、外观、内外装饰方面渐趋西化，简直可以称为西式里弄了。中西文化交融的其实不仅是民居建筑，更是生活于这些建筑中民众的各种习俗。比如在 20 世纪之初，部分上海市民已经接受了洋人带来的圣诞节，参与当时一些饭店、酒吧以及娱乐场所在平安夜和圣诞当天推出的圣诞舞会、圣诞宴会。同时，他们也与家人一起庆祝传统春节。

第二，海派民俗具有突出的商业性特征。上海开埠之后，商业日趋发达。开埠第二年，上海就出现了 11 家洋行（外商在中国设立的商行、商号）。到 1854 年，增长到 120 家，1876 年上海的洋行已经超过了 200 家①，可以说，近代上海因商业的迅速发展而崛起。在传统农业社会，人对土地的依赖性极强。但在率先向现代城市发展的上海，人与土地之间的依存关系被完全打破，商业资本在社会生活中占据重要地位，甚至起到了主导作用。近现代上海城市的商业氛围浓厚，各商业业态都逐渐形成了自己的经营方式，并产生了独特的经营习俗，如"小热昏"。"小热昏"又名"小锣书"，其前身是清末杭州街头的"说朝报"。"朝报"是一种地方小报，卖报者为了招徕顾客，便一面敲锣，一面唱出报纸的主要内容，表演形式滑稽幽默。1905 年，上海城隍庙卖梨膏糖为生的杜宝林将"说朝报"的表演形式运用到了卖梨膏糖上，"小热昏"的曲艺形式就此诞生。"小热昏"把说唱的内容由新闻朝报和生活趣事变为有简单故事情节、人物性格和矛盾冲突的节目。"小热昏"这种曲艺形式从诞生起就具有浓厚的商业性特征。正是在兴盛的商业环境下，商业性渗入市民生活的方方面面，海派民俗也由此染上了突出的商业性特征。

第三，海派民俗具有极强的包容性特征。自从开埠以来，上海作为中外交流的前沿阵地，吸引了大江南北以及世界各地的各色人物聚集于上海，一时间，传统文化与现代文化、乡村文化与

---

① 沈骅编著：《江南文化十六讲》，武汉大学出版社，2018 年，第 82 页。

城市文化、江南文化与中国其他地域文化、中华文化与西方文化都在上海交汇。与当时中国其他地区的封闭不同，上海自开埠起就表现出极强的开放性，上海民众也具有海纳百川的文化心态，他们不囿于条框，不固步自封，不拒绝先进，面对多元的环境，抱着开放的心态，善于广泛吸收各种民俗文化形式中可以为自己所利用的东西，善于将那些本来并不属于自己的民俗文化形式改造、重铸成为新型的本土民俗文化形式。正是这种海纳百川的文化心态，使得上海民众逐渐创造出了独树一帜的海派民俗。而由此形成的海派民俗也具有了极强的包容性。比如上海开埠后，到上海谋生的各地移民也纷纷将家乡风味带入了上海。20 世纪三四十年代，上海地方菜馆林立，菜系来自京、广、锡、扬、杭、闽、川、徽、潮、湘等多地，此外还包括清真菜馆、西式餐馆等。各地菜馆在上海都受到了欢迎，尤其在扬州菜、杭州菜、苏州菜、宁波菜、绍兴菜、无锡菜等菜系的基础上，还形成了具有上海地方特色的本帮菜。

第四，海派民俗具有趋新善变的特征。作为移民城市的上海，人口的高度异质对民俗文化产生了极为重要的影响，即能够以健康的心态在民俗文化的交融中采取拿来主义的态度和手法，不断求新求变，由此形成了其趋新善变的特征。近代以来，各种新兴文化事业往往发轫于上海。西式学堂、医院首先在上海创建，出版、印刷、金融等机构大多汇聚于上海，马戏、杂耍等新鲜娱乐活动也在上海得到热烈欢迎。可以说，从近代以来，上海的文化环境基本保持了鲜活、繁荣的景象。比如，中国话剧在上海诞生就是海派民俗趋新善变特征的表现之一。中国新兴话剧萌芽于 19 世纪末到 20 世纪初，最早的形式是文明新戏。而文明新戏的滥觞则可以追溯至 19 世纪末出现在上海的学生演剧。1899 年上海圣约翰书院的中国学生，在圣诞节晚会上演了一出"时事新戏"——《官场丑史》。该剧情节上套用了传统戏曲，但无唱工和做工，处于传统戏曲和现代话剧的过渡阶段。1907 年，在东京的留日学生组织春柳社，同年在上海成立了春阳社。1908 年，上海春阳社上演了《迦茵小传》，被认为是中国第一次成型的话剧演出。

二、海派民俗的发展历史

海派民俗不同于中国传统民俗，其中包含着许多源自西方的现代生活理念和现代生活方式。在海派民俗形成的过程中，一部分传统民俗事象迅速消亡或逐渐淡化，更多的新民俗事象又不断产生。纵观海派民俗的发展过程，始终呈现了一种动态变化的特点和内在的韵律、节奏。在海派民俗的发展历史中，既有农业文明的精彩内涵，又有着工业文明的新鲜元素；既孕育于江南文化的深厚底蕴中，又受到西方文化的深刻影响。这些风格迥异的异质文化在上海碰撞融合，相互影响，其中那些不适应现代都市生活方式的民俗事象逐渐消亡，或发生了根本性的变化，适合现代都市生产生活的新鲜民俗事象不断产生且日趋兴旺。海派民俗发展史有其内在的韵律与节奏，主要是由上海城市发展的政治、经济、社会文化等因素决定的，因此我们在对海派民俗发展历史进行考察时，必须紧密结合上海城市发展的特点，以上海城市自身的发展脉络以及重大事件为坐标来划分海派民俗的历史分期。海派民俗的发展历史，大致可分为以下几个阶段：

（一）海派民俗的酝酿期

海派民俗的酝酿期为明清时期。明清时期，上海因其连通南北方和海内外贸易的关键地位而迅速成为颇具规模的通商城市，据清嘉庆年间上海县志记载，当时的上海县已是"闽、广、辽、沈之货，鳞萃羽集，远及西洋暹罗之舟，岁亦间至。地大物博，号称繁剧。诚江海之通津，东南之都会也"。上海的经济、社会形态也因之发生了深刻的变化。农业、手工业、商贸业、航运业的发展，对上海城市起到了巨大的支撑作用，促使上海继苏州以后，成为江南地区一个具有举足轻重的重要城市。

其中，上海港的发展在海派民俗的酝酿过程中起到了关键性作用。康熙二十四年（1685），因清政府成功收复台湾，沿海海禁解除，部分海区开放，上海港的海上贸易逐渐恢复。到乾隆年间，上海港已相当繁荣。当时停泊在上海港的船舶，不仅包括江南的沙船，浙、闽、粤的乌船、估船、疍船，还包括来自日本、朝鲜、安南、暹罗等国的外国商船。道光初期的上海港已经成为东南沿海最重要的港口，上海县在港口的带动下成为江南最繁荣富庶之地，连文教事业也空前兴盛。上海港的发展拓宽了上海地区民众的视野，推动了资本主义的萌芽，也带动了新生事物的出现，标志着上海城市正在向近代化方向发展。

在海派民俗的酝酿阶段，并没有正式出现新的民俗形态，但在江南民俗的旧土壤中，新的民俗形态已经蠢蠢欲动了。

（二）海派民俗的生成期

从 1843 年到 1911 年是海派民俗的生成期。晚清时期的上海是"八面来风"的移民社会，也是中西文化交汇融合之地，海派民俗便在此种情况下逐渐生成。1840 年的鸦片战争打开了中国的大门，不仅使曾一统中国的封建王朝变得支离破碎，也使绵延数千年的传统农业经济受到严重的冲击。1843 年，按照《南京条约》的规定，上海作为通商口岸开放，从此上海发展方向和节奏完全被打破，被迫迅速地由传统乡村－市镇型社会向近代都市型社会转变。由于工商业得到快速发展，上海日渐呈现出工商业大都市的面貌。

工商业的迅速发展，使租界、原县城、南市、闸北等地很快形成了繁华的城区，并吸引了八方移民，由此逐渐形成了上海华洋杂处的多元社会结构。在上海城市中讨生活的，不仅有洋人，也有沿海的江、浙、粤、闽，以及内地省份的城乡居民。他们到上海的目的，或为经商，或为求学，或为逃避战乱，或为躲避灾祸，还有很多是辗转谋生的破产农民。这些移民到上海后，基于籍贯、职业等区别，自然形成了大小不同的生活社区。根据旧上海文人笔记的记录，北四川路、武昌路、崇明路、天潼路为粤人聚居区；广东路、小东门街为闽人聚居区；福建路、南市内外咸瓜街为宁波人聚居区，有不少宁波人开设的商号。各地移民除了聚集居住之外，还集中进入某一行业，促进了该业的发展。比如当时沪上著名的先施、永安、新新和大新四大公司均为广东华侨创办，公司内广东职员居多；而银楼业、五金业的从业者以宁波人居多；运输业、码头业、理发业、沐浴业的从业者大都为苏北人；皮货业的从业者以东北人居多；古董行业则有很多回民。[①]

移民还将各地的民风民俗带入了上海。具有不同地域文化特色的风俗习惯在上海城市中随着人际交流频繁的展开，获得了相互交流、展示的机会。由此，各地的语言、饮食习俗、服饰习俗等也逐渐彼此融入，并最终产生了为大多数上海居民共同认可的新风俗习惯。总的来说，多元的移民社会对海派民俗的产生具有极强的催化作用。

---

① 胡寄凡：《上海小志》，来青阁书庄，1930 年。

　　1898 年，光绪帝发动了史称"戊戌变法"的改革。在康有为提出的政治改革建议中，有"迁都上海"一条，是对开埠以后半个世纪上海所发生的巨大变化的肯定。康有为认为：上海包容开放，与世界接轨，为了摆脱盘根错节的满族贵族势力的束缚，提高改革效率，应该迁都上海。戊戌变法虽然失败了，但是以西方为风向标，以上海为桥头堡的认知却得到了广泛认同。从此，上海在中国社会中的作用也越来越重要，而吸纳了西方文化的海派民俗也加快了生成的步伐。

　　开埠二三十年后，不仅上海的城市面貌有了翻天覆地的变化，"洋楼耸峙，高入云霄，八面窗棂，玻璃五色，铁栏铅瓦，玉扇铜环，其中街衢弄巷，纵横交错，久于此地者，亦易迷所向"①。而且上海城市也展示了它的文化影响力。包括美术、曲艺、舞蹈、音乐、摄影、展览等各种文化门类在内的艺术品和艺术形式都喜欢到上海谋求发展，到上海"靠一靠"，认为只有在上海出名了才能真正红起来。比如跻身世界非物质文化遗产的京剧，虽然其形成可以追溯至四大徽班进京，但"京剧"名称却最早出现在 1876 年上海的《申报》，并在上海获得了很大成功，最终成为全国性大剧种。早在 1866 年，京剧就已经传入上海。哀梨老人的《同光梨园纪略》记载说同治五年，上海罗某建造了一座满庭芳戏园，邀请北京京剧演员去演唱，市场反应很好。到了光绪年间，上海已成为京剧在中国的第二基地。上海观众将京班的皮簧戏称之为京调，或京调大戏，然后逐渐有了京戏或京剧的称呼。京剧在上海取得成功以后，沿着长江及其支流，在南京、杭州、南昌、汉口传播，并向南远播至福建、广东、四川、云南等地。由此，京剧逐渐扩展为全国性剧种。上海不单为京剧提供了广阔的生存空间，

---

　　①　上海研究中心编：《上海 700 年》，上海人民出版社，1991 年，第 138 页。

也影响着京剧的艺术面貌。梅兰芳就曾在其回忆录中记录：1913年，19岁的梅兰芳经头牌老生王凤卿的推荐唱压台戏。他认为"抱肚子傻唱"的青衣老戏压不住上海的舞台，因此现学了一出刀马旦戏《穆柯寨》，后来又把头二本《虹霓关》连着唱，一人分饰两角。这两次即兴突破，都是为了迎合上海观众的欣赏心理而做出的改变，并由此造成了京剧艺术的重大变革。

到1911年辛亥革命之前，"海派"一词虽然尚未出现，但具有中西融合的文化特征，具备包容、开放、现代、趋新等特点的新型民俗形态已经显露出它较为清晰的面貌。

（三）海派民俗的发展期

辛亥革命后，海派民俗步入了兴盛发展时期。1911年的辛亥革命推翻了沿袭数千年的封建帝制，建立了民国，这一政治体制的改变对中国社会的走向产生了深刻影响，同时也对上海城市化的发展起到了重要的推动作用，上海的经济社会发展一度相当兴盛。

中华民国建立后，孙中山提出应该在租界外面重建一个以港口为核心的大都市上海，这就是被称为"大上海计划"的建设规划。1927年，南京国民政府将上海确定为"特别市"，直隶中央政府。并于当年11月成立了一个设计委员会，规划落实此设想。1929年，今杨浦区五角场一带被划定为新市区的中心，中心区域建设委员会也随即成立。当时的计划是在租界外面建成一个功能设施齐全的一流新城，包括政府机关、商业区、居民区、铁路、火车站、码头以及各类文化体育设施等。甚至还专门发行过市政公债，以解决建设经费不足的问题。今上海体育学院宫殿式风格的行政办公楼就是曾经的上海特别市市政府。而今五角场道路名称还部分保留着"民""国""市""政""府"的特殊命名方式，比如民庆路、民京路、市光路等。

"大上海计划"虽然因种种原因未能完全实施，但对上海城市发展的影响是极其深远的。从行政区划范围的角度看，当时的上海离"大"其实很遥远，但"大上海"一词却成为后来国人对上海的共同认知，因为"大上海计划"显示了一种前所未有的城市建设的宏伟蓝图，显示了一个国际大城市的大胸怀、大气度、大格局。这种"大"也是今日上海城市精神中的"有容乃大"，是上海城市发展中多元、包容等现代都市特征的显现。正因为有了这样一种大胸怀、大气度和大格局，在民国建立后的二三十年时间中，上海迅速由一个埠际经济中心发展为国际性的繁华都市，获得了"东方巴黎""远东第一大都会"等美誉。

这种"大"也影响了上海城市文化和民俗的发展，海派品格与海派特征得到了充分的张扬与显现，具有海派品格的海派民俗也不断兼收并蓄，壮大声势。中西结合、注重实用、追求享乐、追逐时尚，成为这一时期海派民俗中最为鲜明的风格，典型的民俗事象包括文明结婚、洋派衣食、综艺游乐等。

以文明结婚习俗的产生为例。上海开埠后，越来越多的外国侨民选择在上海定居，他们在上海举行与传统中式婚礼完全不同的新式婚礼。这种无须"父母之命、媒妁之言"的新式婚礼，吸引了一大批已经接受了西方自由思想的年轻人。他们开始倡导一种简化结婚程序，充分尊重男女双方意愿的文明婚礼。新式婚礼之所以在上海蔚然成风，与众多名人的推动密切相关。比如1927年底，北伐军总司令蒋介石与宋氏家族三小姐宋美龄的婚礼就是新式婚礼。在结婚典礼上，蒋介石身穿黑色燕尾服，手戴白手套；宋美龄身穿白色婚纱长裙，手捧鲜花。在大华饭店的主要礼节包括：新人向国旗、党旗、总理遗像三鞠躬，蔡元培宣读婚书，用印，新娘新郎互相鞠躬，新娘新郎向来宾鞠躬，招待宾客茶点，是名副其实的文明结婚。在蒋宋婚礼的影响下，越来越多的上海民众选择举行新式婚礼。但对大多数民众来说，购买西式礼服并不现实，所以出租新式礼服及相关用品的行业应运而生。在蒋宋婚礼举行不久后的 1928 年 2 月 17 日，《申报》上刊登了亨利洋行的一则广告，重点是介绍公司"备有结婚礼服、鞋帽另件及新妇披纱钻花，一起完备出租"。

辛亥革命后海派民俗的发展过程中，市民群体作为海派民俗的主体，他们的好恶对海派民俗的发展起到了重要的作用。应该说，从诞生开始，海派民俗就显示了鲜明的都市性特征，反映了市民阶层的心态、趣味和风尚。它不像乡村－市镇型民俗那样局限在狭小圈子里，而是包括所有生活在上海的民众。它以创新、开放、多样、崇实、善变等特点将民俗文化变成一种特殊的商品引入民众的消费领域，在许多方面以迎合民众的需要为主旨，其本身具有浓厚的市民性倾向。像鸳鸯蝴蝶派小说、海派京剧、文艺副刊与小报画报、连环画、广告画、月份牌年画以及电影院、游乐场、歌舞厅、酒吧等，消遣娱乐类的文化事象及其民俗都因为迎合了上海市民休闲娱乐的需要而经久不衰。

然而，受到外国殖民统治和侵略的上海，无法按照民俗文化内在的发展节律自由发展。1932 年的"一·二八"事变与 1937 年的"八·一三"事变，一再改变了上海的发展轨迹，将上海拖入了战争的泥潭。侵略者的飞机大炮不但摧毁了上海大都市建设的梦想，也沉重地打击了上海的经济文化，从而彻底改变了上海城市化的命运，影响了海派民俗的发展路径。一部分明显表现爱国进步主题的民俗文化形式受到了摧毁式的打击，而另外一些娱乐消遣性的民俗文化形式则得到了较大发展。

（四）海派民俗的转折期

从 1949 年至 1978 年，海派民俗进入了转折期。

文化是环境的产物，当环境改变之后，社会的文化氛围、文化精神也将随之改变。随着上海全境的解放，上海城市进入社会主义建设和发展时期，社会的方方面面都显示出不同以往的新气象。进入社会主义建设时期的海派民俗也经历了种种汰旧与更新。

比如受到中华人民共和国成立初期倡导的简朴的社会风气与物资短缺的实际情况的影响，上海市民的服饰习俗发生了很大变化，出现了旧衣改制的风潮。1949 年以后，大量市民开始穿人民装，而 1949 年以前缝制好的衣服只能压箱底，等于是一种浪费，所以有人开始提倡改制旧衣。中华人民共和国成立初期形成的旧衣改制风潮一直延续到 20 世纪 50 年代中后期。不仅许多服装店接受旧衣翻新，在国营旧货商店出售旧衣服的地方，每天总有很多人买了旧衣服要求设在店里的加工服务处改制、翻新。其中较多是长衫改中山装，西装改中山装，或旧西装翻新[1]。三大改造完成以后，代表新社会的人民装等服装成为越来越多市民的选择。旧衣改制的内容逐渐演变为将旧式样改为新式样，其中最主要的是旧旗袍的改制。《新民报（晚刊）》第六版于 1955 年 7 月 12 日至 19 日图文并茂地连载了旧旗袍的改制方法，包括旗袍改做裙子、短袖旗袍改做短袖衬衫、短袖旗袍改做连袖衬衫、短袖旗袍改做短袖外衣或长袖羊毛衫式外衣，中袖旗袍改做长袖轻便装等。但到了 1950 年代末和 1960 年代初期，旧衣改制的内容已经从式样转变为衣料，所改的主要是破旧的衣服。因为此时的中国进入了物

---

[1]　《十个月改制旧衣万件》，《新民报（晚刊）》1957 年 3 月 16 日第 4 版。

资紧缺时期，做新衣服已经成为奢望，上海市民不得不将旧衣服缝补翻新。在这种风潮下，连著名的鸿翔、朋街等服装店都贴出大字报宣传承接女大衣旧翻新业务①。有统计显示，1960 上半年，服装修补业为全市广大居民修补和翻新了各种服装九十多万件②。

"文革"十年是上海城市发展历史上的一个极端特殊时期，政治上的错误对城市经济、社会和文化都产生极大的不良影响，也用极大的力度干预、改造了海派民俗，使开放、包容的海派民俗文化迅速改变了它标志性的特征。但政治的高压在某些时候又引起了民俗的反弹，"奇装异服"就是这种反弹的表现之一。所谓的"奇装异服"就是不同于当时大多数民众穿着的军装、老三色、老三装的服装。从服装式样上看，有"馄饨领""烧卖领""黑包裤""阔卷边"等；从鞋的式样上看，有"火箭皮鞋""荷兰皮鞋""尼姑鞋""男青年穿女式皮鞋"等；从发型上看，有"男子烫发""螺丝头""阿飞头""小包头""一边倒"等③。1972 年的报告还指出街上已经出现了穿超短裙的女性。根据共青团上海市委的一份报告，1976 年的"奇装异服"展现出"长、尖、露、艳"四个特点。"长"即衬衫长得能包住臀部，"尖"即指"燕尾领"、"大尖角领"等领头式样，"露"即"薄型透明衬衫，内系深色胸罩"，"艳"也就是鲜艳颜色的衣服④。

总的来看，1949 年至 1978 年的三十年间，海派民俗的表现

---

① 《南京东路、四川路部分有名服装店：放下架子兼营修补业务——鸿翔、朋街贴出大字报承接女大衣旧翻新》，《新民报（晚刊）》，1959 年 1 月 19 日第 4 版。
② 《固定门市多点经营常驻服务串街上门：服装修补业百计便居民》，《新民报（晚刊）》，1960 年 6 月 19 日第 4 版。
③ 金大陆：《非常与正常——上海"文革"时期的社会生活》，上海辞书出版社，2011 年 4 月，第 209—210 页。
④ 金大陆：《非常与正常——上海"文革"时期的社会生活》，上海辞书出版社，2011 年 4 月，第 214 页。

与建国之前大相径庭。但"海派"作为一种"意识"却长久地积淀下来，成为上海民俗中最稳定、最基本的精神内核。海派民俗内在创新能力并没有消失，无论是曾风靡全国的"假领头"，还是让外地人咋舌的半两粮票，即便是在物质相当匮乏的时期，上海人依然能凭借其聪明才智精致地生活着。应该说，1949 年后的 30 年不是海派民俗的停滞期，相反，作为一段特殊的历史，它使海派民俗更加扎根于大众社会，更加贴近上海人的日常生活。

（五）海派民俗的更新期

1978 年以后，海派民俗迎来了它的更新期。"文革"结束后，精神和思想的枷锁被打破，社会风俗渐渐恢复正常。在改革开放政策的推动下，上海城市又一次进入了腾飞的时代，尤其浦东的开发开放，成为上海城市发展的一股强劲推动力，使上海一跃成为全世界瞩目的新型国际大都市。同时，受西方文化的影响，新的社会风尚也不断涌现。

一般而言，社会风俗的变化总是在服饰习俗上率先反映出来，这一阶段的上海风俗变迁最先也是在服饰习俗上得到释放。上海民众告别"黄、绿、黑"的统一着装模式，开始尝试恢复色彩鲜艳、款色多样的服饰。改革开放初期，上海民众中先后流行过喇叭裤、蝙蝠衫、踏脚裤、连衣裙。进入 20 世纪 90 年代，流行服饰开始了多元化发展，西装、羽绒服、皮夹克、一步裙、编织服装……市民的日常服饰愈发丰富多彩。此外，国际名牌纷纷进入上海，受到市民的追逐。

在海派民俗的更新期，新上海人群体的出现和发展对海派民俗有着重要的影响。"新上海人"一词集中出现在 21 世纪初。从古至今，上海一直在不断地接受各方移民。但 1949 年以后不久至

20 世纪 80 年代，上海户籍流动的大门一直紧闭，上海民众已经失去了与移民相处的经验。改革开放以后，一些外地人、外国人先后进入上海工作生活，与原有的上海群体之间曾产生过一些矛盾，产生了如"外地人""乡下人"这样明显具有人群区分意识的称呼。这种鲜明的群体差别意识并不利于上海城市建设和社会发展。而"新上海人"这一与时代相呼应的称呼正弥补了这种差别。新上海人的范围相当广，也包括来自五大洲的外籍民众。随着上海国际化大都市形象的打造，越来越多的外国人长期居住在上海，成为新上海人中不可忽视的一个群体。2011 年开展的"上海国际城市形象调查"，通过对五大洲 47 个国家的在沪外籍人士的调查显示：在沪外籍居民实现了从"参观"到"参与"的身份转换，外籍新上海人作为一个社会群体正在兴起①。

经过了 20 多年的恢复发展，进入 21 世纪的海派民俗也开始了加速更新。比如服饰习俗就从简单地跟随潮流、盲目地崇拜名牌，发展为推崇"DIY"个性服装。虽然商店里服装应有尽有，但还是出现了价格不菲的高档裁缝店，如西服店、旗袍店、婚纱店等等，以满足顾客个性化服装定制要求，同时，上海的几大面料市场也成为上海市民追求个性化服装常去光顾的地方。

总的来说，在更新期，海派民俗表现出强烈的趋新变革的特点，而贯穿整个更新过程的是海派民俗最本质的精神内核——创新。在涉及衣食住行的海派民俗事象中，上海几乎日日有翻新。

三、海派民俗的内容

海派民俗内容丰富，既包括吃、穿、住、行等与民众生活息

---

① 《老外最认可上海是金融中心》，《中华读书报》2012 年 1 月 8 日第 A07 版。

息相关的方方面面，也包括商贸、节日、语言等涉及人际交往方面的内容。

（一）海派饮食民俗

《史记·郦生陆贾列传》载："王者以民人为天，而民人以食为天。"饮食，自古以来都是人们生活中非常重要的一部分。开埠以前上海地区的饮食民俗作为江南饮食民俗的组成部分，基本呈现出江南饮食民俗的特点。上海开埠后，外国侨民以及苏、浙、粤等各地移民纷纷来到上海安家落户，五方杂处的大背景为多样的海派饮食民俗的形成打下了基础。

各国、各地移民在扎根上海的同时，也把家乡饮食习俗带到了上海，随着商业的发展，餐饮业也繁荣起来，不少餐馆经营上海以外的地方菜，如京菜、粤菜、淮扬菜、苏锡菜、杭帮菜、川菜、徽菜、湘菜，甚至还出现了西餐馆。而本地餐馆为了保持竞争力也开始吸收外地菜系的长处，并在融合、改造、创新的基础上，初步形成了海派菜兼容并蓄、口味丰富的特点。其中，对海派菜形成影响最大的地方菜系是苏帮菜、宁波菜以及淮扬菜，它们是海派菜的三大基本来源。比如当代海派菜中常见的红烧划水和腌笃鲜源自淮扬菜，响油鳝糊源自苏帮菜，大汤黄鱼和酒酿圆子源自宁波菜。海派菜的主要特点表现为风味多样，富有时代气息。海派菜的经典菜式主要包括：虾子大乌参、椒盐排骨、腐乳肉、八宝鸭、红烧河鳗、红烧划水、草头圈子、油酱毛蟹、酱爆腰花、凉拌海蜇、白斩鸡、糟猪爪、糟钵头、熏鱼、白切咸肉、烤麸、水晶虾仁、冰糖甲鱼、芙蓉鸡片、鸡圈肉、咸菜黄鱼、扣三丝、三鲜汤。

改革开放之后，随着大量外地移民和外国人涌入上海的还有各地方菜肴和西式餐饮。海派菜因此迎来第二次大融合，并正式得名，形成了容纳多种口味于一体的特色鲜明的地方菜系。"海派菜"一词也是此时出现的。《文汇报》1987年11月28日曾做了一则相关报道，说"位于中山路上的长江饭店，在川、广、苏、锡等派别的基础上，发扬光大独创系列海派菜肴"。海派菜一直处于变化发展的过程中。在21世纪初，海派菜融合国际低糖、低盐、少油等健康饮食观念以及西菜的做法，发展出了"新海派菜"，受到上海民众的欢迎。

除了兼容并蓄的菜式外，西点也成为海派饮食的重要组成部分。早在清代咸丰三年（1853），英商老德记药店就在上海经营西式糕点。咸丰八年（1858），中国第一家西式面包房——埃凡馒头店开业。该面包房经营的主要产品有：面包、糖果、汽水和啤酒。起初，西式糕点的消费群体仅限于洋人，以及熟悉西式餐饮方式的买办等。后来，部分中国人开始尝试西点，尤其是西点师傅按照中国人的口味进行改革之后，西点被越来越多的上海市民所接受，并逐渐发展出独特的海派西点。民国时期，上海西式糖果糕点业得到了迅速发展，居全国首位。到20世纪30年代，上海市民已经普遍食用西点。早期的海派西点没有繁复的材料，只有糖、奶、蛋等简单材料。但这些材料经过西点师傅们的精心加工和搭配产生了很多味道独特的海派西点。代表性的海派西点如掼奶油、哈斗、栗子蛋糕、蝴蝶酥等。20世纪八九十年代，海派西点不断发展出新的花样，比如蛋糕就从蛋白蛋糕发展到奶油蛋糕，又发展出鲜奶蛋糕。

经过几代厨师的继承与革新，以及上海民众的选择，中西合璧、南北交融的海派饮食民俗逐渐发展壮大，这一过程体现了上海人兼容并蓄、大胆创新的精神。

（二）海派服饰民俗

服饰民俗是一个时代社会发展状况的反映，伴随着上海开埠这一历史巨变，上海服饰民俗在样式和观念上都产生了巨大的、迅速的变化。比如开埠后很长一段时间内，上海地区仍然流行穿传统中式服装，满汉结合的京派服饰更受民众的青睐。但与此同时，清政府以及传统礼法对于服饰规制的影响力大大减弱，上海社会中开始出现服饰僭越礼制的现象。此外，随着西方文化影响的加深，西式服饰风格也开始影响服装的样式，比如，繁复的宽袍大袖开始变短变窄。上海地区的主流服装式样开始逐渐发生变化，一些同时包含西洋服装与京派服装元素的海派服饰风格开始出现，服装式样日趋多样化、审美化、时尚化、现代化，各种西装、时装盛行，其中最典型的代表便是海派旗袍。海派旗袍采用西方立体剪裁工艺，融合了中国传统袍服和西式裙装的特点，一改传统封建礼教下遮挡身体曲线的服装式样，突出人体曲线，展示女性体态之美，赋予了服装更强的审美功能。海派旗袍自从20世纪20年代兴起以来，便风行上海，虽有些许改动，但经久不衰，甚至成为民国政府确定的国家礼服之一。

如果说服饰样式的更迭是海派服饰民俗的表，那么服饰观念的变迁就是海派服饰民俗的里，也是海派服饰民俗发展的内在动力。在东西方文明碰撞、交融，人类文明向工业化和现代化演进的背景下，上海人追求进步，挣脱封建枷锁的观念异常强烈。这些观念在服饰方面表现得尤为明显。

在漫长的封建社会中，服饰被赋予了伦理道德和身份等级的象征意义，并产生了一系列关于穿衣配饰的繁文缛节。陈旧的服饰观念压抑了民众的思想，也给他们的日常生活带来了极大的不便。而在开埠后自由民主观念传播和西方新奇服饰流行的背景下，上海人逐渐形成了一套融贯中西的现代服饰观念，可以简单地概括为：崇尚个性、追求时尚。

服饰作为一种自我表达的方式，可以凸显穿着者的魅力，宣扬着穿着者的个性，展示穿着者对于美的追求。上海人注重在衣着打扮上的自主选择权，上海滩的时装可谓五花八门、争奇斗艳，成为流动的风景线。上海人在服饰上追求时髦达到了何种程度？近代上海曾流行这样一首民谣："乡下小姑娘，要学上海样，学来学去学不像。学了刚有三分像，上海早就变花样。"民国时期，巴黎新兴时装最快 3 个月左右就会输入上海，成为海派服饰追求和模仿的重要对象。上海人追求时尚的服饰观念在此首民谣中得到了淋漓尽致的展现，这也是海派服饰民俗丰富多彩的一大重要根源。

（三）海派居住民俗

开埠后的上海，不仅集中居住着大量外侨，也成为众多国内移民理想中的谋生地。这些移民到上海后需要一个遮风挡雨、安身落脚之处，独具特色的海派居住民俗就在移民们寻求合适居住空间的过程中逐渐形成了。

到上海的外侨一般居住在租界中的西式洋房中。1854 年以后，租界才允许华洋杂处。到 19 世纪 70 年代，进入租界的华人数量逐渐增多。并在吸取西式建筑风格和传统中式建筑风格的基础上，产生了中西合璧式的砖木结构的两层石库门民居。石库门建筑最独具特色的是它的门楣，既有对江南传统建筑门头式样的继承，又受到西方建筑风格的影响，大量辅以三角形、半圆形等形状的精美花饰，两旁甚至还饰有西方风格的古典墙柱。石库门建筑的内部结构与设计，仍然保留着浓郁的江南三合院、四合院民居特点，但外部布局和设置却遵循西方建筑的联排式规则。随着崇洋风气的弥漫，石库门建筑也越来越西化，越来越洋气。但即便如此，中国传统民居的一大标志——天井却依旧保留着，显示着石库门的东方文化印记。兼容中西文化的海派民居建筑代表性样式的石库门，后来逐渐成为上海传统民居的代名词。

除了有钱人居住的花园洋房、石库门房子之外，1949 年以前还有很多因逃荒躲难来到上海的苏北、皖北等地的破产农民，集中居住在苏州河两岸，他们用竹竿、稻草、芦苇席等等搭起简陋的草棚和滚地龙作为容身之处。草棚以竹竿为柱，编竹为壁，顶覆稻草，这些棚户大都没有窗户。因为内外地面一般高低，所以下雨时常被淹没。滚地龙是比棚户更简单的藏身之处，主人连搭草棚的钱也没有，只好用芦苇席、油毡、铁皮之类的卷成半圆形，因为特别低矮，住户必须跪爬着出入。随着涌入上海的外地贫民越来越多，草棚和滚地龙也越来越多，往往成片出现，形成大片的贫民区，被称为棚户区。与租界宽敞、干净的道路，设施齐全的水、电不同，在棚户区，没有任何基本的生活设施和公共设施，到处都是垃圾、粪便，常年臭气熏人，一到梅雨天，到处水漫金山。上海解放时，全市分布着大中型棚户区三百多处，最有名的是"三湾一弄"，即：潘家湾、朱家湾、潭子湾和药水弄。

新中国建立以后，为了解决广大劳动人民的居住问题，一方面对棚户区进行了改造，另一方面由政府出资建设了工人新村，分配给劳动模范、骨干工人居住。上海第一个工人新村社区——曹杨新村于 1952 年建成，有 48 幢二层楼房，可容纳居民 1 000 多户，主要分配给当时国营企业的干部和职工。此后，由政府出资新建的住宅均沿用此类名称，如 20 世纪 60 年代建成的蕃瓜弄桃园新村、瞿溪新村等，在市区边缘又陆续建成控江、鞍山、天山、日晖、宜川等一批工人新村，形成了工人新村社区。

20世纪70年代，新型住宅样式在上海出现，漕溪北路、田基浜等高层住宅是当时的代表。20世纪80年代后期，上海的第一代高层住宅如雨后春笋般大量涌现，普遍采用一梯6户、8户甚至10户的结构，容积率大增。20世纪90年代以后随着大量上海市民迁入公寓房、别墅等住宅，以及旧有住宅的改造，产生了许多与居住相关的新名词，如："连体别墅""水景房""亲水楼盘""生态住宅""复式套房""凸台""护墙板""顶角线""踢脚线""无框窗""塑钢窗""软玻璃""雕花瓷砖""平改坡"等。这些词语代表了海派居住民俗的新变化。

总的来说，海派居住民俗呈现出多层次、多元化的特点。不同的民居建筑样式虽然差异巨大，但居住其中的民众和他们的居住模式都是海派居住民俗的重要组成部分。

（四）海派交通民俗

在传统农业社会，交通工具的驱动主要靠人力（如轿子）、风力（如帆船）和畜力（如马车），效率较低。但进入工业社会，随着蒸汽机、内燃机等动力机械的发明，交通工具的效率大大提高。上海开埠后，交通设施和交通工具得到了前所未有的大发展，马车、黄包车、自行车、公共汽车、公共电车、小汽车都在上海街头出现，通往全国的铁路线和航空线也相继投入运营。上海成为近现代中国最重要的交通枢纽之一，大量与交通相关的民俗表现形式出现，海派交通民俗由此兴起。

黄包车是近现代上海城市中最重要的交通工具之一，后来甚至成为上海的文化符号之一。黄包车最早由法国人引入上海，是一种用人力拖拉的双轮客运工具，车身饰以黄漆，配有金属轮和橡胶胎，乘坐较为舒适，不论是商界巨擘、官僚买办这样的上层人物，还是知识分子、公司职员，都常常选择黄包车作为日常交通工具，与黄包车相关的交通民俗因此应运而生。比如黄包车晚上出行时，一般点一盏灯，考究的黄包车会备两盏灯，还配备了脚垫、绒毯。洋行大班或富商乘坐黄包车时形成了一些特殊习惯。他们并不直接告诉车夫要走哪条马路，而是用手杖敲击车背来表示行车的方向。敲左车背代表向左转，敲右车背代表向右转，如果乘车人用脚蹬一下踏板，车夫便将车子停下。

在人力黄包车在上海大街小巷到处跑的同时，现代交通工具也开始在上海街头奔驰，以其快捷便利的优点满足着市民的出行需求，并促进了海派交通民俗的产生。公共电车和公共汽车一经出现，便受到上海市民的欢迎，成为中下层上海市民出行的首选交通工具。但公共电车和公共汽车早期线路较少，运力也十分有限，拥挤也就成了司空见惯的事情。

至改革开放之前，上海最流行的个人交通工具是自行车。在20世纪六七十年代，甚至出现了组装自行车的风潮。当时自行车的售价大约在150—180元之间，但除了现钞还需要指标，以及几十张工业券，买到一辆自行车非常不容易，于是"组装自行车"应运而生。组装自行车首先要到虬江路市场购买所需零部件。往往要经过一段时间的收集以后，组装所需的零部件才能凑齐。一旦凑齐零部件就可以动手组装，然后携带主要部件的发票去上牌照。一般来说，组装车比整车大概便宜20—30元，而且不需要工业券。

（五）海派语言民俗

上海位于长江下游的江南地区，上海话在方言区划中属于吴语太湖片苏沪嘉小片。上海开埠前，本地语言保持了相当稳定的发展态势。开埠以后，随着五湖四海的移民涌入，上海市内出现了语音语调差异较大的诸多方言，以及域外语言。在此基础上发展起来的海派语言民俗具有明显的中西融合、多元化的特征。

洋泾浜英语的创作和使用是海派语言民俗的代表性现象。"洋泾浜英语"一词是上海人对中国化英语的称呼，而"洋泾浜英语"本身就是"上海特产"。洋泾浜是浦西的一条小河浜，从今延安东路轮渡口与黄浦江相通，向西流至周泾（今西藏南路）。上海开埠以后，洋泾浜成为英租界的南界与法租界的北界。后来，洋泾浜泛指洋场和租界。租界设立以后，不少中国人操着不标准的英语作为贸易的中间人。这种在洋泾浜附近出现的语法不准确，带有中国口音的英语被称为"洋泾浜英语（Yang King Pang English）"，当时一种以中文读音注音的英文速成手册也被命名为《洋泾浜英语手册》，所以洋泾浜又指向了中文音译的英语。当时盛传一首洋泾浜英语的歌谣："来叫'卡姆'（come）去叫'个'（go），廿四铜钱'特万体佛'（twenty four），是叫"也斯"（yes）勿叫"糯"（no），如此如此'沙咸鱼沙'（so and so），'翘梯翘梯'（drink tea）是喝茶，'雪堂雪堂'（Sit Down）请侬坐……"①尽管外国人理解起来也十分困难，但不少中国人正是靠着从这类歌谣中学来的几个蹩脚词汇，与西方人进行一些最基本的沟通。后来，一部分洋泾浜英语词汇还渗入了上海民间语言之中，成为当代上海话的一部分，比如水门汀（cement）指水泥，差头（charter）指出租车，这些词汇多多用来指开埠后出现在上海的新鲜事物，在丰富上海话内容的同时，也体现了海派民俗极强的包容性。

---

① 蔡丰明：《上海都市民俗》，学林出版社，2001年，第197页。

　　上海话的形成是海派语言民俗最重要的组成部分。但上海话的形成是一个较为漫长的历史过程。开埠以后，随着上海城市的迅速发展，频繁的人际交往，不同群体使用的方言有了交流、融合的机会。一种以上海城区的吴方言为基础并融合多种方言的新上海话逐渐孕育出来。到上海解放前，上海话已初步形成，只是依然带有各自的乡音。在上海话初步形成的过程中，大量谚语、俗语、常用语也被创造出来。民国时期出版的《沪谚外编》《老上海》《上海手册》等书籍中就收录了大量当时在上海民众中广泛流行的俚语与俗语，如"掮木梢""咬耳朵""戳壁脚""开天窗""拖油瓶"等。一直到 1958 年以后，随着户籍管理制度的严格，城市人口流动停滞，上海话逐渐变得统一、纯净。此后的上海话才成为上海人自我认同和区别上海人与外地人的重要依据。

（六）海派商贸民俗

　　早在开埠前，上海港的发展就带动了上海地区商业的繁荣。上海开埠后，商业贸易空前兴旺，洋行、商号、店铺林立，商家服务意识增强，消费环境得到改善，民众的消费欲望强烈。在长期的商业贸易活动中，海派商贸民俗逐渐形成和发展出了一些特殊的事象和形式。

　　比如讨价还价的习俗。有一些商家不想将商品的价格标准透露给所有买家或顾客，于是采用一种"暗码标价"的方式，即用一些暗语或代号来标出货物的价格。这些暗语或代号只有在行业内部使用，其他人无法明白其中的真正含义。如旧上海棉布店经常采用"太、平、春、德、福、其、花、桂、文、章"来代表"一、二、三、四、五、六、七、八、九、十"这十个数字。在这种暗码标价的情况下，交易价格全凭买家卖家讨价还价商定，尽管后来许多商店实行了明码标价制度，但讨价还价的习俗早已深入人心，不少市民还是习惯在购物时讨价还价。

在吸引顾客方面，商家也是各显其能，形成了市声叫卖、张贴广告、悬挂店招等习俗。曾经在旧上海的马路和弄堂中到处都能听得到热闹的叫卖声，其中又以流动货担经营者的叫卖声最具特色。由于流动货担的经营时间和地点并不固定，因此通过叫卖声来招徕顾客便成为一种必不可少的经营手段。后来，一些商店的推销员也走上街头，以市声招揽顾客。行商重视叫卖，坐商重视作为商店门面的店招。上海店招的形式五花八门，如名人题字的文字招、实物模型店招等。同时，随着广告业的发展，一些有实力的商家也在人流密集的十字路口、市民熟知的城市地标附近，花重金刊登巨幅广告。广告和店招逐渐发展为城市景观的一部分，显示了海派商贸民俗的丰富性。

（七）海派节日民俗

海派节日民俗是在中国传统岁时节日民俗的基础上，吸收了西方节日元素而产生的，且随着时代的变化而不断发展。

开埠以前，上海地区的节日民俗一贯保持着与农业社会相适应的传统民俗，与中国其他地方的差别不大，比如正月初一迎新年，五月端午包粽子，八月十五吃月饼。但开埠以后，在西方文化的影响下，上海市区的一些民众对西方节日表现出浓厚的兴趣。

圣诞节属于在开埠以后不久就进入上海的早期洋节。上海开埠后，定居上海的西方侨民越来越多。在平安夜，他们往往在酒吧、舞厅里聚会，共同庆祝圣诞节。在他们的影响下，不少上海人也开始与西方人一起庆祝这个节日，甚至学西方人赠送礼物，举办宴会。当时，即使是在西方人开办的工厂里做工的底层民众也喜欢这个节日，因为圣诞节照例放假休息，而且工资照给①。新中国成立至改革开放前，圣诞节基本在上海销声匿迹。改革开放后，随着宗教政策的恢复，上海市民中的基督教教徒逐渐增多，在教徒的影响下，圣诞节在上海逐渐复兴。20 世纪 90 年代以后，参与庆祝圣诞节的上海市民越来越多。不少餐馆顺应潮流推出了圣诞大餐，受到市民欢迎。上海的圣诞节虽然也有圣诞树、圣诞老人、圣诞贺卡等等一些节日象征符号，但它也形成了具有中国特色的节日习俗，比如上海的圣诞节将西方家庭团聚的习俗变成了亲朋好友在饭店、酒吧等公共场所的狂欢。进入 21 世纪，上海圣诞节也有了新的变化，出现了平安夜赠送苹果的行为。苹果的"苹"与平安的"平"同音，赠送苹果有着平安幸福的寓意。

　　情人节是改革开放以后出现在中国的西方节日。中国人对它最早的了解来自 20 世纪 80 年代对西方文化的翻译介绍。当时，情人节的英文原词（St. Valentine's Day）被译为"圣瓦伦丁节"。后来翻译中，意译代替了音译，"圣瓦伦丁节"就成为"情人节"。这个意译相对有些歧义，最初也使人们对情人节这个节日产生一些误解，将其理解为提倡或鼓励合法婚姻之外的男女关系的节日，后来才明白它是一个宣扬爱情至上理念的节日。改革开放以后，随着市民婚恋观念的转变，自由恋爱成为主流，情人节逐渐在上海市民中受到欢迎。20 世纪 90 年代，随着经济迅速发展，上海情人节的内容和形式也得到了较大发展，市民大都在节日期间送玫瑰花和巧克力。过情人节的市民数量也大大增加，不仅未婚的情侣们喜欢过情人节，即使已婚的夫妻同样会在这一天表达自己对对方的爱意。

---

　　① 　汤伟康、杜黎著：《租界 100 年——上海建城 700》，上海画报出版社，1991年，第 168 页。

（八）海派游戏民俗

开埠后的上海坐拥商贸之利，呈现出一派欣欣向荣景象，享乐之风也日渐兴盛，受西方娱乐习俗的影响，各种新奇的游戏层出不穷。这些游戏参与性强，趣味性高，受到城市居民们的欢迎，不少人流连其中，新的海派游戏民俗便在这种背景下产生发展。

打台球就是开埠后发展起来的一项游戏民俗，产生于 19 世纪末。当时，上海市民在目睹了西方人打台球的运动后，也模仿着游戏，并逐渐流行起来。上海人给了打台球一个形象的称谓——"打弹子"，经营台球的场所被称为"弹子房"。许多茶楼、茶室等公共场所纷纷经营弹子房，吸引大批民众驻足观看。在娱乐消遣之余，不少华人精修此道，将游戏玩出了花样，竟成了甚至外国人也难以匹敌的台坛高手。

除了成年人的游戏外，少年儿童间也有不少游戏，具有代表性的是弄堂游戏。弄堂是上海特有的一种民居形式，弄堂游戏则是在上海弄堂这一特殊生活环境中发展出来的独特的儿童游戏。20 世纪五六十年代，少年儿童的娱乐项目较少，弄堂游戏是他们在课余必不可少的娱乐活动。当时的里弄还比较宽敞，十分利于弄堂游戏的开展，因此流行的弄堂游戏大概都是以户外运动为主的游戏，如跳橡皮筋、踢毽子、捉强盗、丢沙包、丢手绢、跳山羊、刮香烟牌子、掼米袋、顶橄榄核、打弹子、滚铁圈等。男孩子喜欢玩一些较为粗狂的游戏，比如踢皮球、官兵捉强盗、打弹子和刮香烟牌子。女孩子则更喜欢玩一些细腻文雅些的诸如跳橡皮筋和造房子等游戏。小点的孩子可以玩"笃笃笃，卖糖粥，三斤蒲桃四斤壳"的游戏，大点的孩子可以踢毽子、跳绳。还有一些游戏是来自西方的，如"马铃打（mailing down）""司到扑

（stop）"。如果下雨，孩子们会唱起沪语童谣："落雨喽，打烊喽，小八腊子开会喽!"然后一起跑到某家去，在室内继续玩游戏棋、康乐棋等。弄堂游戏在锻炼身体的同时，也能培养少年儿童的生活、交往、竞争、合作、创新等各种能力，同时还继承和发展了民族传统体育文化。

四、结　语

本书分析海派文化，本章专论海派民俗，因此我们有必要对海派民俗与海派文化的关系进行一番梳理。海派民俗与海派文化的关系，大致包括三个方面：

第一，海派民俗与海派文化是部分与整体的关系。海派文化是本土文化与外来文化融合的产物，尤其是中西方文化碰撞的结果。海派文化是一个庞大的体系，包括文学、艺术、生产、生活诸多方面，海派民俗仅仅是其中一个与生产、生活相关的组成部分，因此两者是部分与整体的关系。海派文化各部分的表现形式、特征、发生发展过程都不同。海派民俗与海派文化的其他组成部分不同，它以全体民众为主体，而且一旦形成就较为稳定，不容易变化。因此我们可以说，海派民俗是海派文化中最稳定的组成部分。

第二，海派民俗与海派文化是后觉与先知的关系。"海派"一词滥觞于文学艺术领域，说明正是海派文学、海派艺术中表现出的海派特质首先引起了学者的关注，而文学与艺术是文化的重要组成部分和载体。所以当海派文学与海派艺术的海派特质先被认知到时，海派文化一词已经呼之欲出了。而海派文化在饮食、服饰等生活方面的特质是此后才逐渐引起关注的，海派饮食、服饰方面的相关习俗正属于海派民俗。也就是说，海派文化各部分的发现是一个渐进的过程。在这个过程中，海派文化的构成也越来越清晰。

第三，海派民俗是海派文化的载体，也是海派文化最具象的展现。海派文化是一个集合概念，也是一个较为抽象的概念，要理解海派文化的性质和特征，必须要通过具体的文化形式作为载体，而海派民俗就是海派文化的重要载体。在海派文化的各组成部分中，海派民俗是其中最具象的展现，表现为活泼的语言，生动的生产、生活习俗等。

第八章　海派电影：紧贴时代脉搏、反映市民趣味

　　上海是中国电影的发祥地，在很长一段时间之内也是中国电影生产的重镇。在繁荣的电影生产、市场竞争与人才流动过程中，上海电影形成了自己的风格与特色，被业界与观众以"海派电影"冠之。与京剧的"京派""海派"之争不同，"海派电影"一词通常被认为并无贬义，而只是对具有鲜明特色与风格的、主要由汇聚在上海的电影人拍摄出来的电影的统称。

　　回溯历史，海派电影可以分为如下几个阶段：大浪淘沙的早期影片、数雄并立的20世纪30年代、"孤岛""沦陷"沉寂期、"战后"创作爆发期、中华人民共和国成立后意识形态转型发展期、"文革"停滞期、改革开放再出发期、"新千年"探索期这样几个时期。通过在上海这一都市文化场域中形成和发展起来的海派电影的起起落落，可以看出，"电影"这一具有丰富技术内涵的现代文化形式，与国家的政治、经济与文化发展状况是紧密相连的。

一、大浪淘沙的早期影片

　　虽然中国人拍摄的第一部电影是1905年由北京丰泰照相馆老

板任庆泰拍摄的京剧片段《定军山》，但一直到中华人民共和国成立之前，中国电影的放映、投资与生产一直主要集中在上海，由上海电影人或电影公司拍摄的影片领风气之先，堪称是中国电影的"半壁江山"。这一局面的形成与上海作为"中国都市现代化进程的先行者和引领者"所形成的旺盛消费市场与趋势求新的文化特性有关。① 1896 年 8 月 11 日，上海徐园又一村放映"西洋影戏"，揭开了营业性电影在中国放映的序幕。1909 年，美国电影商人宾杰门·布拉斯基在上海创办了中国最早的制片公司"亚细亚影戏公司"，因其语言不通，张石川、郑正秋、杜俊初、经营三等人于 1913 年组建新民公司，专事承包亚细亚公司的编导演业务，为其拍摄了《难夫难妻》《新茶花》《活无常》《五福临门》《一夜不安》等近 20 部短故事片。《难夫难妻》片长 40 分钟，是中国电影史上第一部故事片。1914 年，新民公司随亚细亚影戏公司歇业而终结，尝到拍电影甜头的张石川于 1916 年邀人在徐家汇集资创办了幻仙影片公司，这是中国第一家在经济上摆脱外国商人的影片公司，他们租借意大利人劳罗的摄影机和摄影场，以同名文明戏为蓝本，拍摄了抨击鸦片流毒的影片《黑籍冤魂》。1917 年，上海的商务印书馆盘下南京一家美国制片公司的摄影器材，在原有印刷所照相部下试办电影制片业务，并于 1918 年成立活动影戏部，将所拍短片分为风景、时事、教育、新剧、古剧五大类；1920 年，商务印书馆在自购摄影器材、修建玻璃摄影棚的基础上，开始对外提供器材场地出租与摄制服务业务。商务印书馆的拍摄场地与拍摄服务，催生了一批制片公司在上海成立及电影创作的繁荣，当年轰动一时的时事题材片《阎瑞生》（1921 年 7 月

---

① 孙逊、吴孟庆、沈祖炜主编：《中国地域文化通览·上海卷》，中华书局，2013 年，第 18 页。

上映）和侦探片《红粉骷髅》（1922 年 5 月上映），就是由商务影片部代中国影戏研究社和新亚公司两家摄制的。

在上海作为"冒险家的乐园"的开创意识及都市消费环境的激发下，这里诞生了中国几大主要电影类型的鼻祖，如社会问题片、爱情片、侦探片、武打片等，并且引发模仿浪潮。将当年轰动上海的妓女谋杀案搬上银幕的《阎瑞生》（杨小仲编剧、任彭年执导，1921），长达 100 分钟，是中国第一部长故事片，也被视为是社会问题影片的鼻祖；由上海影戏公司摄制的《海誓》（但杜宇执导，1922），片长 60 分钟，讲述一个富家女爱上穷画家的自由恋爱故事，是中国第一部爱情片，也是中国第一部不根据真人真事和文艺作品编写而独立创作的长故事片；长达 140 分钟的《红粉骷髅》（管海峰执导，1922），是中国侦破片的鼻祖，讲述由十姐妹组成的恶党以色相惑人、敲诈钱财、最终被侦破归案的故事；1925 年由天一公司拍摄的《女侠李飞飞》（邵醉翁执导，1925），片尾有一个"侠女救人"的情节，虽然该片有侠而无武，但被公认为是中国武侠片的开山之作。

在《黑籍冤魂》《阎瑞生》等影片所获评论褒贬不一的情况下，真正为"社会问题片"奠定范式基础的是 1923 年 12 月 28 日在上海公映、由明星公司的郑正秋编剧、张石川导演的《孤儿救祖记》，该片被认为是我国电影史上第一部在商业和艺术上获得巨大成功的国产片，其声誉和影响超过了同期在上海上映的外国影片。影片通过描写家庭亲情和骨肉分离的悲剧，揭露封建遗产继承制的危害，公映后，"未二日，声誉已传遍海上，莫不以一睹为快"，之后在南京、汉口、天津等地连映六七个月。扮演女主角的王汉伦，成为中国第一位悲剧女明星。该片的成功不仅改变了明星公司当时在经营上的窘境，并且让大家看到了讲述本土故事的影片的巨大市场潜力，在上海引发了又一波创办电影公司的热潮。1925 年前后，上海有电影公司 141 家，占全国 80%以上①。

这一时期的上海电影主要可分为四大类型：

一是社会问题片。受《孤儿救祖记》的成功所激发，明星公司接连拍摄了《苦儿弱女》、《盲孤女》等类似题材的影片；长城画片公司以侯曜为首，也拍摄了《弃妇》《摘星之女》《一串珍珠》等反映妇女问题、虚荣之害的影片，在片中出现了与女权和民主政治相关的新式人物和新思想；神州影片公司摄制的《难为了妹妹》（1926），通过一对兄妹的不幸遭遇，表现当时冷酷的社会人情，逼得一个愿意改过自新的青年重新去犯罪，被当时评论认为是"对得起影界，对得起社会观众的出品"。在对社会问题的表现中，与女性相关的问题占据很大比例，显示了"五四"新文化运动所提出的"男女平等"思想在当时的影响。

二是爱情伦理片。这一题材受当时深受读者欢迎的"鸳鸯蝴蝶派"小说影响，具有情节曲折动人的特点。1923 年上海影戏公司摄制的《古井重波记》（但杜宇执导）比《海誓》更受观众欢迎，被称为"中国现代影片中最高尚之爱情片"。明星公司则拍摄了《玉梨魂》（1924）、《空谷兰》（1925）、《爱情与黄金》（1926）等以妇女守节、爱情与财产阴谋、始乱终弃等为主题的影片。《空谷兰》（1925）根据包天笑的译本小说《野之花》改编，创造了 13 万元的当时默片的最高卖座纪录。民新影片公司摄制的《玉洁冰清》（卜万苍，1926），是欧阳予倩创作的第一个电影剧本，指出社会不平等和贫富阶级的对立是造成片中三个青年婚姻爱情不

---

① 《上海通志·文化艺术上（第 38 卷）》，第四章"电影"，http：//www. shtong. gov. cn/dfz ＿ web/DFZ/Info？idnode ＝ 79732&tableName ＝ userobject1a&id ＝ 102876。

幸的真实原因，塑造了坚强独立、成他人之美的现代女性的理想形象。

三是古装片。海派电影善于从其他艺术形式中汲取创作源泉，如文明戏、鸳鸯蝴蝶派小说等，而中国古典文学则催生了古装片的诞生。1927 年上映的古装片《美人计》，由大中华百合公司取材于《三国志》，投资 15 万元，摄制时间长达 1 年，在艺术和商业上都取得了成功；上海影戏公司取材于《西游记》的《盘丝洞》（1927），以神怪气氛和色情场面吸引了众多观众，是同时期"古装片"中市场效果最佳的一部；1926 年从香港迁到上海的民新公司拍摄的《西厢记》（1927），是最早在西方公开放映的中国影片，1928 年夏在巴黎上映，1929 年在伦敦上映，伦敦《泰晤士报》的评论认为："全剧描写有一种严肃静穆的态度，片中无恐吓和剧烈的刺激，乃一很文雅很清新，而有礼貌的作品。"

四是武打片。大中华百合影片公司 1927 年摄制的《王氏四侠》，讲述王氏四侠为民除害的故事，是史东山早期编导的"浪漫派武侠古装片"，在影片造型设计方面进行了探索；受《王氏四侠》启发，明星影片公司于 1928 年摄制《火烧红莲寺》，由郑正秋编剧，张石川导演，同样讲述武林高手救民众于水火之中的故事，上映后轰动一时，突破了国产片的最高卖座纪录。此后张石川自编自导，从 1928 年至 1931 年，共拍了 18 集《火烧红莲寺》系列影片，掀起各大电影公司竞拍武侠片的浪潮：大中华百合公司拍摄了《王氏四侠续集》等片；天一公司拍摄了《乾隆游江南》一至四集；友联公司拍摄了《儿女英雄》系列和《红侠》；民新公司拍摄了《风流剑客》等片；上海影戏公司拍摄了《飞行大盗》等片；华剧公司拍摄了《白玫瑰》等片；月明公司拍摄了系列片《关东大侠》等。在受到社会舆论抨击、政府当局颁布了禁拍和禁映令之后，这股浪潮才退去。

上海的电影公司在经过最初的探索之后，迅速走上大浪淘沙、竞争激烈的阶段。1926 年上海开展拍片活动的影业公司有 30 家，出品电影 93 部，产量居前列的为大中国 12 部、明星 11 部、开心 10 部、天一 9 部、大中华百合 9 部、神州 5 部、国光 4 部、长城 4 部、民新 3 部①。为在竞争中占有一席之地，这些公司努力根据成员特点创立自己的风格，譬如明星公司的家庭伦理戏、武侠片，大中华百合的欧化影片，天一的古装片，民新的激进色彩，长城的社会问题影片，神州的人性电影等，中国电影的各种主要类型与创作传统此时大都已初露端倪或奠定基础。根据《上海电影志》记载，1913—1931 年间，上海各制片公司共摄制了 722 部影片②。

二、数雄并立的 20 世纪 30 年代

进入 20 世纪 30 年代，上海电影业迅速发展，相继涌现了联华（1930）、艺华（1932）、电通（1933）、新华（1934）等具有影响力的制片公司。到 1935 年，全市共有 48 家影业公司③，其中以明星、天一、联华三家公司的规模为最大。

20 世纪 30 年代的中国电影深受时局与时代浪潮的影响，是各种意识形态争夺的阵地与演练场。这一时期海派电影的主流是

① 《上海通志·文化艺术上（第 38 卷）》，第四章"电影"，http：//www. shtong. gov. cn/dfz _ web/DFZ/Info？ idnode ＝ 79732&tableName ＝ userobject1a&id ＝ 102876。

② 《上海电影志》，http：//www. shtong. gov. cn/dfz _ web/DFZ/Info？ idnode ＝ 63935&tableName ＝ userobject1a&id ＝ 11525。

③ 《上海通志·文化艺术上（第 38 卷）》，第四章"电影"，http：//www. shtong. gov. cn/dfz _ web/DFZ/Info？ idnode ＝ 79732&tableName ＝ userobject1a&id ＝ 102876。

进步的，表达了坚定的反帝、分封建、反侵略立场。1931年东北发生"九·一八"事变，明星公司组成明星救国团，联华公司组成联华国人抗日救国团，开展"抵制日货"活动；以田汉等为首的中国左翼戏剧家联盟在上海拟订《最近行动纲领》，中国电影由此进入"左翼电影"阶段。1932年"一·二八"事变后，上海各电影公司以摄影机为武器，记录日本侵华事实，所拍摄的相关影片有：明星公司的故事片《战地历险记》《上海之战》、新闻纪录片《抗日血战》《十九路军血战抗日》、动画片《民族痛史》；联华公司的故事片《共赴国难》、新闻纪录片《暴日祸沪记》《淞沪抗日将士追悼会》、动画片《血钱》；天一公司的有声新闻片《上海浩劫记》；惠民公司的《十九路军光荣史》；暨南公司的《淞沪血》；慧冲公司的《上海抗日血战史》；锡藩公司的《中国铁军血战史》；亚细亚公司的《上海抗敌血战史》等。这批影片在内地和南洋上映后，受到舆论称赞。1936年1月27日，由欧阳予倩、蔡楚生、周剑云、孙瑜、费穆、李萍倩、孙师毅等人发起的上海电影界救国会宣告成立，标志着上海电影进入"国防电影运动"的新阶段。

动荡的国内外局势，活跃的思想与主义论争，相对自由的舆论管控，使得30年代的海派电影涌现了众多佳作，从当年报纸的年度评选活动中，可以了解到当时受媒体和观众欢迎的电影情况。1934年入选《晨报》副刊《每日电影》"荣誉年选"的10部国产片为《人生》《女人》《姊妹花》《神女》《时代的儿女》《桃李劫》《残梦》《路柳墙花》《渔光曲》等，1935年入选名单为《人之初》《乡愁》《桃花扇》《新女性》《大路》《逃亡》《船家女》《天伦》《时势英雄》等，尽管这些影片有的已经佚失，但从保留下来的故事梗概及幸存的电影作品中可以看出，其中绝大多数都是反映时代问题、揭示民生痛苦与表现反抗精神的作品。

明星公司在张石川的领导下，仍然坚持"教化社会"的宗旨及与民族文化传统相结合的艺术主张。1931 年，明星公司试制成功中国第一部蜡盘配音的有声片《歌女红牡丹》；并于 1932 年与左翼文艺工作者合作，邀请夏衍、阿英、郑伯奇担任编剧顾问，为中国共产党地下组织领导电影事业提供了契机，在较短时间内就拍摄了《狂流》《春蚕》《铁板红泪录》《女性的呐喊》《上海二十四小时》《脂粉市场》《盐潮》《丰年》《姊妹花》等一批反帝反封建影片。1934 年由左翼文化人主导的艺华公司被国民党特务捣毁，明星公司上层一度出现短暂徘徊，但不久又主动找到中国共产党的电影工作者，要求第二次合作，并于 1936 年明确提出"为时代服务"的制片方针，建立明星一厂、二厂；二厂吸收了由电通公司转来的一批左翼电影工作者，相继拍摄了《生死同心》《压岁钱》《十字街头》《马路天使》等影片。1937 年"八·一三"事变爆发，在日军的炮火下，明星公司因制片基地严重受损而停办。

1925 年 6 月由邵氏兄弟（邵醉翁、邵邨人、邵仁枚、邵逸夫）在上海虹口成立的天一影片公司，以拍摄古装片著称。商人出身的邵醉翁在制片规则中明确要求"注重旧道德，旧伦理，发扬中华文明，力避欧化"，兄弟四人联手开拓了新加坡、马来西亚等南洋市场。1931 年，利用美国人的有声器材和技术，天一公司拍摄了中国最早两部片上发声的影片之一《歌场春色》，讲述爱情与婚姻伦理的悲剧故事，并在左翼电影运动的影响下，相继拍摄了《王先生》《花花草草》《飞絮》《飘零》《挣扎》《海葬》《母亲》等较有社会意义的影片。1937 年春，天一公司结束了在上海的制片活动，将全部资金和设备转移至香港，成立南洋影片公司。从 1925 年至 1937 年，天一公司在上海共完成故事片约百部，包括有声片 35 部。

1930 年 8 月，联华影业制片印刷有限公司以"民新""华业"两家公司为基础，合并大中华百合、上海影戏公司和广东人黄漪磋在沪经营的印刷业，在上海宣布成立，由罗明佑任总经理，提出"提倡艺术、宣扬文化、启发民智、挽救影业"的制片口号，吸引了留学生、大学生和话剧演员等加入，迅速崛起。在经营活动上，继 1926 年明星公司联合 6 家公司成立"六合影戏营业公司"、展开"六合围剿天一"等垄断性经营活动之后，联华公司也开始尝试垄断集团经营，联合华资影院、收买外资影院，以达到放映国产影片、抵抗外国影片的目的。1932 年，公司改称联华影业公司。从成立到 1937 年日军全面接管上海后停止活动，联华公司在 7 年内共拍摄各种类型影片 97 部①，包括《恋爱与义务》（1931）、《天明》（1933）、《小玩意》（1933）、《体育皇后》（1934）、《新女性》（1934）、《渔光曲》（1934）、《神女》（1934）、《大路》（1934）、《天伦》（1935）、《浪淘沙》（1936）《狼山喋血记》（1936）、《联华交响曲》（1937）等中国电影史上的优秀作品②。

艺华影业公司于 1932 年 10 月成立于上海，结束于 1942 年 4 月，严春堂任经理，田汉主持影片创作并领导编剧委员会，参加"艺华"的还有阳翰笙、沈端先（夏衍）、苏怡、田洪、舒绣文、周彦等 20 余名左翼剧人。公司成立后完成了具有鲜明抗日反帝色彩的《民族生存》《肉搏》《中国海的怒潮》和《烈焰》等 4 部影片。1933 年 11 月 12 日，发生国民党特务捣毁艺华公司事件，震

---

① 根据郭海燕《联华影业公司探析》"附录二：联华影业公司片名目录"，中国出版集团东方出版中心，2017 年。

② 此处仅列出目前仍能看到影像资源的部分优秀之作。

动全国，获得各界声援。此后两年在田汉和阳翰笙等人的努力下，摄制了《女人》《黄金时代》《生之哀歌》《逃亡》《凯歌》等11部影片，进步影片仍占多数。1935年春，田汉和阳翰笙相继被捕，提倡"软性电影"的黄嘉谟、刘呐鸥等人被有关方面派进艺华，操纵创作与制片大权，提出所谓"意识与兴趣并重，品质与产量均等"的主张，摄制了《化身姑娘》（正、续集）、《新婚大血案》《弹性女儿》《女财神》《三〇三大劫案》等19部影片，其中《化身姑娘》被认为是"软性电影"的代表作。上海沦为"孤岛"后，严春堂之子严幼祥出面主持艺华公司，摄制《凤求凰》《三笑》等影片54部。1941年12月太平洋战争爆发后，艺华公司被迫歇业。

电通影片公司成立于1933年，前身为经营"三友式"有声电影录音放音设备的电通股份有限公司，1934年夏改组为制片公司，由夏衍、田汉等主持电影创作，司徒慧敏任摄影场主任，袁牧之、应云卫等任编导，1935年停止拍片。作为由中国共产党电影小组直接领导的左翼电影公司，电通公司在短短一年多的时间内，拍摄了《桃李劫》《风云儿女》《自由神》和《都市风光》4部享有盛誉的影片，其中《风云儿女》的主题歌《义勇军进行曲》，在新中国成立后被定为中华人民共和国国歌。

1934年，为青帮头目主持大世界游艺场和共舞台的张善琨，创办新华影业公司，1935年初摄制完成该公司第一部历史题材影片《红羊豪侠传》，讲述太平天国金田起义的故事，受到观众欢迎；随后完成了由欧阳予倩编导的《桃花扇》（又名《新桃花扇》，1935），借古喻今，对当时的社会现实进行针砭。从1936年起，新华影业接连拍摄了《长恨歌》《狂欢之夜》《壮志凌云》《夜半歌声》《青年进行曲》等11部宣传反帝抗日、具有进步倾向的影片，这一阶段被认为是该公司的黄金时期。

据资料统计，从 1931 年至 1937 年，上海各电影公司共摄制影片 442 部①。1931 年上海电影进入有声时代，但无声片的拍摄仍然持续了很长一段时间，1934 年上映的《桃李劫》，被称作是中国第一部以有声片技法拍摄的、真正意义上的有声片。这一时期上海除了创作了大量以抗日与革命为主题的影片、延续 20 年代传统的社会问题片及以女性与爱情为主题的作品之外，还出现了根据漫画改编的喜剧片《王先生》（1934）系列、儿童片《迷途的羔羊》（1936）、恐怖片《夜半歌声》（1937）和戏曲片《斩经堂》（1937）等新的类型影片的创作。

三、"孤岛""沦陷"沉寂期

1937 年 11 月 12 日，淞沪会战失败后，上海沦陷。从 1937 年 11 月至 1941 年 12 月"珍珠港事变"日军侵入上海租界以前，这段时期内的上海租界四面都是日军侵占区，租界内由英法等国控制，如大海中孤零零的岛屿，故被称作"孤岛时期"。4 年左右的"孤岛时期"，上海的制片公司先后拍摄了 164 部影片②。1941 年 12 月 8 日，太平洋战争爆发，上海全面沦陷，在日伪的控制下，上海 12 家制片公司先是于 1942 年 4 月改组为中华联合制片股份有限公司（简称"中联"，张善琨任经理），后又于 1943 年 5 月与中华电影股份有限公司和上海影院公司合并成立中华电影联合股份有限公司（简称"华影"），两家公司共拍摄 139 部影片③。在上海进入"孤岛

---

① 《上海电影志》，http://www.shtong.gov.cn/dfz_web/DFZ/Info? idnode = 63935&tableName = userobject1a&id = 11536。

② 《上海电影志》，http://www.shtong.gov.cn/dfz_web/DFZ/Info? idnode = 63935&tableName = userobject1a&id = 11547。

③ 同上。

时期"和"沦陷时期"之后,由于租界及日伪政府对拍片的控制与审查,留在上海的电影公司拍摄了大量历史题材影片,其中很多影片借古喻今,表达民族情感与不屈精神,为凝聚上海市民的精神与斗志起到不可抹杀的作用;因此这一时期的"沉寂",只是表面上的"沉寂"。

1937年"八·一三"事变爆发后,9月23日,陈白尘、沈浮、孟君谋、白杨、吴茵、周曼华、龚稼农、王征信、孙敏、谢添等34位电影工作者组成上海影人剧团,先后赴成都、重庆演出救亡话剧。10月17日,上海电影界救亡协会成立。天一公司于当年12月迁往香港,明星、联华、艺华、新华等公司先后停业。过后不久,新华公司率先恢复拍片,先后摄制了《貂蝉》《武则天》《岳飞尽忠报国》《西施》《欲魔》《铁窗红泪》《江南小侠》等40部影片,并设立华新、华成两家分公司,拍摄了《木兰从军》《日出》《少奶奶的扇子》《林冲雪夜歼仇记》《苏武牧羊》《云裳仙子》《葛嫩娘》等影片50余部。

上海影人在"孤岛""沦陷"时期所拍摄的古装片,很多具有借古喻今、鼓舞民族士气的意图与效果,如《木兰从军》(1939)、《葛嫩娘》(1939)、《武则天》(1939)、《岳飞尽忠报国》(1940)、《苏武牧羊》(1940)、《梁红玉》(1940)、《香妃》(1940)、《李香君》(1940)、《孔夫子》(1940)、《西施》(1941)、《洪宣娇》(1941)等。《西施》登载在《申报》上的电影广告写道"大辱历历在目,国仇耿耿于心";《苏武牧羊》歌颂苏武"身羁匈奴心朝汉"的民族气节;其余如花木兰、葛嫩娘、武则天、岳飞、梁红玉、香妃、李香君、洪宣娇等影片主人公,皆为中国历史或文学作品中具有反抗精神的人物典型。其中《洪宣娇》遭到汪伪政府禁映,1945年日本宣布无条件投降后,才在上海上映。此外值得一提的是,由费穆编剧和执导的《孔夫子》,通过回溯孔夫子的一生,赞颂孔子及其弟子"富贵不能淫,威武不能屈"的大丈夫气节,并在影片拍摄技巧与叙事手段上都进行了民族化的积极探索,达到相当高度。

　　除了古装片，这一时期上海电影人还创作了反映女性命运、探讨人生价值、反封建与追求恋爱自由等当代题材影片。于伶编剧的《女子公寓》(1939)、《花溅泪》(1941)、柯灵编剧的《乱世风光》(1941)、周贻白、杨小仲编剧的《新姊妹花》(1941)等影片，通过表现女性的不同性格与遭遇，指出女性要独立自强才能拥有光明的前途。此外这一时期探索人生意义与价值的影片有：《金银世界》(1939)，通过一位小学教员忘记初心，在金钱世界展开"成功"的游戏，成功之后，却因看到朋友坚守在教育岗位上而感到懊悔，以此推动观众思考人生的价值以及什么是"成功"等问题；根据苏联小说《沙宁》改编，由刘琼编剧和主演的《生离死别》(1941)，讲述一群刚毕业的大学生踏入社会后所经历的生活压迫与失业的苦闷，最后主人公改变悲观虚无的人生态度，领悟到"非竭力奋斗，则无以求生"，与朋友共同走向新生活；由费穆编剧并和流亡在上海的奥地利导演J•佛兰克联合执导的《世界儿女》(1941)，通过表现两位青年的性格、追求与命运，鼓励青年人响应国家号召，为民族解放及世界和平做出贡献；这是中国导演第一次和外国导演合作拍摄影片。由"中联"摄制，杨小仲、张善琨、马徐维邦、岳枫、张石川、徐欣夫、王引、朱石麟、李萍倩、方沛霖、卜万苍等 11 位导演集体编剧和导演的《博爱》(1942)，展示人类之爱、儿童之爱、乡里之爱、同情之爱、子女之爱、兄弟之爱、互助之爱、夫妇之爱、朋友之爱、团体之爱、天伦之爱等 11 种爱，这种在日本帝国主义侵略中国的背景下，片面强调"爱"的影片，在很长一段时期内受到"为日寇侵略中国效劳"的批判①。

---

　　①　1963 年出版的《中国电影发展史》(程季华主编)认为是"从旁宣传日寇和汉奸的所谓'中日提携'、'中日亲善'，反对当时中国人民神圣的抗日民族解放战争，是一部为日寇侵略中国效劳的影片"。

由桑弧编剧并执导的《教师万岁》(1944)，描写两位青年反对只知赚钱的"学店老板"作风，到工厂区创办平民小学的故事，表达青年人对人生价值与处世态度的思考与探索。

此外，这一时期根据本土文学经典拍摄的《家》(1941)、《秋海棠》(1943)、《红楼梦》(1944)，根据法国作家小仲马同名原著改编的《茶花女》(1938)，根据英国作家哈代的小说《苔丝姑娘》改编的《洞房花烛夜》(1942)等作品，都较好地将爱情与反封建反压迫的主题结合在一起，体现了当时上海电影人的创作不断地从其他艺术形式中汲取进步的养分。

四、"战后"创作爆发期

1945年8月15日，日本宣布无条件投降之后，国民党指派特派员由重庆抵达上海，开始接收新闻、广播、出版、电影等产业。从这一时期到上海解放，上海成立了国泰、文华、昆仑等在中国电影史上具有重要地位的制片公司，整个上海共拍摄故事片126部①，以社会问题片和爱情伦理片为主。

1946年7月，国泰影业公司成立，柳中浩任总经理，柳中亮任董事长，先后聘请应云卫、吴天、周伯勋等参加制片工作，田汉、于伶、洪深等为特约编剧；8月，文华影业公司成立，吴性栽任经理，陆洁任厂长，柯灵、桑弧、黄佐临等任编导；同一月，阳翰笙、蔡楚生、史东山、孟君谋、郑君里等人以战前"联华公司同人"的名义，组成联华影艺社，租借原联华公司徐家汇厂址作为摄影场。1947年2月1日，联华影艺社摄制的第一部影片《八千里路云和月》在沪光大戏院

---

① 《上海通志·文化艺术上(第38卷)》，第四章"电影"，http://www.shtong.gov.cn/dfz_web/DFZ/Info? idnode=79732&tableName=userobject1a&id=102876。

举行首映式,该片有着鲜明的纪实性画面和政论风格,表现青年知识分子对当时社会腐败的不满与思考,受到热烈欢迎。1947 年 5 月,联华影艺社改组为昆仑影业公司,摄影场和"文华"合用,夏云瑚任总经理兼厂长,阳翰笙、陈白尘先后担任编导委员会主任。1947 年 10 月,昆仑公司摄制的《一江春水向东流》上下两集先后上映,连映 3 个月,观众达 70 余万人次,创下国产片最高票房纪录;影片由蔡楚生和郑君里联合编剧和执导,将抗战前后将近十年间的社会动乱,浓缩到一个家庭的遭遇之中,被报纸评论为"概括了两世界,两种人的生活""标示了国产电影的前进道路"。

这一时期,在经历了帝国主义入侵、汪伪政权的投降政策及对革命人士的迫害、战争中的颠沛流离及亲眼见证反动政权的腐败之后,上海电影人创作热情高涨,对抗战期间及战后的种种社会现象进行尖锐揭示,形成中国现实主义电影创作的一个高峰。当时表现各种社会问题与腐败的影片主要有:表现战前战后官场腐败、弄虚作假、民不聊生的黑暗生活的《天堂春梦》(1947)、《乘龙快婿》(1947)、《幸福狂想曲》(1947)、《无名氏》(1947)、《青青河边草》(1947)、《万家灯火》(1948)、《鸡鸣早看天》(1948)、《艳阳天》(1948)、《丽人行》(1949)、《失去的爱情》(1949)、《三毛流浪记》(1949)、《乌鸦与麻雀》(1949)等;根据高尔基小说《在底层》改编的话剧再度创作、讲述底层人民悲惨命运的《夜店》(1947);表现小资产阶级软弱性与劣根性的《忆江南》(1947)等。

这一时期同样创作了诸多反映女性问题的影片,如表现个体自由与婚姻及社会伦理冲突的《不了情》(1947)、《太太万岁》(1947)、《小城之春》(1948)、《哀乐中年》(1949)等;表现女性试图兼顾家庭与事业而导致困境的《新闺怨》(1948),在上海地区连映两个月,引起观众热烈反响,舆论界围绕此片展开了一场关于妇女问题的大讨论;此外还有一些在题材上具有开拓性的影片,如表现知识分子的革命与反抗精神的《希望在人间》(1949)、《喜迎春》(1949),塑造爱国艺人光辉形象的《梨园英烈》(又名《二百五小传》,1949)等。

众多揭露社会腐败、寻找新方向的影片受到观众热烈欢迎的事实表明,改变现状、建设新生活成为战后上海市民乃至全国观众的共同企盼。海派电影以其贴近生活、反映时代思潮的丰富创作,在思想上与情感上为迎接新政权与新的发展道路奠定了基础。这是海派电影在中国电影史上值得被铭记的重大贡献与突出地位。

五、中华人民共和国成立后"十七年"意识形态转型发展期

中华人民共和国成立以后,1949 年 11 月 16 日成立国营上海电影制片厂(简称"上影")。当年的登记资料显示,当时上海有影业从业人员 1 616 人,"上影"785 人、8 家民营企业共 559 人,居全国之首[1]。1950 年 1 月,8 家私营影业实行社会主义改造,成立上海联合电影制片厂(简称"联影");1953 年,"上影"和"联影"合并为上海电影制片厂(简称"上影厂")。在此后的 30 多年时光中,上影厂作为上海唯一一家电影生产单位,创作生产了大量影片;其中包括1956—1958 年间,为发扬艺术民主,鼓励风格流派,改为联合企业性质的制片公司,下设江南、海燕、天马 3 个故事片厂,同时改组扩建上影乐团、上海美术电影制片厂、上海电影译制片厂和上海电影技术供应厂。进入 20 世纪 60 年代,为提高电影创作水平,上海先后成立了上海电影技术研究所和上海电影艺术研究所。"文化大革

---

[1] 《上海通志·文化艺术上(第 38 卷)》,第四章"电影",http://www.shtong.gov.cn/dfz_web/DFZ/Info? idnode = 79732&tableName = userobject1a&id = 102876。

命"开始之后,这些机构全部中断工作。

1950—1966 年间,"上影""上影厂"和前期存在的私营影业共摄制故事片 215 部①。在新中国"文艺为工农兵服务"的方针指引下,工人、农民和革命战士等新形象开始大量占领银幕,取代了之前的市民阶级和底层叙事。1958 年以后,反映现实生活的影片创作受到极左思潮的极大干扰,各种与电影有关的批判运动,极大地打击了上海电影人的创作积极性。然而长期形成的美学风格和制片传统,使得这一时期的上海电影仍然保持着讲求人情人性和生活趣味、注重细节和艺术追求、风格细腻等特点,在全国各大制片厂中独具一格。

这一时期海派电影的创作对象与创作主题有了很大拓展,突破以往主要集中在城市、小知识分子、市民、底层及腐败阶层的创作视角,着重表现新中国的新气象与新生活,开拓了农民题材、工人题材、反特题材、革命历史题材、军事题材等新领域,古装片、戏曲片和女性题材等也有了新发展,突出表现在以下几个方面:

一是创作了大量反映农村与工厂新面貌的影片。上海电影制片厂成立后拍摄的第一部故事片,即是以农民为主角的《农家乐》(张客,1950),该片农村表现新面貌,提倡科学种田,宣传党和政府关于发展生产、奖励植棉的政策;此后上海电影人又拍摄了批判"童养媳"等封建习俗、反映土改后农村新面貌的《两家春》(1951)、《凤凰之歌》(1957),表现农村新人新气象的《洞箫横吹》(1957)、《三八河边》(1958)、《布谷鸟又叫了》(1958)、《枯木逢春》(1961)、《李双双》(1962)、《蚕花姑娘》(1963)、《北国江南》(1963)等影片,其中《北国江南》上映后受到宣扬"人性论"和"资产阶级人情味"的点名批

---

① 《上海电影志》,http://www.shtong.gov.cn/dfz_web/DFZ/Info? idnode = 63936&tableName = userobject1a&id = 11559。

判，"文革"结束后才得到平反。工人题材影片包括第一部正面反映工厂生活的《伟大的起点》(1954)，讲述解放后某钢铁厂工人一家三代积极实验新的快速炼钢方法的《钢铁世家》(1957)，取材于真人真事、讲述医务人员抢救遭钢水烧成重伤的炼钢工人的《春满人间》(1959)等。此外还拍摄了数部以喜剧风格表现工人和工厂生活的影片，如《幸福》(1957)、《球场风波》(1957)、《球迷》(1962)、《大李小李和老李》(1962)等，这些影片在"文革"开始时皆被批为"毒草"，使得电影界从此"谈喜色变"。

二是涌现了大量表现新中国女性新风采的女性题材影片。包括：表现新中国第一批火车女司机的培训过程与成长的《女司机》(1950)，反映新中国第一批女船员成长历程的《乘风破浪》(1957)，表现新中国女篮球运动员风采的《女篮五号》(1957)，表现上海纱厂工人先进事迹的纪录性艺术片《黄宝妹》(1958)，赞扬年轻人到广阔天地中奉献青春的《护士日记》(1959)，表现里弄妇女积极参加"大跃进运动"的《万紫千红总是春》(1959)，鼓励家庭妇女参加服务性行业劳动、批评夫权与虚荣思想的《女理发师》(1962)等。这些影片通过表现女性在新的社会环境中所获得的解放以及实现自我价值的机会，为新中国"十七年"电影留下了光彩照人、真实可感的城市女性形象。此外还通过表现妓女、艺人等被侮辱与被损害的女性在解放前后的不同命运，歌颂中国妇女的翻身得解放，如《姊姊妹妹站起来》(陈西禾执导，1951)、《舞台姐妹》(谢晋执导，1965)等。由黄佐临执导，柯灵根据茅盾同名小说改编的电影《腐蚀》(1950)，表现虚荣心极强的女青年赵惠明被拉入国民党特务组织后的懊悔与矛盾心理，生动表现了旧上海各色人物的嘴脸，但上映不久后被禁映。

三是大胆表现新政权在城市中所面临的新问题与新挑战。文华公司拍摄的《思想问题》(1950)，讲述上海解放后一批知识分子进入华东人民革命大学进行改造学习的故事，表现上海这座城市及这座城市里的人在新中国成立后所面临的思想改造与意识形态转型问题；根据萧也牧同名小说改编的电影《我们夫妇之间》(1951)，对来自祖国各地的革命干部来到上海之后所面临的新问题与新挑战，进行了细腻表现；表现民族资本家心路历程的《不夜城》(1957)，侧面揭示了公私合营过程中所存在的压力与阻力，拍完以后未及上映就被批为"大毒草"，"文革"结束后才得以公开放映。然而最能体现解放后新政权所面临的国内外挑战的是这一时期所拍摄的"反特片"。为教育广大群众提高警惕，上海电影人拍摄了《人民的巨掌》(夏衍编剧、陈鲤庭执导，1950)、《天罗地网》(1955)、《羊城暗哨》(1957)、《霓虹灯下的哨兵》(1964)等以"反特"为主题的优秀影片，受到政府的肯定以及观众的热烈欢迎。

四是积极创作军事题材与革命历史题材影片。前者如《南征北战》(1952)、《渡江侦察记》(1954)、《红日》(1963)等，后者如《上饶集中营》(1950)、《胜利重逢》(1950)、《南岛风云》(1955)、《铁窗烈火》(1958)、《红色娘子军》(1960)、《51号兵站》(1961)、《燎原》(1962)等，塑造了光辉感人的为革命抛头颅、洒热血的先烈形象，为中国电影留下一批红色经典作品。

五是戏曲片创作繁荣并取得重大成就。桑弧自编自导的新中国第一部彩色影片、越剧电影《梁山伯与祝英台》(1953)，采取虚实结合的布景，上映以后受到海内外热烈欢迎，成为新中国文化走出去的重要作品，获得第8届卡罗维伐利电影节音乐片奖、第9届爱丁堡电影节映主奖，也是第一部在法国公映的新中国影片。此外还有黄梅戏《天仙配》(1955)，昆曲《十五贯》(1956)，京剧《宋士杰》(1956)，越剧《追鱼》(1959)、《红楼梦》(1962)和《碧玉簪》(1962)，绍剧《孙悟空三打白骨精》(1960)，粤剧《关汉卿》(1960)，舞剧《宝莲灯》(1959)、《小刀会》(1961)等一批艺术上精益求精、融电影与舞台艺术为一体的优秀作品,在上海进一步继承和发展了由费穆与周信芳、梅兰芳等人积极探索的"戏曲电影"的宝贵传统。

这一时期上海电影人还创作了少数民族题材的优秀作品,如《绿洲凯歌》(1959)、《摩雅傣》(1960)、《阿诗玛》(1964)等,以及优秀的人物传记作品,如《武训传》(上、下集,1950)、《宋景诗》(1955)、《李时珍》(1956)、《林则徐》(1958)、《聂耳》(1959)、《白求恩大夫》(1965)等。由鲁韧执导的表现人民警察一心为人民服务的《今天我休息》(1959),开创"歌颂性喜剧"的先河,但在"文革"开始之后,与其他细腻描写生活情境、生动刻画人物性格的影片一起,被批为"毒草",造成"文革"期间电影界万马齐喑的停滞局面。

六、"文革"停滞期

1966年"文化大革命"开始之后,上海在"十七年"期间摄制的影片大多受到批判,许多电影艺术家遭受迫害,上海电影业陷于停顿状态。1966—1971年间,上海停拍故事片。1972年,上影厂拍摄了"样板戏"影片《白毛女》,并从1973年开始恢复故事片的少量生产。从1973年至1976年的4年间,上影厂共摄制故事片15部(其中短片3部),戏曲片7部(其中短片6部),包括《白毛女》(舞剧片)、《火红的年代》《渡江侦察记》(重拍)、《春苗》《战船台》《第二个春天》《无影灯下颂银针》《难忘的战斗》、《年青的一代》(重拍)、《阿夏河的秘密》《欢腾的小凉河》等。

这一时期拍摄的影片受到意识形态的严重扭曲。《春苗》(谢晋执导,1975)和《欢腾的小凉河》(刘琼、沈耀庭执导,1976)分别有生活中的原型和原著,但经过审查部门的扭曲和篡改,面目全非,成为赤裸裸的为政治服务的工具。值得一提的是,讲述解放后城市粮食斗争的《难忘的战斗》(于本正、汤晓丹、天然联合执导,1976),创作人员努力摆脱当时流行的"三突出"模式和公式化、概念化倾向,注重艺术追求,上映后受到观众欢迎。

七、改革开放再出发期

从 1976 年"四人帮"被粉碎之后至 2000 年,通常被称作"新时期",在这一时期,上海电影业治愈创伤,老、中、青三代电影工作者各显其能,创作出众多优秀作品,在国内外赢得众多奖项和荣誉,为海派电影的发展谱写了新篇章。这一时期上海的电影生产单位(由上海市电影局主管)先后经历了企业化(1984 年 10 月成立上海电影公司);设立创作室实行创作生产责任制(1985 年 3 月);撤销创作室,实行"制片人制"并成立公司自主经营(1989 年 4 月);撤销自主经营的制片公司(1992 年 3 月);成立对外合作公司和导演工作室,推行影片成本和利润承包制(1994 年 7 月);成立上海电影电视(集团)公司,实行创作、生产、洗印、发行一条龙经营(1996 年 2 月);将上海电影电视(集团)公司与上海永乐电影电视(集团)公司等 10 多家相关单位合并,成立"一家独大"的上海电影集团公司(2001 年 8 月)等一系列发展过程。这是一个在将电影推向市场的过程中,背负着沉重的历史包袱、在管理上承担着诸多体制弊端的改革过程。与这一机构改革过程相对应,海派电影创作也经历了如下跌宕起伏的阶段:"文革"刚结束后充分表达创作激情与艺术探索;后来开始向市场倾斜;当 1994 年"中影"开始引进"进口大片"、国产电影面临着电视与 VCD 的观众分流以及进口大片的市场竞争之后,一批模仿港台片和进口大片的娱乐性影片在上海应运而生,但这却令上海电影市场（全国各地的情况都差不多）在 20 世纪 90 年代陷入每况愈下的恶性循环。上海在这一时期既拍摄了很多商业片，也积极响应党和政府号召，拍摄了很多主旋律影片，体现了海派电影对社会主流文化一直都具有的适应性与配合性。

这一时期海派电影创作体现出以下特点：

一是积极表达对"文革"的控诉与反思以及对现实问题的关注，表现出强烈的社会责任感。上海电影人对时代创伤的反思在"文革"后"伤痕影片"的兴起中得到了突出展示。1979 年，上影厂根据反映"四五事件"的话剧《于无声处》拍摄了同名电影，彰显了敢于与丑恶现象作斗争、呼唤正义与善良的勇气。随后上影厂拍摄了一系列对"文革"进行反思的影片，如《苦恼人的笑》（1979）、《天云山奇》（1980）、《巴山夜雨》（1980）、《小街》（1981）、《牧马人》（1982）、《大桥下面》（1983）、《芙蓉镇》（1986）等。这些电影在表现疯狂年代中的人性丑恶的同时，歌颂人与人之间的真诚与美好，帮助观众抚平刚刚过去的动乱年代所造成的心理创伤。同时，上海电影人并没有沉溺于自怜自艾的感伤之中，改革开放的春风使得他们将镜头对准新生活，创作出一系列表现改革、商战、法律、都市、情感等反映新生活与新问题的作品，体现出鲜明的问题意识与社会责任感，如批判当时经济领域拉关系、走后门、损公肥私现象的《这不是误会》（1982）；表现改革事业遭受阻力与腐败的《祸起萧墙》（1982）、《T 省的 84、85 年》（1986）、《都市情话》（1993）等；表现军队中的特权与腐败问题的《高山下的花环》（1984）；表现"早恋"等青春期心理活动的《失踪的女中学生》（1986）；表现"出国热"所引发的家庭与情感问题的《留守女士》（1991）；表现医务人员玩忽职守导致生命悲剧的《女大学生之死》（1992）；表现婚外恋导致杀人悲剧的《罪恶》（1996）；探讨法律与正义问题的《律师与囚犯》（1996）、《激情辩护》（1997）；抨击弄虚作假,假话成风的社会风气的《多一点天真》(1999)等。

　　二是创作和合拍了一批盲目模仿、格调不高的娱乐片。伴随着20世纪80年代中期到80年代末电影界与主管部门对电影的市场地位及"娱乐片主体论"的几次讨论,上海拍摄了一批模仿港台片和进口片、片面追求市场效应的娱乐片,如《黑匣子喋血记》(1986)、《传国密诏》(1988)、《断喉剑》(1988)、《七星碧玉刀》(1991)、《马素贞复仇记》(1988)、《黑风寨》(1999)等故事情节和艺术效果皆差强人意的武打片。此外在合拍片的商业热潮中,仅1994和1995两年,上影就与香港、台湾等地分别合拍了《青蛇》《六指琴魔》《天龙八部》《新火烧红莲寺》《恶梦情断上海滩》《画魂》《二嫫》《九品芝麻官》《醉拳Ⅲ》《跟我走一回》《老板的故事》《暴走战士》《人约黄昏》等多部影片,其中除《画魂》《二嫫》等少数几部影片以外,其余大多是武打片或是以旧上海为背景的商业片;这一时期在张艺谋、陈凯歌等著名导演的带动下,开启了有关"旧上海"的怀旧浪潮,如《摇啊摇,摇到外婆桥》(1995)、《人约黄昏》(1995)、《老板的故事》(1995)、《我血我情》(1997)等。

　　三是爱情片与女性题材具有鲜明的时代特色。爱情片以1980年拍摄的《庐山恋》为先导,俊男美女、时尚衣着、谈情说爱、大好河山开始恢复在海派爱情片中的"经典地位",对爱情的表现也从20世纪80年代初歌颂忠贞不渝的情感——《爱情啊,你姓什么?》(1980)、《等到满山红叶时》(1980)——到90年代表达年轻人对爱情的向往与迷茫,如《谈情说爱》(1995)、《玫瑰漩涡》(1996)、《十日情缘》(1997)、《绿色柔情》(1999)、《说好不分手》(1999)、《人见人爱》(1999)等,以及表现青年之间爱情故事的《相约2000》(1999)、《缘,妙不可言》(1999)等影片,都体现了上海不断开放的都市环境给人际交往与男女爱情所带来的改变。一些反映新时期青年人的爱情与奋斗的影片表现出浓郁的喜剧风格,如《她俩和他俩》(1979)、《小小得月楼》(1983)、《邮缘》(1984)、《女局长的男朋友》(1986)、《取长补短》(1985)等。这一时期的女性题材影片体现了"反思"与"进取"的时代二重奏,一些影片站在女性角度,表现女性在时代大潮中的坎坷经历以及对女性命运的反思与追问,如《张家少奶奶》(1985)、《日出》(1985)、《人鬼情》(1987)、《画魂》(1993)、《最后的贵族》(1989)等,另一些影片则以昂扬精神与时尚笔触表现都市职业女性的压力与追求,如《女市长的私人生活》(1987)、《第一诱惑》(1993)、《都市情话》(1993)、《霹雳凤凰》(1995)、《女人的天空》(1999)等。

四是在政府资金扶持的鼓励下创作了大量主旋律影片。与商业化、市场化并行的是国家对主旋律影片的大力扶持。由中共中央宣传部组织的、自1992年以来每年评选一次的精神文明建设"五个一工程"奖,推动上海电影人与电影公司创作了大量主旋律影片,如歌颂普通人的善良、真情、无私与互助的《假女真情》(1990)、《我很丑,可是我很温柔》(1991)、《紧急救助》(1996)、《上海新娘》(1997)等;讴歌重大工程建设者勇挑重担的事业激情与奉献精神的《情洒浦江》(1991)、《第一诱惑》(1993)等;表现教师的美丽心灵与教育情怀的《烛光里的微笑》(1991)、《乐魂》(1995)等;表现当代军人的付出、献身精神与心路历程的《战争让女人走开》(1987)、《海之魂》(1997)等。此外还创作了众多革命历史题材影片,譬如讲述老一辈革命家与革命先烈光荣事迹的《从奴隶到将军》(上、下,1979)、《曙光》(上、下,1979)、《楚天风云》(1981)、《陈毅市长》(1981)、《革命军中马前卒》(1981)、《秋瑾》(1983)、《非常大总统》(1986)等;表现中国革命重大事件与转折点的《南昌起义》(1981)、《开天辟地》(上、下,1991)等;表现少数民族革命斗争历史的《祖国啊,母亲》(1977)、

《傲蕾·一兰》(上、下,1979)等；表现藏汉人民团结一致抵抗英帝国主义入侵的《红河谷》(1996)等。

　　五是以农村为背景的电影作品急剧减少,以城市为背景的电影题材不断拓展。这一时期创作的农村题材影片数量急剧减少,并且以喜剧为主,如《喜盈门》(1981)、《月亮湾的笑声》(1981)、《月亮湾的风波》(1984)、《飞来的女婿》(1982)、《咱们的牛百岁》(1982)、《咱们的退伍兵》(1985)、《四喜临门》(1997)等。在 1992 年同一年推出的《走出地平线》和《阙里人家》,分别表现"承包到户"这一农村改革的重大事件及父子三代在农村、现代文明与传统之间所感受到的冲击与矛盾,是这一时期现实主义农村题材的代表作。与此同时,以城市为背景的电影题材与类型在不断拓展,《黑蜻蜓》(1984)、《都市萨克斯》(1994)、《奥菲斯小姐》(1994)三部影片分别表现时装表演队、企业商战及白领生活的都市新人新现象；表现大学生和中学生题材的有《女大学生宿舍》(1983)、《青春万岁》(1983)、《我和我的同学们》(1986)等作品；表现海内外华人亲情的有《月随人归》(1990)、《春风得意梅龙镇》(1997)等作品；还有表现速滑运动员奋斗精神的《冰与火》(1999)等。

　　在市场化的推动下,上海在这一时期创作了数部具有丰富现实内涵的侦破片,包括上映后一炮打响、当年上座率排名第二的《405 谋杀案》(1980),以及《超国界行动》(1986)、《午夜两点》(1987)、《第三个男人》(1988)、《黑狮行动》(1993)、《犬杀》(1996)、《危情血案》(1997)等。这一时期上海还拍摄了我国第一部科幻片《珊瑚岛上的死光》(1980)、将公安与科幻题材相结合的《再生勇士》(1995)等具有开拓意义的影片。由于 20 世纪 80 年代中期以后中国电影市场极不景气,上述影片大多数折戟而归。

八、"新千年"探索期

2000 年以后,伴随着互联网、移动视频等娱乐方式的多样化以及国内票房市场竞争的白热化,电影投资的市场风险越来越大,电影投资与创作团队的组合发生突飞猛进的变化,很少有电影是由一家公司投资或者创作团队全部来自同一个地区——这一过程在 20 世纪 80 年代合拍片兴起之际就开始了;电影项目往往会努力吸纳上中下游的全产业链投资,并以单片合同制的方式,灵活吸引来自五湖四海的优秀人才。就此而言,海派电影应该被视作是一种值得继承与发扬光大的风格与传统,超越了地域文化的属性。今天的上海电影——在此是指由上海电影人及注册在上海的电影公司所拍摄的电影,虽然产量不多,仍然应该被视作是走在作为一种文化传统的"海派电影"的发展道路上。值得注意的是,随着市场的放开、中国电影票房的爆发性增长及政府的招商引资,在上海注册成立的电影公司数目日益增长,但上海的电影创作与人才状况与上海电影集团一家独大时并没有太大改变,而是越发显著地走在一边是商业片、一边是主旋律片的创作道路上,这种徘徊踟蹰的状态,暂且称作是"探索期"。

这一时期振聋发聩、以鲜明的社会问题为出发点的影片数量急剧减少,创作者大多将对社会现象的思考与感受隐藏在题材之中,偶有触及或是旁敲侧击,但缺少深沉的思考与明确的探索与发问。也因此,由上影厂在 21 世纪之初推出的、直面官场腐败问题的《生死抉择》(于本正执导,2000)显得难能可贵;该片人物刻画真实可信,制作精良,在当时国产电影市场不景气的情况下,以 1.2 亿元的票房总成绩位列当年国产电影首位。后来很长一段时间内,中国电影市场上都没有再出现类似能够产生巨大社会反响的电影作品。2018年由两家上海电影公司参与投资并由上海籍演员徐峥主演的《我不是药神》，反映中国医疗领域的"高价药"问题，是一部具有现实关怀的优秀作品；由吕乐执导的《找到你》（2018），是上影集团近年来（联合）出品的一部具有较强社会关怀意识的影片，同样涉及医疗领域，讲述因医疗资源分配不均而引发的悲剧。

除此之外，这一时期海派电影创作可以被归纳为以下几点：

一是以现实主义手法表现城市普通人的生活与梦想。这一时期的海派电影开始以更具人文关怀与反思的目光关注普通人的生活，显示这座城市的电影人在日益加快的都市生活的挑战下，开始省视自身的生活与环境：《卡车上掉下的小提琴》（江澄执导，2002），讲述下岗工人胡佐衡捡到一把小提琴之后开始练琴、被里弄邻居嘲笑和排斥的故事；《第三种温暖》（吴天戈、李欣、毛小睿执导，2006）由三位上海年轻导演编剧和导演，以三个首尾相连的故事，讲述成功人士、市民阶层及外来打工者的不同生活状态和心理，反映大都市五光十色的生活及其挑战；根据网络小说改编的《请将我遗忘》（谢鸣晓编导，2007），讲述男主人公在都市生活的光怪陆离中迷失自我而付出众叛亲离的沉重代价，最终忏悔并试图重新出发的故事；《美丽上海》（彭小莲编导，2003）讲述一家人在母亲病危之际齐聚上海，所面对的家庭矛盾及所勾起的岁月回忆；与上影集团有着紧密合作的贾樟柯，创作了一系列表现普通人在时代大潮中的命运的影片，如表现在城市打工的女性的爱情与命运悲剧的《世界》（2004），表现小人物被时代裹挟及其自救的努力的《三峡好人》（2006），以历史的纵线表现普通人的命运与情感的《二十四城记》（2008）、《山河故人》（2014）和《江湖儿女》（2018）等。此外上影集团还投资拍摄了两部揭露娱乐圈的不良风气、呼唤真心与真情的作品:《第601个电话》(2006)和《非常秀》(2010)。

这一时期严肃表现女性问题的影片虽然较少,但皆为深思熟虑之作,体现了创作者对女性问题认识的深化,包括表现女性经历婚姻与爱情曲折之后变得独立坚强的《假装没感觉》(2001)、《做头》(2004),表现从解放前到今天母女三代性格命运的《长恨歌》(2005),讲述跨越时空的两代女性的情感与友情波折的《雪花秘扇》(2011)。女性题材创作的减少,在一定程度上体现了随着现代性和全球化在中国的飞快发展,女性问题在上海这样的大城市中,已经很大程度上为男女所共同面临的问题遮蔽了。

二是为满足市场需求类型创作日益混合。这一时期表现传统破案过程的侦破片较少,只有新世纪初创作的《孽海恩怨》(2000)、《步步惊心》(2000)、《地下追击》(2001)等,较多出现的是侦破题材与其他类型的嫁接,如侦破片与爱情题材相结合的《暖冬》(吴天戈,2002)、《心理罪之城市之光》(2017)等,侦破片与农村题材相结合的《追凶者也》(2016)等;科幻片也与更多类型进行了融合,如与爱情片相融合的《挽救爱情》(2000),与儿童片相融合的《太空营救》(2001),融科幻、爱情与喜剧为一炉的《机器侠》(2009),通过科幻表现人生思考的《逆转流星》(2007),融科幻、爱情、篮球运动为一炉的《神奇》(2013)等。同样的,"喜剧"也成为满足观众娱乐需求的一个元素,而非单独的创作类型,常常与爱情、探案、古装、农村、科幻等题材相结合,如《股啊股》(2001)、《考试一家亲》(2000)、《金太狼的幸福生活》(2013)、《铁道飞虎》(2016)、《我的雷人男友》(2010)和《五女闹京城》(2016)等。

与之前的创作相比,这一时期的古装片基本上剥离了真实的历史情境,成为与其他类型相混合的娱乐产品,并且常常由香港和台湾等地的导演执导,其中具有明显喜剧色彩的有《天下无双》

（2002）、《一石二鸟》（2005）、《我的唐朝兄弟》（2009）、《三笑之才子佳人》（2010）等；结合了武打元素的有《锦衣卫》（2009）、《关云长》（2011）、《杨门女将之军令如山》（2011）、《花木兰》（2009）、《一代宗师》（2013）、《天将雄师》（2015）、《赤壁》（上、下，2008、2009）、《画皮》（2008）等。体现一定人文历史深度的古装片包括由陈凯歌执导、根据元杂剧改编的《赵氏孤儿》（2010），以及由王家卫执导、表现中国传统武术精神以及民国末年武林高手的命运与爱恨情仇的《一代宗师》（2013）等。

三是主旋律电影的艺术性与商业化开拓取得佳绩。这一时期上海所参与的主旋律影片创作，出现了重视人性细节与形象刻画，将主旋律与观众审美需求相结合，取得了较好市场反响、甚至拿下票房冠军的主旋律大片如《建国伟业》（2009）、《风声》（2009）等。《建国大业》集合国内当下众多明星，表现中华人民共和国成立前波澜起伏的壮阔历程；《风声》是一部集合张涵予、黄晓明、王志文、苏有朋、李冰冰、周迅等众多明星精心打造的谍战片，以商业片的形式表现地下工作者不屈的革命信念；此外还有由高群书执导、全景式再现当年东京审判史实的《东京审判》（2006）；以及同样由高群书执导、根据发生在齐齐哈尔的一起连环爆炸勒索案改编而成、讲述一生潦倒的老警察4天只身连排十一枚炸弹、最后身受重伤的真实故事的《千钧一发》（2008）；上海导演张建亚较早尝试将主旋律与惊险片样式相结合的《极地营救》（2002）；讲述1977年恢复高考时的知青故事的《高考·1977》（2009）；讲述中国登山队挑战珠峰的勇敢经历的《攀登者》（2019）等。

四是农村片的主题深化与"旧上海题材"的进一步消费主义化。这一时期创作的农村题材影片仍然较少，但涌现了独具风格的佳作，如现实主义风格的、讲述护林员与盗伐山林的恶势力进行斗争、最终献出年轻生命的《天狗》（戚建执导，2005），以魔幻现实主义手法表现农村凋零困境的《Hello，树先生》（韩杰执导，2011），以风格化的影像、讲述 20 世纪 80 年代农村包产到户前夕一个偏僻小山村的前尘往事的《村戏》（郑大圣，2018）等。

这一时期的旧上海题材影片具有浓重的怀旧与消费主义倾向，"旧上海"成为讲述惊险、传奇、人性与欲望、充分混合各种想象与商业元素的一个创作领域，如《军火》（大森一树执导，2003）、《紫蝴蝶》（娄烨编导，2003）、《伯爵夫人》（詹姆斯·艾沃里执导，2005）、《上海伦巴》（彭小莲，2006）、《色·戒》（李安，2007）、《触不可及》（赵宝刚，2014）、《一步之遥》（姜文，2014）、《罗曼蒂克消亡史》（2016）、《上海王》（2017）等，这些影片虽然大多影像精美，但往往使观众停留在对人物及故事背景的消费快感之中，难以形成对历史及这座城市更为深刻的认识与反思。

九、海派电影与海派文化反哺共生

本章所论述的"海派电影"，在地域上是指电影的主创者、主创团队成长或主要业务开展于上海，在美学上是指作品传承着共通的美学品格与艺术追求；概而言之，这里的海派电影是指以海派城市文化为基础而得以发生、发展的电影创作活动，及其在历史发展过程中所逐渐形成的文化特色、人文精神与艺术品格。对"海派电影"可以有多种不同定义方式。譬如其中一种狭义所言的"海派电影"，"由上海本地人进行创作、表现上海地区现实生活、反映上海社会历史、展示上海文化形态、描写上海人性格特征的作品"①，这一定义

---

① 贾磊磊：《流变影像中的岁月倒影——"上海电影"的文化释义》，载曲春景主编《上海电影研究：21 世纪之交范式转型期的思想景观》，上海三联书店，2013 年，第 85 页。

所归纳的电影作品当然有其独特的文化价值与意义，但是因为这一定义无法反映电影在上海这片土地上土洋杂糅的诞生背景，无法反映上海电影人一直以来所追寻与表现的丰富内容，以及电影日益复杂的工业流程，在此笔者暂且搁置不论，而对"海派电影"采取更为宽泛的定义。

海派电影自诞生以来的100多年的时间里，几代创作者孜孜以求，对社会问题片、爱情片、侦破片、武打片、戏曲片、儿童片、喜剧片、科幻片等诸多领域进行了大胆的探索与创新，诞生了郑正秋、孙瑜、蔡楚生、袁牧之、吴永刚、费穆、谢晋、吴贻弓、黄蜀芹、彭小莲等前辈大师与优秀的当代工作者，他们在各自作品中所取得的艺术成就，及其勇于探索、精益求精的创作精神，是海派电影的宝贵财富。梳理海派电影100多年的发展历史，可以看出，海派电影勇于呼应时代的需要与观众的好恶，勇于创新，勇于发出时代的号角。早期海派电影于社会问题片与爱情伦理片用力最勤，通过这些市民喜闻乐见的题材，积极探索民生、反封建、反腐败、人生价值、恋爱自由、两性平等、女性独立等具有启蒙价值的问题，为中国社会走向现代性、拥抱现代性打下重要基础。中华人民共和国成立以后，海派电影积极响应国家号召，创作了表现社会主义中国在各个领域的新气象及与国内外潜藏的敌人作斗争的优秀影片，显示了海派电影对国家主导的新意识形态的响应与配合；"文革"结束后，海派电影在表达反思与伤痕之后，迅速走上商业化与娱乐化的道路，并日益表现出对由政府资助的主旋律影片创作的热衷与依赖。海派电影的发展与演变，深深体现着海派文化的基因，并且通过大量影片的创作、影响与互相借鉴，形成具有一定特色的海派电影文化传统。本章通过对100多年以来的上海电影创作按照历史时期进行纵向梳理，展示海派电影在不同历史时期的发展、传承与演变，总结海派电影的光荣传统及文化特色,为今天上海电影的发展与创作提供借鉴。

海派电影作为海派文化的一个重要组成部分,两者是反哺共生的关系,海派电影是体现与反映海派文化的绝佳载体,海派电影的主题与艺术风格体现了海派文化的特征,海派文化的蓬勃发展为海派电影提供了血液与营养。当年作为"冒险家的乐园"、"远东第一大都市"的上海,为电影这一新生事物在中国的诞生与发展,提供了必不可少的土壤、养料、动力及市场。在电影作为文化消费品在上海这座城市之中不断被生产出来的过程中,为海派电影成长提供养分的是中国传统社会的文人传统、受西方文化及市场经济影响的创新传统以及顺应时代需要反映民生疾苦的革命传统。商业传统、文人传统、创新传统与革命传统代表着海派电影的精神血脉。在外在表现形式和文化特点上,在具有趋时求新、多元包容、商业意识和市民趣味等特点①的海派文化的影响下,海派电影也相应地具有开拓性、务实性和随俗性②。

通过对海派电影发展演变的历史进行梳理可以发现,在种种表象与传统之下,海派电影最重要的特点是体现时代精神与市民趣味,这一曾经让它在处于农耕社会的中国大地上独树一帜的现代性文化精神,在中国开始实行改革开放之后,日益面临着"京派""港派""岭南派""川派"等具有不同地域特色的影视创作的挑战与竞争。海派电影的日益面目模糊,在一定程度上与上海作为国际大都市与中国对外交流的桥头堡的双重身份有关,在此双重身份的影响下,上海一方面尚未找到合适的话语定位;另一方面在全球性消费主义浪潮的席卷下,暂时迷失了文化追问与深度思考的方向。18

----

① 孙逊:《"海派文化":近代中国都市文化的先行者》,《江西社会科学》2010 年第 10 期。

② 张振华:《海派电影文化论》,《复旦学报(社会科学版)》2003 年第 4 期。

年前,针对当时上海电影创作的情况,前辈学者指出,新时期以来上影厂和永乐公司拍摄的大多数海派电影虽然依然"通俗流畅,重彩浓墨,轮廓分明清晰",但不能不承认的是,"除了精心设计的画面、靓丽的演员和不恒定的电影新语言尝试以外,没有多少内涵美、意境美可供人回味""除了偶作异响的几部佳作,上海电影人的创新欲望仍然每每只是玩几套花拳绣腿,缺乏对人文主题的深入研究和对观众心理机制的执着探索。"[①]笔者认为这段话拿来评价今天海派电影的创作,仍然颇为恰当。

自诞生以来,海派电影对时代精神的体现,从来不仅仅是迎合、再现或反映,而是每每在创作中体现着知识分子的反思性与引领性,鸳鸯蝴蝶派电影、左翼电影、软性电影、戏曲电影、反特电影、伤痕反思性电影、都市现代主义、商业片、主旋律、私电影、类型片等电影类型或潮流在上海的发展,都体现着海派电影人在历史大潮中奋勇搏击或独树一帜的努力。作为国际大都市的上海,虽然其今日的发展越来越被融入世界的舞台之中,原来的面貌难免越来越模糊,但走向世界的上海,无疑更需要有走向世界的上海电影言说自己乃至中国的故事。

---

① 张振华:《海派电影文化论》,《复旦学报(社会科学版)》2003 年第 4 期。

第九章　海派学术：江南、家国与世界

　　上海地处中国东南，是中国最长的河流——长江的入海口。晋人陆机的文学研究、明人徐光启中西交流之学、清人钱大昕的汉学研究等已开上海学术风气之先。不过，上海开埠前的学术建树在全国而言并不突出。海派学术的地位是在 1843 年上海开埠后才得以逐渐奠定的。

　　"五口通商"以后，排外意识较弱的上海最早建立了租界，形成了华洋杂居的情形。熊月之认为：上海之所以成为第一批通商口岸中发展最快的城市，很大程度上得益于其移民人口。上海士绅在社会生活中作用很大，外来商人比较有地位，因此上海形成了不排外的特点。上海近代以前就有重商、重消费、宽容的特点，对海派文化的形成很有关系。1949 年以前，上海的人口以移民为多，本地人口少于四分之一，外侨最多时超过 15 万，涉及 50 多个国家，还有来自全国 18 个省的移民。① 租界为中国人提供了相对自由发展的环境，也使得西方文明通过租界向上海辐射。租界内不受清廷"报律"的管辖，言论相对自由，也为上海学术的发展提供了机会。邹容的《革命军》，谭嗣同的《仁学》等著作虽然被清廷所查禁，却依然能够在租界内出版。戊戌变法失败后，逃亡日本的梁启超创办的《新民丛报》《清议

---

① 　熊月之：《移民人口与海派文化》，《上海大学学报（社会科学版）》2005 年第 5 期。

报》等报刊也是从日本运到上海租界来发行的。① 租界为晚清政局下的言论自由提供了庇护，促使近代上海学术呈现出较强的革新精神。开埠成为通商口岸后，上海抓住时代机遇成为近代中国的经济、文化中心，也吸引了各地的学者前来，成为全国学术研究中心。②

随着上海城市地位与定位的变化，海派学术在其形成与发展的过程中，也有其变化。晚清时期的上海以其半殖民地半封建性闻名，具有一定的政治特殊性，因此成为中国革命的前哨。先后成为维新派、革命派的活动重地。民国时期的上海靠近当时的首都南京，靠近政治中心但又有一定距离，因此吸引了一批有政治热情的学人来此定居。20 世纪 30 年代前后的上海成了东方最为繁华的国际大都市，也吸引了许多海外文化人士来此旅行，留下了许多著名的游记。中华人民共和国成立后的上海经过社会主义改造，荡涤了资本主义的局限性，更为注重平等、公平，也变得更为安定、安全，工人阶级的积极性得到发挥。改革开放后的上海更是如鱼得水，如今的上海是中国的金融、贸易、会展和航运中心，其 GDP 总量居中国各大城市之首。1993 年起，中国国内第一个国际电影节——上海国际电影节在上海举办。1999 年起上海开始承办上海国际艺术节，为中国唯一的国家级综合性国际艺术节。2001 年，上海合作组织发端于上海，致力于以"上海精神"解决各成员国间的边境问题。2010 年，上海成功举办了世界博览会。2013 年，上海又被国家确定为中国第一个自由贸易试验区。③ 浦东开发、洋山深水港的建设、

---

① 袁进：《为什么上海能成为中国近代的文化中心》，方明伦、李伦新、丁锡满主编：《海派文化之我见——上海大学海派文化研究中心首届学术研讨会文集》，上海大学出版社，2003 年，第 25—31 页。

② 陈伯海主编：《上海文化通史》，上海文艺出版社，2001 年，第 984 页。

③ 参见何小刚主编：《沪上钩沉：首届上海学学术研讨会论文集》，上海社会科学院出版社，2015 年，第 2 页。

自贸区的运行等让上海经济的发展如虎添翼,也在影响着海派学术风格。当代海派学术的政治担当性有所减弱,但自我意识有所加强。

一、海派学术①述要

近代以来的上海学术呈现出欣欣向荣的景象,主要表现为学人的汇聚、学术出版的兴盛、学术机构的繁荣、学术活动的频繁等方面。

(一) 学人汇聚

学术研究的主体是学人。晚清以来,上海吸引了诸多一流学人前来从事学术研究。王韬早年游历香港、西欧、日本,1884 年回到上海,1885 年任格致书院院长直至 1897 年去世。康有为 1895 年来到上海建立强学会,1896 年创办了第一份维新报纸《强学报》。1898 年戊戌变法失败后流亡海外,1913 年归国后定居于上海;梁启超曾在上海担任戊戌变法时期影响最大的维新派报纸——《时务报》(1896—1898)之主笔,1901 年流亡日本时仍在"遥控"运作着上海广智书局,1915 年回到上海担任中国公学董事长;严复于 1906 年担任复旦公学校长,大部分译作均由上海的商务印书馆出版;章太炎自 1895 年起便活跃于上海《时务报》《昌言报》《亚东时报》等报端,在中国教育会、爱国学社等机构中发挥着巨大的学术影响力;刘师培 1903 年来到上海,先后担任《警钟日报》《中国白话报》《国粹学

---

① 学术包括社会科学与自然科学领域的学术,不分文理。按照德国哲学家亨里希·李凯尔特的观点,文化科学有别于自然科学,是关于社会现象的知识,包括政治、经济、语言、艺术、宗教、哲学等。本书以海派文化为总领,故"海派学术"部分所论的学术以社会科学领域的学术为主。"海派学术"与"上海学术"的内涵大体重合,略有不同。"海派学术"与"上海学术"的不同主要在于"上海"与"海派"的不同:"海派学术"主要指具有海派风格的学术,其地域可以不仅限于上海;"上海学术"则指"上海"这座城市的学术,其风格也不一定是海派。

报》等报刊的主编或主笔，也因其在上海的革命与学术活动而声名
鹊起；王国维1898年来到上海，先后任《时务报》书记、《教育杂志》
主编等职，其学术也因其在东文学社中师从日人学习英文、西方哲
学而大为精进。

除了中国学人之外，上海还以外文学术期刊为载体汇聚了许多
外国学术精英。《中国科学美术杂志》①的主编福开森（John Calvin
Ferguson）曾担任金陵大学、南洋公学校长多年，是著名的汉学家与
教育家。另一位主编苏柯仁（Arthur de Carle Sowerby）是著名的博
物学家，曾任上海博物院院长。《新中国评论》②的主编库寿龄（S.
Couling）是汉学家、甲骨学家，著有《中国百科全书》。《皇家亚洲文
会北中国支会杂志》③的编辑裨治文（Elijah Coleman Bridgman）、伟

---

① 1923年1月，英国学者苏柯仁（A. de C. Sowerby）和美国传教士福开森
（J. C. Feguson）在上海创办英文期刊《中国科学美术杂志》（China Journal of Science and
Arts，1923—1941），该刊也是成立于1922年的"中国科学美术学会"（The China Society of
Science and Arts）会刊，1927年1月英文名改为"The China Journal"，但中文名《中国科学
美术杂志》没有更改，直到1936年1月中文名才改为《中国杂志》。该刊以"促进与中国
有关的任何科学、艺术、文学、探险及其他类似主题的知识的传播"为己任，"驱逐外国对
中国的无知——认为中国的文明相当于古埃及和巴比伦"，并致力于将其办成"面向知
识界的、高水平的期刊"，19年间共出版35卷215期。（朱伊革：《近代上海英文期刊与
学术共同体的建构及中西文化交流》，《上海师范大学学报（哲学社会科学版）》2017年
第4期）

② 《新中国评论》（The New China Review）于1919年3月创办于上海，创办人为英
国汉学家库寿龄（Samuel Couling）。库寿龄表示要极力保持该刊的学术性，同时"发表主
题各异的，具有吸引力的文章，让专业汉学家以外的人士感兴趣"。该刊共出版4卷26
期。（朱伊革：《近代上海英文期刊与学术共同体的建构及中西文化交流》，《上海师范大
学学报（哲学社会科学版）》2017年第4期）

③ 《皇家亚洲文会北中国支会杂志》（Journal of the North China Branch of the Royal
Asiatic Society，1858—1860；新刊：1864—1948）是皇家亚洲文会北中国支会（North China
Branch of the Royal Asiatic Society）的会刊，皇家亚洲文会北中国支会（1857—1952）是近
代来华外侨在上海建立的一个重要文化机构。该刊物上发表的俄国贝勒的《先辈欧人
对中国植物的研究》（1881），获近代欧洲汉学最高奖"儒莲奖"，德国佛尔克的《王充与
柏拉图论死亡与永生》开启了将王充与柏拉图哲学比较的先河。参见王国强：《皇家亚
洲文会北中国支会研究》（上海书店出版社，2005年）以及朱伊革：《近代上海英文期刊
与学术共同体的建构及中西文化交流》，《上海师范大学学报（哲学社会科学版）》2017
年第4期。

烈亚力(Alexander Wylie)、艾约瑟(Joseph Edkins)、福开森、莫安仁
(E. Morgan)、苏柯仁、盖乐(E. M. Gale)、伊博恩(Bernard E. Read)
均为著名汉学家,还汇聚了哲学家亨克(F. G. Henke)、季理斐
(D. MacGillivray)、钢和泰(Alexander von Stael-Hol-Stein),历史学
家佛尔克(A. Forke)、司登得(G. C. Stent),植物学家贝勒
(E. Bretschneider)等。① 《教务杂志》② 由裴来尔(Lucius Nathan
Wheeler)、保灵(Staphen Living Baldwin)、卢公明(Rev. Justus
Doolittle)、伟烈亚力、乐灵生(Frank Joseph Rawlin)等担任主编,他
们都是有影响力的教会领袖人物。

　　五四运动时期,北京一度成为全国思想学术最为活跃的地区。
不过,由于北洋军阀的文化高压、高校欠薪以及 20 世纪 30 年代日
本的侵略,许多知识分子与文化团体陆续南迁上海。③ 陈独秀 1903
年来到上海编辑《国民日日报》,1915 年在上海创办《青年杂志》(后
改名为《新青年》)始倡民主与科学,新文化运动也由此启端。1917
年初编辑部迁往北京,1920 年上半年又移回上海;胡适 1891 年出
生于上海,1904 年入上海梅溪学堂读书,后入中国公学,兼任教员
与《竞业旬报》编辑。留学归国后,一度回到上海创办新月书店,并

---

　　① 朱伊革:《近代上海英文期刊与学术共同体的建构及中西文化交流》,《上海师范
大学学报(哲学社会科学版)》2017 年第 4 期。
　　② 《教务杂志》(*The Chinese Recorder and Missionary Journal*,1867—1941)是 19 世纪
来华的美国基督教新教传教士创办的一本著名的英文教会刊物。其宗旨是:在来华传
教士之间交换信息,加强联系。清同治六年(1867)在福州美以美印刷所出版。1873 年停
刊一年,1874 年在上海美华书馆继续出版,改为双月刊,1886 年又改为月刊。1941 年 12
月因太平洋战争爆发而停刊。共出版 72 卷。《教务杂志》较完整地保存了来华新教传教
士的档案资料,详细记述了各差会传教的历史以及传教工作的大量统计数字,并报道了
日本、朝鲜、东南亚、南亚、西南亚和太平洋地区各差会的情况,以及罗马天主教修会和东
正教传教士团的状况。还记载了近代中国历史上的许多重要事件,如义和团运动、辛亥
革命等。另外,也刊登有大量汉学家研究中国传统文化的文章。(参见薛维华:《边缘风
景:汉学期刊研究视域中的〈教务杂志〉》,中国社会科学出版社,2021 年)
　　③ 陈伯海主编:《上海文化通史》,上海文艺出版社,2001 年,第 1039 页。

担任中国公学校长；鲁迅自 1927 年起移居上海直至去世，写作并出版了《故事新编》《且介亭杂文》等多部名作，先后加入中国自由运动大同盟、左翼作家联盟和中国民权保障同盟，形成了以鲁迅为中心的文坛磁力场；瞿秋白 1923 年来到上海大学担任教务长兼社会学系主任，致力于把上海大学办成南方的新文化运动中心；钱钟书在1941—1948 年间任教于上海震旦女子文理学校、暨南大学等高校，名作《围城》《谈艺录》《写在人生边上》均在这一时期完成并出版。众多中国一流学人来到上海并以其为学术舞台，展现了近现代上海的学术吸引力。

（二）出版兴盛

出版是学术的重要载体，学术成果的有效传播有赖于报刊传媒及书籍的印行。开埠以后的上海迅速成为中国的出版中心，[①]1949年以前上海有商务印书馆、中华书局、开明书店、大东书局、世界书局、三联书店等 300 多家出版单位。

上海出版之所以能够迅速崛起，很大程度上得益于西方新式印刷技术的引进。中国过去普遍采用的木版印刷技术相对落后，1843年墨海书馆创立后，引进了用畜力带动的铁制印刷机，让印刷效率大大提高。1860 年迁址上海的美华书馆则引进了电镀华文字模、华文排字架、电镀铜版、柴油滚动印刷机等先进的印刷技术。此外，华美书馆、协和书局、益智书会等西方出版机构也都在近代扮演了重要的角色。它们使铅字排版和机器印刷取代了中国过去的手工

---

① 1860—1896 年，中国有 7 个重要的西书翻译出版机构，其中有 5 个在上海。1896—1911 年，中国和在日华人中翻译、出版人文书籍的机构中位于上海的有 57 家，占总数的 60%。1902—1904 年，中国共翻译出版西书 529 部，其中 360 部出在上海，占68%。1911 年以前，上海出版的中外文报刊数量为全国第一。以上种种数据说明：到 20世纪初，上海已经发展成为了中国出版中心。（吴永贵著：《民国出版史》，福建人民出版社，2011 年，第 90 页）

抄写、木活字排版和雕版印刷,平装书替换了线装书。西方出版印刷业为中国出版业的发展培养了技术和管理人才,商务印书馆的创办人夏瑞芳、鲍咸恩、鲍咸昌、高凤池曾分别在美华书馆、字林西报馆、捷报馆当排字工。1894 年成立于上海的广学会①是近代中国最负盛名的出版机构之一,仅 1910 年一年就出版了 213 930 本书,广学会的出版物销售收入也从 1893 年的 800 美元猛增到了 1898 年的 1.8 万美元。②

在外文出版方面,上海的优势得天独厚。1850 年,上海第一家英文报刊《北华捷报》(*North China Herald*,1850—1951)③创刊。随后,《字林西报》(*North China Daily News*,1864—1951)在上海出版,《北华捷报》随后成为《字林西报》的星期附刊出版。《字林西报》是晚清至民国时期深受上海外侨和中国知识分子欢迎的英文报纸,它大量刊发的中外政治、经济、文化、社会新闻和评论,对当时中国的社会科学发展具有很大影响。《皇家亚洲文会北中国支会杂志》、《中西教会报》(*Missionary Review*,1891—1917,1912 年易名为《教会公报》)、《中国科学美术杂志》(*China Journal of Science and Arts*),后改名为《中国杂志》(*The China Journal*,1923—1941)、《教务杂

---

① 广学会的前身是成立于 1887 年的同文书会(The Society for the Diffusion of Christian and General Knowledge among the Chinese),1894 年改称"广学会",1905 年广学会的英文名称改为"The Christian Literature Society for China",国内有的著作直接译成"中国基督教文学协会"。

② "Evangelistic Tracts and Literature," *The Chinese Recorder and Missionary Journal* (1911.6):340

③ 《北华捷报》又名《华北先驱周报》或《先锋报》。1850 年(道光三十年)8 月 3 日由英国拍卖行商人 Henry Shearman 在上海的英租界创办,每周六出报。主要刊载广告、行情和船期等商业性材料,同时也刊有言论、中外新闻和英国驻沪外交、商务机关的文告,并转载其他报刊的稿件,供外国侨民阅读。1864 年 7 月 1 日扩充为独立出版的日报,改名为《字林西报》(*North China Daily News*)。《北华捷报》周刊即转为其星期附刊继续刊行。1951 年 3 月 31 日停刊,出版时间长达 101 年,它是旧中国出版时间最长、发行量最大、最有影响的外文报纸。现完整保存在上海。

志》、《新中国评论》、《东亚杂志》（*East of Asia Magazine*，1902—1906）、①《天下》月刊（*T'IENHSIA Monthly*，1935—1941）②等英文报刊也纷纷出现。此外，上海还出版了许多法文、德文、葡文、俄文、日文的外文报刊。与中文报刊相比，这些外文报刊持续时间普遍较长，出版状况也更为稳定。它们注重文章质量第一的原则，注重学术交流与争鸣，设立"书评""汉学札记""读者来信""编读往来"等栏目。它们发挥着中西文化交流中介的作用，以上海学术圈为中心构建了中外学术共同体。③ 这些外文报刊多收藏于上海，上海各大图书馆在解放前外文书报的收藏方面颇具优势。

近代上海外文出版事业如火如荼，但对中国人的影响毕竟有限；近代上海出版机构中，还有一批致力于西学东渐的翻译出版机构。1843 年英国人麦都思成立的墨海书馆出版了大量西学书籍，其中不乏中西学人合作翻译的西方社会与科学著作，如《几何原本》《代数学》《光论》等。1857 年近代中国第一份中文报纸《六合丛谈》由墨海书馆印行。该报上发表了《希腊为西国文学之祖》《希腊诗人略说》《和马传》等文章，是近代中国最早对外国文学的系统介绍。1860 年，宁波华花圣经书房迁址上海，更名为美华书馆。墨海书馆于 1860 年不再出书，美华书馆就此取代了墨海书馆在上海翻译西书的地位。1868 年江南制造局翻译馆开馆，这是

---

① 《东亚杂志》于 1902 年在上海创刊，1906 年终刊，共刊出 5 卷 30 期，期刊的目标是"普及关于东亚的常识""让人们在国内就能更多地了解中国及其邻国"。（朱伊革：《近代上海英文期刊与学术共同体的建构及中西文化交流》，《上海师范大学学报（哲学社会科学版）》2017 年第 4 期）

② 《天下》由中山文化教育馆赞助出版，旨在加深各国间的文化交流，重点是向西方介绍中国，6 年间共计出版 12 卷 56 期，主要编辑有吴经熊、温源宁、林语堂、全增嘏、姚克等。（朱伊革：《近代上海英文期刊与学术共同体的建构及中西文化交流》，《上海师范大学学报（哲学社会科学版）》2017 年第 4 期）

③ 朱伊革：《近代上海英文期刊与学术共同体的建构及中西文化交流》，《上海师范大学学报（哲学社会科学版）》2017 年第 4 期。

由中国政府创办的第一个翻译西书机构,也是晚清历时最久、出书最多、影响最大的译书机构。英国人傅兰雅受邀译书,中国议员有华蘅芳、徐寿等人。该馆编译出版了《西国近事汇编》等重要书籍。1885 年出版的《佐治刍言》一书是戊戌变法以前介绍西方社会政治思想最系统、篇幅最大的一部书。1897 年,董康、赵元益等人创办"译书公会",翻译西方或日本图书,并每周汇集出版《译书公会报》。[1] 这些翻译出版机构及其出版的翻译书籍对于晚清中国人"开眼看世界"而言意义重大,促使海派学术实现从量变到质变的飞跃。

开埠以后,中文报刊也在上海大量涌现,出现了许多具有思想学术影响力的上海中文报刊。[2] 就学术价值而言,《万国公报》与《国粹学报》(另述)尤为值得重视。

《万国公报》(1874—1907)是西方人在华发行量最大、影响最大的刊物,[3]最高印数可达 54 396 份,[4]是近代中国销量最高的报纸。《万国公报》的读者遍及皇帝、知识分子和普通老百姓。康有为在他的《上清帝第二书》中提出的富国之法、养民之法、教民之法,梁启超提出的"育人才""开学校""变科举""变官制"的主张皆来自《万国公

① 参见《上海社会科学志》编纂委员会编:《上海社会科学志》,上海社会科学院出版社,2002 年,第 28—32 页。

② 1949 年以前的思想学术类报刊主要有《六合丛谈》《中外杂志》《万国公报》《强学报》《时务报》《外交报》《大陆》《中国白话报》《东方杂志》《教育世界》《国粹学报》《图书月报》《教育杂志》《留美学生季报》《中华教育界》《不忍》《正谊杂志》《中华实业界》《大中华》《新青年》《学术丛编》《民铎》《教育与职业》《学灯》《星期评论》《觉悟》《少年中国》《建设》《解放与改造》《民心周报》《少年世界》《劳动界》《共产党月刊》《劳动周报》《心理》《先驱》《向导》《华国月刊》《中国青年》《国闻周报》《醒狮》《现代评论》《生活》《新生》等。参见《上海社会科学志》,上海社会科学院出版社,2002 年。

③ 它的前身是《教会新报》,《教会新报》初创时期,每期只能销出几百本,到第六年结束,平均每期可销出 1886 册,发行范围遍及十八省及新加坡、日本。《万国公报》之所以能够成功转变,就是因为其对宗教内容的主动删减。

④ 方汉奇:《中国近代报刊史》,山西教育出版社,1981 年,第 29 页。

报》。李提摩太曾骄傲地说："不论《万国公报》传播到哪里，都会普遍引起对传教士和外国人的友好感情。"①

　　中华人民共和国成立后，全国的出版中心转移到了北京，但上海依然是重要的出版基地，②拥有上海人民出版社、上海古籍出版社、上海译文出版社等 38 家出版社。③ 在上海出版的学术图书中，古籍整理方面的成绩最为显著；在整理近现代政治家、哲学家、史学家的全集文集方面亦颇成绩斐然，出版了《章太炎全集》《柳亚子文集》《陈寅恪文集》等重要学人文集。此外，上海还出版了一大批在学术界享有盛名的今人研究著作，如刘大杰的《中国文学发展史》，郭绍虞的《中国文学批评史》，罗根泽的《中国文学批评史》，陈寅恪的《元白诗笺证稿》等。④ 上海辞书出版社出版了《辞海》和许多专科词典。⑤ 上海译文出版社出版的《外国文艺丛书》《二十世纪西方哲学译丛》也备受好评。⑥

　　近代以来出版业的兴盛使得上海学界形成了与传媒出版业合作的传统。学界与媒体的互动意识强，注重学术转换，也是海派学术开放性的一大表现。上海媒体普遍与学术界保持着良好的互动关系。上海主流媒体《文汇报》自 1960 年开始开辟学术版，自 1961

　　①　李提摩太著，李宪堂、侯林莉译：《亲历晚清四十五年——李提摩太在华回忆录》，天津人民出版社，2005 年，第 199 页。
　　②　上海社会科学院情报研究所：《上海社会科学（1949—1985）》，上海社会科学院出版社，1988 年，第 525—526 页。
　　③　参见上海新闻出版局官网，http://cbj. sh. gov. cn/govInfo/resgov/bookPub/list. jsp。
　　④　上海社会科学院情报研究所：《上海社会科学（1949—1985）》，上海社会科学院出版社，1988 年，第 528 页。
　　⑤　上海社会科学院情报研究所：《上海社会科学（1949—1985）》，上海社会科学院出版社，1988 年，第 533 页。
　　⑥　上海社会科学院情报研究所：《上海社会科学（1949—1985）》，上海社会科学院出版社，1988 年，第 531 页。

年8月几乎每天都有版面。① 2011年3月1日,《文汇报》开始推出《文汇学人》周刊,在学术性与时效性之间找到了一条统一之路,受到了知识界的欢迎。《文汇报》学术版、《解放日报》理论版、《上海书评》"澎湃"等出版传媒积极发表各种观点文章,活跃了学术空气,也代表了上海学术界与出版传媒界相互合作的高标准。上海学术界普遍有注重媒体、宣传的传统。以上海社科院文学所为例,每年会举办"蓝皮书"的新闻发布会;以青年学人为主体的"水花雅集"学术沙龙注重以学术关怀现实,得到了各大媒体的广泛报道。

上海学界与出版传媒之间密切的合作关系、良好的互动氛围引起了海外学人的注意。美国加州大学洛杉矶分校的胡志德(Theodore Huters)教授对此盛赞不已。他发现:上海的大多数学术会议上都有专业的记者与编辑参加,并完全熟悉相关主题;许多著名学者也会为主流媒体撰稿,这些学者与编辑都认为这是再正常不过的事。相较之下,美国"公共知识分子"缺失,而上海学术界与出版传媒界的紧密关系让美国那些为公共知识分子消失而悲怆的人艳羡不已。② 哈佛大学的王德威教授也对上海学术作出如下评价:"创作、出版与学术批评之间的良好互动,造就出上海较为开放的文化格局。"③

(三) 交流频繁

思想贵在流动,学术贵在交流。海派学术的交流意识强烈,一

---

① 参见《上海社会科学志》编纂委员会编:《上海社会科学志》,上海社会科学院出版社,2002年,第68—69页。

② 上海市社会科学联合会编:《上海学术报告2010》,上海人民出版社,2011年,第17—21页。

③ 上海市社会科学联合会编:《上海学术报告2010》,上海人民出版社,2011年,第3页。

方面表现在与海外及国内其他地区的学术交流方面，另一方面表现为上海内部学术机构之间的互动与交流。

　　作为中国内地与海外交流最为频繁的国际化大都市，上海学界与海外学界的互动也极为频繁，并已经形成了一种传统。仅1919—1933 年这 14 年间，就有美国哲学家杜威、英国哲学家罗素、德国物理学家爱因斯坦、德国哲学家杜里舒、印度诗人泰戈尔、英国作家萧伯纳等相继来到上海讲学，受到学术界的热烈欢迎，极大地促进了中外思想学术的交流。这一传统一直延续至今。当代上海学术界依然极为注重与海外学术界的交流，在聘请海外学界精英来沪访问、讲学、交流方面一直走在全国前列。美国学者胡志德便对此作出了肯定："上海的学术机构，在邀请西方学术领袖并与之对话方面，取得极好的成绩，这有助于上海学界维系跟西方的历史纽带，还有助于其学科处于前沿。"①

　　尽管上海高校与科研机构在数量上并不占优势，②在国际学术交流方面却有颇有共识。正如美国斯坦福大学教授王斑所言：上海的大学里国际学术交流成绩可观，学术气氛和探讨也愈加热烈。③ 随着教育国际化的开展，上海的高等教育与中外学术交流也迎来了新的机遇。目前，上海已经成功建设了多家与国外合办的高校。1994 年中国政府与欧盟合作创办的中欧国际工商学院坐落于

---

　　①　上海市社会科学联合会编：《上海学术报告 2010》，上海人民出版社，2011 年，第 20 页。

　　②　据统计，1949 年上海共有高校 48 所，占全国的 23%。57 年院校调整后，拆并了一些院校与专业，高校总数降为 18 所，专业数、师生数都有所增长。1958 年后又新建了上海对外贸易学院等一批高校。（上海社会科学院情报研究所：《上海社会科学（1949—1985）》，上海社会科学院出版社，1988 年，第 275—276 页）尽管上海高等教育的综合实力在不断提升，但若在全国范围内横向比较，上海高校从数量、排名上来看都远不及北京，与其它地区相比优势也并不明显。

　　③　上海市社会科学联合会编：《上海学术报告 2010》，上海人民出版社，2011 年，第 5—7 页。

上海;2010年创办的哈佛大学上海中心是哈佛在海外设立的七个研究中心中规模最大的;第一所中美合办的国际化大学——上海纽约大学也于2012年正式成立;2013年,国家对外文化交流研究基地在上海成立,这是中国文化部设立在上海的、全国唯一的对外文化交流研究基地。

上海当代的学术活动也尤为注重国际合作。上海近年来成功举办了"经济全球化与我国改革开放"研讨会、"全球化与中国"研讨会、"中国社会主义与国际环境"研讨会、《财富》全球论坛上海年会、"中日韩福利文化"国际研讨会、"全球化、网络化与当代社会发展"研讨会、世界城市文化论坛(上海)、世界中国学论坛等国际研讨会。香港学者陈韬文自2006年开始连续三年出任复旦长江学者讲座教授,他也观察到上海社会科学界对外开放程度很高:"有不少海外访问学者经过,他们开座谈会或参与会议,其频密程度有时使人忙不过来。"①

除了与海外学界的交流之外,上海学界还注重与沪外学界的交流互动。2011年3月,在邀请海外学者评议上海学术的同时,上海市社联和复旦大学社会科学高等研究院还专门召开了"沪外著名学者评议上海学术"论坛,邀请了中国政法大学、香港中文大学、厦门大学、北京天则经济研究所、浙江工商大学、南开大学、清华大学等沪外高校及科研机构的学者来评议上海学术,并将他们的意见收录于《上海学术报告2010》一书中。清华大学政治学系主任张小劲指出,上海是"国内各个行政区划中首先且几乎是惟一地在社会科学领域内实行无利益关涉的异地第三方评价体系的地方"。②《上海

---

① 上海市社会科学联合会编:《上海学术报告2010》,上海人民出版社,2011年,第58—59页。

② 上海市社会科学联合会编:《上海学术报告2010》,上海人民出版社,2011年,第79页。

学术报告 2011》也延续了这一传统，邀请了华中师范大学、中国人民大学等沪外高校的学者来评议上海学术，为上海学术评价自身的优势与不足带来了难能可贵的外部眼光与比较视野。

上海各大高校与科研机构之间的互动与交流也很频繁。胡志德注意到了这一现象："上海学术氛围的另一个非常积极的方面，是机构相互合作的程度很高。比方说，不像香港的学术机构，很少发生一个系去参加另一个系的会议这种事，上海的许多会议让人印象深刻的地方，就是这个城市的机构之间会相互参加会议。这种情形也同样适用于研究生：一所学校的研究生，可以自由到另一所学校听课，这似乎成为一种模式（甚至还是校方所提倡的）。这种事情在美国是相当罕见的，它传达出，为研究生教育营造的良好氛围，得到显著改善。"[1]美国加州大学洛杉矶分校的王国斌教授也指出：上海的学术交流机会极为丰富，建立起了各种类型的网络来讨论自己专业领域的论文。[2]

何为海派？不同的学者心目中有不同的答案，并无定论。在1985 年的"海派"文化特征学术讨论会上，与会者们认为海派文化的特征是创新、开放、多样、崇实、善变。[3] 陈伯海指出上海文化的基本特点是都市化、多元性和两重性；[4]熊月之将海派文化的特征概括为开新、灵活、多样、宽容；[5]赵庆麟认为上海学术的特点是适

---

①　上海市社会科学联合会编：《上海学术报告 2010》，上海人民出版社，2011 年，第19—20 页。

②　上海市社会科学联合会编：《上海学术报告 2010》，上海人民出版社，2011 年，第32—33 页。

③　魏承思：《"海派"文化特征学术讨论会综述》，《社会科学》1986 年第 1 期。

④　多元性指古今、中西、雅俗的交汇；两重性指具有正面与负面的不同效应：正面来说是新鲜活泼，勇于创新，不断奋进，负面来说是有媚俗的市民性。见陈伯海主编：《上海文化通史》，上海文艺出版社，2001 年，第 7—10 页。

⑤　熊月之：《移民人口与海派文化》，《上海大学学报（社会科学版）》2005 年第5 期。

时性、兼容性、通融性、独创性。① 海派是千变万化、包罗万象的,海派学术也难以被定义。前辈学人不约而同地采用了关键词的形式来概括,也为我们认识海派学术提供了思路。江南底蕴与世界眼光、国家情怀与地方意识、求新精神与务实态度,或许可以成为今天我们理解海派学术的关键词。

二、江南底蕴与世界眼光

上海得名于"海",它面朝东海,背靠江南。"海派"之"海"与"洋气"之"洋",均来自"海洋"一词。上海最大的地理特点是"江海相拥",位于长江与海洋的交汇处。正如哲学家何怀宏所言:"上海是中国最长最大的河流的出海口,这种独特的地理位置以前不被重视,到必须和世界交往的时候就显得十分重要了。上海于是迅速开埠,很快成为一个在中国历史上最短期间发展起来的最大都市"。②

黑格尔认为中国文明是一种农耕文明,没有分享海洋所赋予的文明,航海也没有影响中国文化。③ 童庆炳也指出:中国的古代文明是农耕文明,西方是海洋文明。以欧洲为代表的西方人生活于大海之间,为了生存与商业的顺利开展,不得不在大海中冒险,从而激发了他们的好奇心和求知欲,重视对自然规律的探索;中国古代文明是农耕文明,以家庭为单位协同劳作,世世代代在土地上耕种,一分耕耘一分收获,因此重务实、重仁爱。中国的人文传统与西方的

---

① 适时性主要指反应灵敏、紧跟时代步伐、眼界开阔,兼容性主要指中西文化兼容,通融性主要指古为今用,洋为中用,独创性主要指将自然科学的治学方法融入社会科学中等。见陈伯海主编:《上海文化通史》,上海文艺出版社,2001 年,第 1094—1096 页。
② 上海市社会科学联合会编:《上海学术报告 2010》,上海人民出版社,2011 年,第 55 页。
③ 黑格尔:《历史哲学》,王造时译,生活・读书・新知三联书店,1957 年,第 146 页。

人文精神不同，中国重务实，西方重科学。[1] 尽管这样的划分方式并不完美，却为我们理解上海学术的独特性提供了视角。作为长江入海口的中国城市，上海兼有农耕文明与海洋文明的两种特征。

上海位于长江三角洲地区，是长江泥沙冲击沉淀而形成的城市，土壤肥沃，适合耕种。古代上海属于松江府管辖，自古有"苏松熟，天下足"的美誉。中国自古以来有"上农"思想，晋代上海名士陆机写下了《瓜赋》《桑赋》《怀土赋》《感丘赋》等乡土气息浓厚的诗赋，却从未写过一首以海洋为主题的诗赋。可见对于晋代上海文人而言，乡土才是寄怀之处，海洋还是一个陌生的存在。在明代，中国倍受倭寇困扰，遂厉行海禁。为了对抗清初雄踞于台湾岛的郑成功，清政府也曾长期实施海禁，以期禁绝外患。对于明清两代的上海人而言，海洋非但不是一个令人向往的存在，还是一个禁区。上海的重要性也因为中国农耕文明的强大而被长期忽略，直到开埠以前仍是县城。

不过，上海地处经济发达、人文荟萃的江南，江南文化的传统早已成为上海文化的底色。明清时期，江南文教极盛。据统计，明清两代每 7 个进士中，就有一个出自江南；清代自开科举至废除科举，一共产生了 130 名状元，其中江南状元就占据了一半以上。[2] 江南文化的积淀为上海奠定了强大的学术基础。清代学术以乾嘉汉学为大，乾嘉汉学又分吴派与皖派两大支，上海学术便深受吴派经学的影响，形成了以钱大昕、王鸣盛为主体的吴派学者群。[3] 开埠以前的上海虽然政治地位不高，在经济文化方面已经颇有基础。开埠以后，江南文明与西方文明、农耕文明与海洋文明在此相会，促使上海迸发出无限的活力。

1865 年，上海龙门书院由上海巡道丁日昌创设，不以科举诗

---

① 童庆炳：《中西文学观念差异论》，《文艺理论研究》2012 年第 1 期。
② 丁修真：《江南为何状元辈出》，《解放日报》2019 年 7 月 31 日第 11 版。
③ 张敏：《晚清上海地区学术史述论》，《史林》1997 年第 3 期。

赋列入课程,追求学问之实,这一新气象也促使沪上浮靡学风为之一变。1867 年,龙门书院聘请江苏学人刘熙载出任山长,长达 14 年的教育生涯使得龙门书院一方面在传播儒学经典以及经世致用之学方面颇有成效,另一方面也在倡导新学、西学方面引领传统书院之先。① 随后,由英国驻沪领事麦华陀(Walter Henry Medhurst)倡议的格致书院于 1876 年建成,成为中国近代最早开办的中西合办、最先传授西方自然科学知识、培养科技人才的新型学堂之一。西人麦华陀、傅兰雅、伟烈亚力以及中国人唐廷枢、徐寿、王韬、华蘅芳等人都参与其中,李鸿章等中国官员也都为其大量捐助经费。格致书院的课程包括西方语言文字和科学技术两部分的内容,不涉及科举辞赋。历时四十载的格致书院以及其创办的《格致汇编》成为近代西方科技及文化的重要桥梁。② 随后,圣约翰大学、③南洋公学、④复旦大学、⑤中国公学、⑥沪江大学、⑦震旦女子文

---

① 苏秉公主编:《新视角下的海派文化》,上海大学出版社,2019 年,第 103—107 页。

② 李秉谦:《一百年的人文背影 中国私立大学史鉴·第 1 卷,萌芽(1840—1911)》,陕西师范大学出版社,2016 年,第 47—54 页。

③ 1879 年,美国圣公会在上海创立圣约翰书院,后改名为圣约翰大学。

④ 1897 年,盛宣怀在上海创办南洋公学,这是国人在上海创办的第一所大学,后发展为交通大学。

⑤ 1903 年,天主教徒马相伯创立震旦书院(Aurora College)并任院长,后因与法国神父之间的矛盾,马相伯于 1905 年创立复旦大学。

⑥ 1905 年,为反对日本文部省颁布的《关于清国人入学之公私立学校之规程》,东京 8 000 余名中国留日学生罢课抗议,3 000 余名留日学生退学回国,返抵上海。1906 年,留学生中的姚洪业、孙镜清等筹办中国公学,革命党人于右任、马君武、陈伯平、李登辉等任教员。此后,中国公学逐渐发展成包括文、法、商、理四院的综合性大学,并增设了中学部。1915 年,梁启超任董事长。1915 年,北京国民大学与上海吴淞中国公学合并,称中国公学大学部。1917 年,上海吴淞中国公学停办,中国公学大学部更名为中国大学。1906 年 4 月,中国公学在上海正式开学。开学后,共招学生 318 人,来自 13 个省。分大学班、中学班、师范速成班、理化专修班。(徐一良:《学府遗珍》,生活·读书·新知三联书店,2018 年,第 229 页)

⑦ 1906 年,沪江大学创办,原名上海浸会大学,校长为美国人柏高德博士。大学另设浸会神学院。1952 年,沪江大学各科系并入复旦,华东师大等校,在其原址上组建上海机械学院(今上海理工大学)。(徐一良:《学府遗珍》,生活·读书·新知三联书店,2018 年,第 247 页)

理学院①等高校相继成立，这些高校或由西人创办，或聘请西人监院、任教，教育理念也以中西汇通为特色，培养了李叔同、林语堂、徐志摩、顾维钧、钱学森等一大批学贯中西的人才。

如果说江南传统是海派学术的底蕴，那么世界眼光就是开埠所带来的新质。上海是中外文化的交汇点，海派学术也是中外学术交汇的产物；上海城市的发展得益于中外文明的交融，海派学术的形成亦得益于此。正如清华大学王宁教授所言：上海是中国现代性的主要发源地，也是东亚地区最具有世界主义特征的一座国际化大都市。②

中外文化交汇所带来的世界眼光，为海派学术带来了许多中国学术史上的"第一"或"最早"：1864 年，丁韪良译成《万国公法》，该书第一次将西方的"民主"概念引入中国；1898 年，《民约通义》由上海同文译书局出版，这是《民约论》的第一个中译本。1902 年，《二十世纪之怪物帝国主义》（幸德秋水著、赵必振译）由上海广智书局出版，这是中国第一部分析、批判帝国主义的译著。同年，岸本能武太著、章太炎译的《社会学》由广智书局出版，这是中国第一部系统介绍国外社会学的译著。1910 年，蔡元培的《中国伦理学史》在上海出版，这是中国学者第一次使用西方学术观点整理中国古代伦理学遗产。1920 年，陈望道翻译的《共产党宣言》由上海社会主义研究社出版，这是该书第一个铅印的中文全译本，也是马克思、恩格斯著作在中国的第一个中译本。同年，宗白华在其主编的《时世新报·学灯》专栏发表《美学与艺术略谈》，在中国最早对"美学"和"艺术"两个概念作了界定。郭绍虞译日

---

① 1937 年，震旦女子文理学院建成开学，是天主教圣心修女会创办的女子学院，也是上海第一座女子大学。

② 邓正来：《上海学术报告 2011》，上海人民出版社，2012 年，第 65 页。

本高山林治郎著《近世美学》在《时世新报·学灯》上开始连载,为中国第一部系统介绍西洋美学史的译著。1924年,李大钊的《史学要论》由商务印书馆出版,这是中国第一部马克思主义史学理论著作。1924年,上海《学艺》杂志第六卷第五期出版《康德诞辰二百周年纪念号》,发表了近20篇评介康德的论文,这是国内一次较早的集中介绍康德的著作。1946年,萧乾在复旦大学开设《当代英国小说》课程,在国内介绍西方现代主义理论。1980年,蒋孔阳的《德国古典美学》由商务印书馆出版,该书是中国第一部用马克思主义观点和方法研究西方美学史的力作。1981年,顾长声的《传教士与近代中国》由上海人民出版社出版,打破了对传教士问题进行学术研究的禁区。同年,刘放桐等编著的《现代西方哲学》由上海人民出版社出版,是新中国建立后第一部现代西方哲学的高等学校教材。① 以上种种"第一",正得益于海派学术对中外交流的重视所带来的世界眼光。

频繁的国际交流为上海学术带来了注重开新的学术气象,但另一方面,过于注重追求西方的新理论与新观念,也使得上海学术缺乏原创性与持续性,学风偏于浮躁。美国学者胡志德指出:上海的学术机构与西方学术界的关系密切,有助于其学科处于前沿。但"跟世界接轨"的口号带有危害性,中国学者应该避免照搬西方模式,努力探索自己的理论体系。② 吴炫也指出:上海学术充满创新,但却由于缺乏原创性建构的努力而显得过于平面和浮泛。"因为不断追求和实践西方的新观念,所以上海的人文社会科学就缺乏持续几十年探索一个理论问题的学者,也缺乏稳定的、长期的个体观念

<hr>

① 参见《上海社会科学志》编纂委员会编:《上海社会科学志》,上海社会科学院出版社,2002年,第29—79页。

② 上海市社会科学联合会编:《上海学术报告2010》,上海人民出版社,2011年,第17—21页。

建构的理论研究和运用。"①海派学术不能一味学习西方，也要有自己的立场、态度与方法，建立自己原创性的学术话语与体系。

三、国家情怀与地方意识

尽管上海从未成为过中国的首都，近代以来的海派学术却有一种强烈的国家情怀。这种国家情怀表现为对中国政治、社会、文化等方方面面的关切，不满足于只关注上海或东南一隅。与此同时，沪上学人对于上海的研究也蔚然成风，取得了丰硕的成果。

关于海派学术中并存的国家情怀与地方意识，许纪霖已有精辟的论述。他指出：北京是全国的政治、学术中心，汇聚了来自全国各地的知识分子精英，但他们与城市的地方社会隔阂，没有共同的利益与语言。京城知识分子的自我认同更多是"首都人"，而非北京人。上海有强大的市民社会传统，知识分子与市民阶级之间的价值观、文化品位和生活方式是同一的。相较而言，上海知识分子对于上海的认同感更为强烈。从晚清开始，上海的知识分子就有国家情怀、地方意识这双重历史传统。20 世纪 80 年代的上海思想学术依然走在全国前列。从思想解放运动到新启蒙运动，许多震撼全国的问题和研究是首先从上海提出来的。②

《国粹学报》(1905—1911)是海派学术国家情怀的集中表现。它是晚清数一数二的大型综合性学术刊物，栏目丰富，作者水平高，特色鲜明。它诞生于清末举世学习西方的时代背景下，是一批具有民族意识的爱国学人自发筹设的综合性学术月刊，他们从日本国粹

①　上海市社会科学联合会编：《上海学术报告 2010》，上海人民出版社，2011 年，第 70—71 页。

②　邓正来：《上海学术报告 2011》，上海人民出版社，2012 年，第 71—77 页。

主义的经验中寻求中华民族的复兴之道,从欧洲文艺复兴的精神中探索以复古为革命的方法。丰富多样的栏目,实力雄厚的作者群以及独立自主的办刊态度保证了《国粹学报》的学术品质,也带来了独特鲜明的思想学术特征。《国粹学报》带来的思想文化遗产长久而深远地影响着中国的国学思潮,为新文化运动后整理国故运动提供了思想资源。以保存国粹来爱国是《国粹学报》的宗旨,其《发刊辞》中便明确以"保种爱国存学"①为志。邓实希望从国粹中激发国人的爱国情怀,利用今文经学提倡的内夏外夷之说、中国人种西来说、进化论等理论来实现民族振兴;黄节把国粹与种族相联结,把爱国情怀熔铸于巨著《黄史》之中,以种族为核心来重新书写中国历史。《国粹学报》高调宣传民族主义与爱国情怀,也激发了钱玄同、顾颉刚等读者的爱国热情,起到了以国粹鼓动爱国热肠的效果。

上海是中国共产党的诞生地,红色文化的发源地,也是"红色学术"的发源地。共产主义之所以首先在上海燎起星星之火,得益于沪上学人的国家情怀。1898 年,广学会出版的《泰西民法志》就已提到马克思、恩格斯的名字及其生平和思想。1903 年,广智书局出版日本福井准造原著、赵必振译的《近世社会主义》,其中对马克思和《资本论》作了介绍,是近代中国第一部系统介绍马克思主义的译著。1920 年,5 月上海马克思主义研究会成立,出版了陈望道翻译的《共产党宣言》,这是《共产党宣言》的第一个中文全译本;8 月 22 日新青年社在上海建立,由陈独秀负责,这是中国共产党建立的第一个出版社;11 月 7 日上海共产主义小组的理论性刊物《共产党》月刊创刊,李达任主编,第一号刊载有关列宁领导俄国共产党和共产国际的资料,介绍了马克思主义无产阶级政党学说,批判了各种

---

① 《〈国粹学报〉发刊辞》,《国粹学报》第 1 期,1905 年 2 月。

反马克思主义思潮。1921 年,中国共产党在上海成立。1922 年,上海大学成为中国共产党宣传、研究马克思主义的重要基地,中共早期领导人瞿秋白就在其中任教,并担任社会学系主任。1924 年,瞿秋白的《现代社会学》由上海书店印行,这是中国马克思主义社会学的第一本教科书。1929 年,上海新生命书店出版了恩格斯著、李膺扬译的《家庭、私有制和国家的起源》。1938 年上海读书生活出版社出版了马克思《资本论》的第一、二、三卷。马克思、恩格斯著作的早期中译本大都在上海翻译出版。① 正是因为沪上学人的国家情怀,"红色学术"才得以在"白色恐怖"中突围。

　　沪上学人的国家情怀在上海学术史中亦多有表现。1861 年,冯桂芬在上海完成了《校邠庐抗议》,在中国最早提出了"君主立宪";1904 年,刘师培在上海完成的《中国民约精义》出版,这是第一部用中国经典来阐释卢梭《社会契约论》的著作;1924 年,谭正璧在上海著述的《中国文学史大纲》出版,这是中国第一部白话文学史,也是首次由上古文学叙述至现代文学的中国文学史;1936 年,沪上学人赵家璧主编的《中国新文学大系》由上海良友图书公司出版,此书汇集了 1917—1926 年新文学运动最初 10 年间的理论研究、文学创作的代表性作品;1982 年,复旦大学两次召开"中国文化史研究学者座谈会",是中华人民共和国成立后中国大陆首度举行的关于文化史研究的专题学术会议;1984 年,上海文艺出版社编辑的《中国新文学大系（1927—1937）》开始出版,丁景唐主编,赵家璧任顾问,同年,上海社会科学院社会学所编写的《社会学简明辞典》出版,这是国内重建社会学以后的第一部社会学辞书;1995 年,许纪霖、陈达凯主编的《中国现代化史：1800—1949》由上海三联书店出版,

---

　　① 　参见《上海社会科学志》编纂委员会编:《上海社会科学志》,上海社会科学院出版社,2002 年,第 32—58 页。

这是国内第一部系统研究中国近代化的专著。[①] 以上种种,均显示了海派学术的国家情怀与使命担当。不过,随着 1949 年以后中国文化中心的转移,上海学者的国家情怀有所减弱,地方意识越来越浓。[②]

上海是现代中国的缩影,近代以来的上海学术也是中国现代学术的缩影。近代上海以移民为主体,华洋杂处,形成了追求实利的商业氛围,海派学术也受其影响,注重实际。对上海的本土研究也是海派学术的一大传统。作为世界性城市的上海吸引着一代又一代的海内外学人为之耕耘。1853 年,英国传教士艾约瑟出版英文《上海口语语法》(*A Grammar of Colloquial Chinese,as exhibited in the Shanghai dialect*),这是汉语方言学史上第一本研究语法的专著。1862 年,John MacGowan 的《上海话短语选》(*A Collection of Phrases in the Shanghai Dialect*)出版,这是最早的上海话词典。1878 年,日本学者御幡雅文所著的《沪语便商总译》在上海日本堂书店发行,这是最早的上海话课本。1985 年,刘惠吾主编的《上海近代史(上册)》出版,该书是按时间顺序撰写的第一部上海近代史。[③] 自 20 世纪 80 年代起,上海学界就已经提出了"上海学"这一概念。1986 年,上海市"上海学"学会正式成立,上海大学也成立了上海学研究所,[④]召开了"首届上海学研讨会"。20 世纪 90 年代以后上海研究逐渐成为显学。1999 年,《史林》杂志展开笔谈,认为已经到了建立"上海学"、推动上海研究纵深发展的时候了。上海社科院历史所率

① 参见《上海社会科学志》编纂委员会编:《上海社会科学志》,上海社会科学院出版社,2002 年,第 29—99 页。

② 邓正来:《上海学术报告 2011》,上海人民出版社,2012 年,第 71—77 页。

③ 参见《上海社会科学志》编纂委员会编:《上海社会科学志》,上海社会科学院出版社,2002 年,第 28—85 页。

④ 《上海文化年鉴》编辑部编:《上海文化年鉴(1987)》,中国大百科全书出版社,1987 年,第 79 页。

先使用口述史的方法，在上海史的研究方面取得了一批极有价值的新史料。1999—2000年，上海学者在广富林遗址考古方面取得了进展，编写的《上海通史》《上海百科全书》也获得了上海市哲学社会科学一等奖。① 2002年，上海大学海派文化研究中心成立。2015年，中国社科院与上海市人民政府共同创建的新型智库——上海研究院在上海大学成立。上海社科院文学所早在1979年就已着手研究上海"孤岛"文学，近年来更是在上海文学及文化的研究方面取得了丰富的成果，与上海作协共同主办的《上海文化》是全国唯一一份全方位介绍上海的综合性学术月刊。上海电机学院也在2014年和2015年连续举办了两届上海学学术研讨会并出版了论文集。第一届上海学学术研讨会讨论了苏州河、新上海人、上海京剧等主题，第二届研讨会讨论了上海人口迁移、上海地方立法、上海年画等议题。2021年，上海社科院文学所的"海外汉学视野下的上海文学"创新工程项目也正式开展了研究。沪上学人对上海的研究热情可见一斑。

值得一提的是，研究上海并非沪上学人的专利，海外学者对上海文化也情有独钟：法国里昂第二大学的安克强教授、美国波士顿大学的叶凯蒂教授对沪上妓女，德国海德堡大学教授瓦格纳对《申报》，美国哈佛大学荣休教授李欧梵对上海现代性等方面都有精彩的研究。2014年，"中日文学关系——以上海为中心"双边研讨会在上海外国语大学举办，呈现了当代日本学者对上海文学及文化的精湛研究成果。

国家情怀与地方意识统一于近代以来的上海学术之中，共同构成了海派学术独特的风貌。尽管海派学术也曾有过浓厚的国家情

---

① 中共上海市委宣传部，上海市社会科学界联合会：《上海哲学社会科学研究发展报告1999—2000》，上海人民出版社，2002年，第184—198页。

怀,但近年来有地方意识加重的倾向,上海学人的国家情怀与担当意识有所减弱。正如北京天则经济研究所的张曙光教授所言:上海学术研究对象和选题上有狭隘性和地域性,上海学人的社会责任和社会担当不足,不敢对政府提出批评。上海学界商业化、世俗化的味道更浓烈,缺乏严肃认真的学术评价机制。① 当代海派学术要走出地域性的狭隘,亟须提升国家情怀与担当意识。

四、求新精神与务实态度

近代以来,上海一直在接受着新知与启蒙,中外文化的频繁交流为海派学术带来了求新的精神;上海是中国的贸易、金融中心,发达的市场经济与商业社会孕育了海派学术注重实际的务实态度。正如吴炫所言:"上海在全国是一个最充满活力、最具创新特点的城市。上海学者对现实的敏感以及审美把握能力,在全国也是非常突出的"。②

由于最早接受西方现代性的洗礼,上海在近代思想学术的革新方面一直走在全国前列。例如,在对于女性主义的接受方面,上海就引领全国风气之先。早在 1898 年,上海就出现了康同薇(康有为之女)、李蕙仙(梁启超之妻)等人所创办的中国第一份女性报纸《女学报》。1902 年,爱国女校在林獬、蔡元培等人的倡导下发起,1903 年开始招收学生。何震就是爱国女校培养的女革命家,1907 年在东京组织中日进步女性共同创办了著名的女性主义报刊《天义》。1903 年,丁初我在上海创办《女子世界》(月刊),光绪三十三年

---

① 上海市社会科学联合会编:《上海学术报告 2010》,上海人民出版社,2011 年,第 67—68 页。

② 上海市社会科学联合会编:《上海学术报告 2010》,上海人民出版社,2011 年,第 70—71 页。

(1907)停刊。此报被誉为"宣传最持久、言论最勇猛、反映最强烈的一家革命妇女报纸"。[①] 1905年，秋瑾在上海创办《中国女报》。[②] 正因经历了近代以来女性主义思想的洗礼，上海形成了尊重女性的城市氛围，迄今依然是中国男女平等的标杆性城市。

海派学术的求新精神在学术史中也多有表现，而且往往能够引起全国的反响。1924年，沈泽民在《民国日报》副刊《觉悟》上发表《文学与革命的文学》，明确提出了"革命文学"的概念。1957年，钱谷融发表《论"文学是人学"》，在全国文艺界引起很大反响，后遭批评。1959年，平心在《学术月刊》上发表《论生产力性质》一文，此后，平心就生产力的性质及其与生产关系的矛盾，发表了一系列文章，在上海和全国引起很大反响。1978年，上海社联召开座谈会，讨论《实践是检验真理的唯一标准》，在全国真理标准问题讨论中走在前面。同年，卢新华的短篇小说《伤痕》在《文汇报》发表，引起震动，在全国范围内引起了对"伤痕文学"的讨论。1979年，《解放日报》发表李海庆的《人民在自己的法律面前人人平等》，从而引发关于"法律面前人人平等"的大讨论。1981年，徐俊西的《一个值得探讨的定义——关于典型环境和典型人物关系的疑义》，引发全国关于现实主义的典型理论如何对待马克思主义理论遗产问题的争论。1986年，葛剑雄的《西汉人口地理》由上海人民出版社出版，开创了中国断代历史人口地理的学科研究。同年，蒋孔阳的《先秦音乐美学思想论稿》出版，这是中国第一部有关先秦音乐美学思想的专著。1987年，王沪宁的《比较政治分析》由上海人民出版社出版，是中国第一部比较政治学的专著。同年，周振鹤的《西汉政区地理》出版，

[①] 方汉奇，李矗主编：《中国新闻学之最》，新华出版社，2005年，第85页。

[②] 参见《上海社会科学志》编纂委员会编：《上海社会科学志》，上海社会科学院出版社，2002年，第32—35页。

这是中国第一部断代历史政区地理专著。同年,刘达临的《性社会学》出版,是中国第一部性社会学著作。1988年,《上海文论》开设由陈思和、王晓明主持的"重写文学史"专栏,在全国引起了"重写文学史"的讨论热潮。1991年,《解放日报》发表《做改革开放的带头羊》等多篇署名"皇甫平"的文章,强调要进一步解放思想,透露了邓小平上海谈话的精神,在全国引起关于姓"资"姓"社"的热烈讨论。1993年,俞吾金的《意识形态论》由上海人民出版社出版,是国内第一部系统探讨意识形态概念发展史的著作。同年,上海学者张汝伦、王晓明、朱学勤、陈思和联合在《读书》杂志上发表《人文精神:是否可能和如何可能》的座谈纪要,提出重建人文精神的口号,这一讨论很快引发了全国文史哲等诸多领域的讨论。①

海派学术与市场联系紧密,带来了务实的学术态度。在1985年召开的"海派文化特征学术研讨会"上,与会学者普遍认为海派学术注重现实、大体、综合,有别于京派学术重远古、细节、训诂的学风。② 在上海召开的学术会议也多注重现实关怀。仅在1999—2000年间,在上海成功召开的"扩大内需"研讨会、"体制转型与行业协会"研讨会、"推进国有企业改革和发展""21世纪初长江三角洲区域发展战略""西部大开发""跨国公司投资与浦东新一轮开发""加入WTO对上海文化发展的影响及对策系列研究"成果交流会等都是为了深化改革,为中国发展新局面提供智力支持和理论服务而举办的,展现了上海学术的务实性。

近代以来的上海学人汇聚、出版兴盛、交流频繁,呈现出别具一格的海派风貌。江南底蕴与世界眼光、国家情怀与地方意识、求新

---

① 参见《上海社会科学志》编纂委员会编:《上海社会科学志》,上海社会科学院出版社,2002年,第43—97页。

② 魏承思:《"海派"文化特征学术讨论会综述》,《社会科学》1986年第1期。

精神与务实态度,是海派学术的六大关键词,但并非海派学术的全部。江南文化奠定了海派学术的底蕴,家国情怀塑造了海派学术的胸襟,世界眼光引领着海派学术不断开拓创新。海派学术虽有过辉煌,但如今尚不足以与上海这座国际文化大都市相匹配。与京派学术以及海外学术相比,海派学术依然厚重不足、担当不强、原创较弱。海派学术应该在振兴自己的世界主义传统同时,学习京派学术的踏实、严谨,与历史接轨,在更深处积蓄力量。① 沪上学人也需保持谦虚奋进的态度,取长补短,继往开来。

①　上海市社会科学联合会编:《上海学术报告 2010》,上海人民出版社,2011 年,第55—57 页。

后 记

本书是集体合作成果，写作的框架结构由徐锦江、郑崇选确定，郑崇选负责全书的统稿与修改，徐锦江最后审阅定稿。

全书各个章节撰写分工及作者简介如下：

绪　论：徐锦江，上海社科院文学所所长、研究员；

　　　　郑崇选，上海社科院文学所副所长，研究员。

第一章：戴伊璇，上海社科院文学所助理研究员；

　　　　吴　晗，上海社科院文学所助理研究员。

第二章：叶　舟，上海社科院历史所副研究员。

第三章：王琪森，上海广播电视台国家一级文艺编辑。

第四章：张炼红，上海社科院文学所研究员。

第五章：曹晓华，上海社科院文学所助理研究员。

第六章：李艳丽，上海社科院文学所副研究员。

第七章：毕旭玲，上海社科院文学所副研究员。

第八章：任　明，上海社科院文学所副研究员。

第九章：狄霞晨，上海社科院文学所助理研究员。

在本书写作过程中，多次得到上海社科院原副院长熊月之先生、上海社科院文学所原所长陈伯海先生的指点和帮助，他们提供了很多高屋建瓴的启发性意见，在此表示诚挚的感谢。

徐锦江　郑崇选
2021 年 9 月